世界中国学系列丛书

李斯特经济学说在近代中国的传播（1900—1949）

耿勇 / 著

上海社会科学院出版社
SHANGHAI ACADEMY OF SOCIAL SCIENCES PRESS

目　录

第一篇　李斯特经济学说在近代中国的知识旅行

弗里德里希·李斯特（Friedrich List，1789—1846）[①]，是近代德国杰出的经济学家，被视为历史学派的先驱之一，以及民族主义经济学的奠基人。[②] 十九世纪二十年代以降，李斯特先后撰就《美国政治经济学大纲》（1827）、《政治经济学的自然体系》（1837）、《政治经济学的国民体系》（1841），系统地构建出一套“民族主义赶超发展范式”。依据梅俊杰的理解和归纳，李斯特的赶超发展逻辑，有机地串联起其“以自主发展为导向的经济民族主义理论、以幼稚产业保护为核心的工业化理论、以非经济因素为重点的生产力理论、以政府干预为杠杆的经济跨越理论，以及以历史经验为依据

① 据初步统计，在近代中国的历史文献中，李斯特的译名有十余种。除了李斯特，又译理斯特、雷司脱、李斯德、李师、里斯德、里斯忒、李斯铁、黎斯德、李四德、李司特、李士德、力斯铁、李士提等。本书当中，引用文献中均依各自原本译名，此外，则均以李斯特一名为准。

② 有关李斯特的生平经历，英国曼彻斯特大学威廉·O. 亨德森（William O. Henderson）、德国罗伊特林根大学欧根·文得乐（Eugen Wendler）、上海社会科学院梅俊杰对于相关资料的挖掘、整理和总结较为详细，勾勒出李斯特一生经历与其经济学思想的产生、实践的互动关系。参见 William O. Henderson, *Friedrich List: Economist and Visionary*, *1789–1846*, London: Frank Cass and Co. Ltd, 1983；欧根·文得乐：《弗里德里希·李斯特传》，梅俊杰译，北京：商务印书馆，2019 年；梅俊杰：《李斯特与赶超发展》，上海：上海人民出版社，2022 年，第 1—77 页。

的实证检验方法"[①] 的经济学说。历史地看，李斯特为后发国家量身打造的赶超理论，有力地挑战了当时占据主流的古典主义经济学说，也对德国、美国等在当时相对尚处于劣势地位的国家的经济政策产生了实际作用，更在英国、欧洲大陆、南美洲、大洋洲、印度、日本、韩国等国家和地区有着广泛的影响。[②]

然而，对于当今绝大多数未受过经济学系统训练的中国人而言，李斯特却无疑是一个非常陌生的名字。毕竟，在形塑普罗大众知识图景和结构的中学教科书里面，与经济学或经济史、经济思想史相关的内容，仅仅提到亚当·斯密（Adam Smith，1723—1790）、卡尔·海因里希·马克思（Karl Heinrich Marx，1818—1883）、弗里德里希·恩格斯（Friedrich Engels，1820—1895）等寥寥数人而已。毫无疑问，无论是以亚当·斯密为代表的古典主义经济学说，还是以马克思、恩格斯为代表的社会主义经济学说，不仅主导了经济学在中国的落地生根，而且深刻地影响了近代以来中国的经济实践。然而，作为思想史的一员，经济思想的实际历史也经历了一个"加法"和"减法"的过程，经济思想史的研究往往重视和聚焦那些"重要的"经济学家和"新的"经济思想，试图梳理出经济思想向前"发展"的历史轨迹，而受限于各种历史和现实因素，将除此之

① 梅俊杰：《李斯特与赶超发展》，上海：上海人民出版社，2022 年，第 131 页。

② 梅俊杰依据大概外文论著，以国别为单位，系统地梳理了李斯特经济学说在德国、法国、英国、俄国、瑞士、奥地利、比利时、荷兰、意大利、西班牙、葡萄牙、爱尔兰、匈牙利、波兰、罗马尼亚、斯洛伐克、保加利亚、斯洛文尼亚、土耳其、芬兰、瑞典、丹麦、挪威、立陶宛、爱沙尼亚、拉脱维亚、美国、墨西哥、阿根廷、巴西、澳大利亚、新西兰、印度、日本和中国的传播和实践。参见梅俊杰：《李斯特与赶超发展》，上海：上海人民出版社，2022 年，第 266—362 页。

外的经济学家和经济学说逐渐边缘化，乃至遗忘。[①] 因此，如果我们试着回归近代中国经济思想的历史现场，则会发现其间的图景要比我们今天大多数人脑海中的“常识”要复杂得多，除了那些我们熟悉的“主角”仍然占据着舞台的中心地位，另外一些“配角”的存在感则未必与现在思想谱系的位置成比例。[②] 而在近代中国经济思想史的“减法”过程中，李斯特经济学说的经历无疑是极具代表性的一个案例。从知识史的角度来看，自留日学生群体于二十世纪初叶引介李斯特经济学说以后，这套表面上以保护主义为标识的经济学说，实际上却是赶超发展的理论范式，不仅扣合近代中国特殊的时代语境，而且被特定的政治力量所青睐，又辅之以教科书和各类考试的助力，使得李斯特的经济学说成为一股不可小觑的力量，闪现于近代中国的政治和知识场域之中。[③]

---

① 葛兆光敏锐地觉察到思想史，尤其是中国思想史中“加法”和“减法”的重要性，并分析了二者具体的内涵、相互关系及对思想史研究的意义。相关讨论，参见葛兆光：《思想史：既做加法，也做减法》，《读书》2003 年第 1 期，第 1—10 页；《中国思想史 · 导论》，上海：复旦大学出版社，2013 年，第 66—74 页。

② 对于中国史研究与回到历史现场的讨论，笔者赞同桑兵的观点，他认为所谓“回到历史现场”，就是“不仅要回到一定的空间位置，回到事情发生的那个时代或那段时间，而且要设法回到当时当地、回到事情正在发生的过程之中”。参见桑兵：《从眼光向下回到历史现场——社会学人类学对中国近代史学的影响》，《中国社会科学》2005 年第 1 期，第 191—204 页。

③ 目前，严鹏、刘群艺、张登德、梅俊杰、刘倩、曾光光等人从经济思想史的角度，分析了李斯特经济学说在晚清和民国时期的传播概况。相关讨论，参见严鹏：《德国历史学派与民国时期中国经济学的发展》，《德国研究》2011 年第 2 期，第 40—45 页；《民国时期李斯特经济学说的在华传播》，《学习与探索》2015 年第 1 期，第 89—97 页；《国民政府由保护主义转向自由贸易的新李斯特主义解读》，《教学与研究》2015 年第 3 期，第 26—34 页；Liu Qunyi, “Friedrich List in China: The Second Face of Janus”, in Malcolm Warner ed., *The Diffusion of Western Economic Ideas in East Asia*, London and New York: Routledge, 2017, pp. 197 - 212；张登德、刘倩：（转下页）

一、留日学生群体与李斯特经济学说的引介

十九世纪中叶以后，随着“西力东渐”程度的不断加深，中国不仅在物质层面无法与工业化的西方列强一较高下，而且长期维持传统中国政治和社会运转的一整套思想、信仰、知识和技术，再也没有能力应付内外交困的局面。面对这番历史上未曾出现过的“数千年未有之变局”，近代中国的知识精英在经历痛苦挣扎之后，逐渐将注意力转向从本质上推动西方走向“文明”和“富强”的思想与知识。而甲午战争战败、《马关条约》签订、维新变法的失败、八国联军侵华、《辛丑条约》签订等一系列密集发生于十九世纪与二十世纪之交的大事件，就像不断加大剂量的催化剂一般，推动近代中国的知识精英冲出固有学术传统的藩篱，去认识、理解和介绍西方近代以来的思想和知识。一百多年前，在这场影响近代中国历史进程的思想和知识的新陈代谢过程中，近代经济知识的引入和经济学学科的构建，无疑是进步最为迅猛的一大门类。1901 年，严复（1854—1921）就说，“计学者，切而言之，则关于中国之贫富；远而论之，则系乎黄种之盛衰”①，将经济学与近代中国的国族命运

（接上页）《理论与现实：近代中国学界论亚当 · 斯密与李斯特》，《鲁东大学学报（哲学社会科学版）》2021 年第 1 期，第 29—35 页；梅俊杰：《李斯特在华 120 年，与中国同路的赶超发展先驱》，《文汇报》2022 年 6 月 16 日；刘倩、曾光光：《李斯特经济学说在清末民初的境遇考察和分析》，《济南大学学报（社会科学版）》2024 年第 5 期，第 184—189 页。

① 严复：《译事例言》，载汪征鲁、方宝川、马勇主编《严复全集》卷二，福州：福建教育出版社，2014 年，第 15 页。

联系起来。不久之后，受《原富》出版的影响，梁启超（1873—1929）一度用功于西方经济学说历史的相关知识。在其所著《生计学学说沿革小史》一书中，梁启超用其一贯充满感情和魔力的文字，告诉汲汲以求新学的国人，经济学不仅是“今世最盛之学”，而且是西方之所以能够既富且强的“最要之一端”，更为重要的是：“自今以往，兹学左右世界之力将日益，大国之兴亡，种之存灭，胥视此焉！”[①] 严复、梁启超这两位在当时思想界呼风唤雨的大人物对于经济学的提倡，很快被一般的知识人所接受。《泰西学案》的编者在介绍西方近代以来的经济学家时，也循着严复、梁启超的观点，认为当时的人类社会已经进化至“经济竞争之世”，而“经济”二字极为重要：“身家依之为盛衰，国家因之为强弱，经济学之不可不讲也，明矣！”[②]

从十九世纪末开始的二十余年间，如同大多数新学知识的输入途径一样，甲午战后前往日本留学的学生群体，将日本当时吸纳和流行的西方经济学知识引介到中国知识界。这些经由日本转手而来的经济学概念、学说和方法，成为当时知识阶层获取、认识、理解经济学，以及分析中国和世界经济问题的主要知识来源。因此，留日学生对于经济学的认知和引介，深受日本当时经济学发展的影响。而日本从明治（1868—1912）中期到整个大正（1912—1926）时期，“德国历史学派思想一直是政府和学界的主导思想”[③]，而李

---

① 饮冰室主人译述：《生计学学说沿革小史》，上海：尊任学社，1903年，第1—7页。

② 王阑、周流编：《泰西学案》第4编《经济学案》，上海：名权社，1903年，第248页。

③ 高柏：《经济意识形态与日本产业政策：1931—1965年的发展主义》，安佳译，上海：上海人民出版社，2008年，第48页。

斯特与另一位美国经济学者亨利·查尔斯·凯里（Henry Charles Carey，1793—1879）[①] 的保护主义学说，“仅就明治时代的经济思想而言，最具有影响力”[②]。1889 年，大岛贞益（1845—1914）[③] 将《政治经济学的国民体系》英文版译为日文，以《李氏经济论》为名出版，更是“日本保护主义思想发展上的一个特别重要的里程碑”[④]。

就在大岛贞益翻译出版《李氏经济论》大约十年后，李斯特的名字及其经济学说，便经由留日学生的介绍，进入渴求新学新知的中国知识界之中。1900 年，部分留日学生以先前成立的励志社为基础，成立译书汇编社，定期发行《译书汇编》，“将欧美、日本

---

① 亨利·查尔斯·凯里，美国近代经济学家和出版商，曾任美国总统亚伯拉罕·林肯（Abraham Lincoln，1809—1865）的财政顾问。《利益的协调：农业、制造业与商业》（*The Harmony of Interests: Agricultural*，*Manufacturing*，*and Commercial*）为其代表作，他对英国古典主义经济学的自由放任和自由贸易主张持批评态度，提倡保护关税政策，在当时的影响比较广泛。

② 泰萨·莫里斯-铃木：《日本经济思想史》，厉江译，厉以平译校，北京：商务印书馆，2000 年，第 66 页。

③ 大岛贞益，日本近代的经济评论家、翻译家和教育家。明治维新后，曾入箕作麟祥（1846—1897）开办的英语学校学习英文，先后任职于海军部、文部省、外务省、群马县立中学、中央新闻社。除了《李氏经济论》，大岛贞益尚译有亨利·托马斯·巴克尔（Henry Thomas Buckle，1821—1862）之《英国开化史》、托马斯·罗伯特·马尔萨斯（Thomas Robert Malthus，1766—1834）之《人口论要略》等历史和经济学论著。

④ 泰萨·莫里斯-铃木：《日本经济思想史》，厉江译，厉以平译校，北京：商务印书馆，2000 年，第 67 页。有关近代日本对于李斯特经济学说的引介和接受的概况，参见泰萨·莫里斯-铃木：《日本经济思想史》，厉江译，厉以平译校，北京：商务印书馆，2000 年，第 66—70 页；Tetsush Harada，“Noboru Kobayashi's Research on Friedrich List：A Contribution on List's Reception and Interpretation in Japan”，in Harald Hagemann，Stephan Seiter，Eugen Wendler eds.，*The Economic Thought of Friedrich List*，London and New York：Routledge，2018，pp. 152 - 178；梅俊杰：《李斯特与赶超发展》，上海：上海人民出版社，2022 年，第 347—352 页。

‘学理’最新之书爰有关于行政、理财者，汇辑成书”①，以备国内革新之用。同年12月，《译书汇编》第一期出版，刊行《政治学》《国法泛论》《政治学提纲》《万法精理》《近世政治史》《近世外交史》《十九世纪政治史论》《民约论》《权利竞争论》总计十种，均为由英国、美国、德国、日本学者撰写之专著的部分译文。该期卷末《已译待刊各书目录》共载书21种，绝大多数为政治学、近代史和社会学、教育学著作，经济学只有1种，即“《经济论》，德国李士德著”，未附译者信息②。这是《译书汇编》翻译的第一本经济学专著，也是目前所知李斯特姓名第一次出现在中文世界。尽管译者没有交代翻译所据底本的信息，但从“弗勒得力·李士德”和《经济论》的译名来看，应是据大岛贞益所译《李氏经济论》翻译而成。

1901年1月至8月间，《译书汇编》分四期刊载李斯特《政治经济学的国民体系》部分章节的译文。但不清楚出于何种考虑，《译书汇编》的译者在正式付梓之际，舍弃原定《经济论》之名，改以《理财学》作为《政治经济学的国民体系》一书的中文译名。

---

①《〈译书汇编〉发行之趣意》，《译书汇编》第2年第1期，第2页。

②《已译待刊各书目录》，《译书汇编》第1年第1期，第95页。据《译书汇编》第2年第1期卷首《译书汇编社社员姓氏》载，该社共有社员14名：戢翼翚（东京专门学校）、王植善（上海育才学堂总理）、陆世芬（东京高等商业学校）、雷奋（东京专门学校）、杨荫杭（东京专门学校）、杨廷栋（东京专门学校）、周祖培（东京专门学校）、金邦屏（东京专门学校）、富士英（东京专门学校）、章宗祥（帝国法科大学）、汪荣宝（庆应义塾）、曹汝霖（明治法学院）、钱承志（帝国法科大学）、吴振麟（帝国法科大学）。其中，戢翼翚为社长，王植善则为上海总发行所的负责人。社员当中，翻译工作主要由陆世芬、金邦屏、汪荣宝、曹汝霖、富士英、钱承志、章宗祥、吴振麟等人承担。此处所言李斯特之《经济论》或次年该刊登载之《理财学》部分章节的译者，似应出于上述诸人之中。

《译书汇编》中刊载之《理财学》篇章，仅有《沿革第一》之《意大利》《联盟府邑》《涅达兰》《英国》四章，对应《政治经济学的国民体系》第一编《历史》前四章。尽管这本集中体现李斯特经济学说精华的代表作，最初仅有四章被译介到中国，但也从历史的角度论述了保护政策是后发国家实现赶超的有力工具这一核心论点。而从文中所附译者按语来看，翻译该书之人不仅对李斯特经济学说的主旨已有基本把握，而且已经开始尝试用其分析近代中国的经济问题。文中，李斯特在分析威尼斯兴衰问题时，曾反驳保护政策造成了威尼斯的衰落这一较为流行的观点，反而提出："建国之初，自由贸易之为利，自不容疑，盖不如是，则荒僻之区欲易为繁盛之地断不能也。及稍进于富强，则保护贸易方为有利；因有保护，方免外来之侵害，而其势始成，其力始足也。然势成力足之后，若仍用保护，则反为害；因保护之下不得与他邦角逐，而骄慢之心因以生矣。则伯尼士（笔者按，即威尼斯）之致灭亡，非用保护之罪，乃保护之用已去，尚墨守之罪也。"① 此处，李斯特实际上借威尼斯兴衰之际，阐发自由贸易和保护贸易的实施均需立足于自身现实的历史实际，不可偏执一端。译者有感于此，于所作按语中，一方面介绍自由贸易与保护贸易在具体主张上的区别，"泰西讲商学者分为两大派，其一主自由贸易之说，谓万国通商，交受其益，不可设为限制，如抽税、查货等事。其一主保护贸易之说，谓各国情形不同，有利于彼国者，或有损于此国，故不可不因时制宜，设为一定法律，以保全本国贸易之利为主，以互相交易为

① 李士德:《理财学》,《译书汇编》第 2 期，第 97 页。

用”[1]，为读者理解李斯特此处所论提供知识背景。另一方面，译者将此处体现的李斯特的保护贸易的学说，用于分析当时中国的经济问题，指出：“我国出口税重，而进口税轻，损己利人，已不可为训；况进口之货，又漫无查稽，鸦片之入，即由于此。原书著者力倡保护贸易之说者，以德国当时之情形，与我国相仿佛也。”[2]

通常来讲，认识和理解某一位经济学家的学说和主张，最为准确和系统的来源毫无疑问是其完整的代表性作品。然而，无论是在较为宽泛的思想史，还是更为专门的经济思想中，相对于那些受后世研究者重视的“经典”或“原典”起到的作用，对这些“经典”或“原典”梳理、总结和提炼的二手或者更多手的作品，因其“标识性”和“系统性”，在很多情况下反而扮演的角色更为重要一些。李斯特经济学说在近代中国的传播路径，尤其如此。《理财学》部分章节的翻译，对于李斯特经济学说传入中国之滥觞而言，功不可没，也引起了当时中国知识分子的关注。距其译文刊出半年左右，刘鹗（1857—1909）[3] 即在其日记中记载，“读《译书汇编》之《理财学》二本。论理之精，译笔之洁，均甚佩服，惜未终而止矣”[4]，无论是对于书中所阐发的经济学道理，还是译文的文笔，均给予了很高的评价。但正如刘鹗所叹息不止的那样，《译书汇编》在刊载了《政治经济学的国民体系》前四章后，不知出于何种原

---

①② 李士德：《理财学》，《译书汇编》第 2 期，第 97 页。

③ 刘鹗，字铁云，江苏淮安人。刘鹗涉猎广泛，研习数学、水利、医学、金石甲骨，经历亦较广泛，曾行医，亦曾参与经营书店、煤矿、地产等。卒以《铁云藏龟》《老残游记》为后世所知。

④ 刘鹗：《抱残守缺斋壬寅日记》，载《刘鹗集》，刘德隆整理，长春：吉林文史出版社，2007 年，第 695 页。

因，便告终止了。

此后很长一段时间，留日学生群体翻译的日本经济学作品——或主要依据日本经济学论著而撰就的涉及李斯特经济学说的文章，是当时中国知识界了解和认知李斯特经济学主张最为常见的知识产品。而正如前文所述及的那样，这些涉及李斯特经济学说的知识产品，受当时日本经济学的影响，多对李斯特及保护贸易学说持肯定态度。

就翻译作品而言，1901 年，译书汇编社社长戢翼翚（1878—1908）[①] 回国后开设的作新社，出版由其与章宗祥（1879—1962）[②] 及另外两名日本人合作译述的《政法类典（经济之部）》，译自东京博文馆出版之《政治学·经济学·法律学讲习全书》收录的经济学专著。其中，《经济学》《外国贸易论》二书多处提及李斯特，较为详细地介绍了其保护贸易学说产生的时代背景和具体主张。同年 10 月，《国民日日报》连载译自日本之《德国之经济政策》一文，高度肯定了李斯特的保护学说对于近代德国崛起起到的推动作用，认为："利司脱之于德国，无异于亚丹斯密之于英国。"[③] 1915

① 戢翼翚，字元丞，湖北房县人。清末，曾就读武汉自强学堂。1896 年，作为首批官派留日学生，由总理衙门派送至日本留学，先后就读于亦乐书院、东京专门学校（早稻田大学）。留日期间，曾参加励志社、兴中会等组织，从事反清革命活动。毕业回国后，曾任外务部主事、进士馆教习等职。

② 章宗祥，字仲和，浙江湖州人。1899 年，赴日留学，先后就读于东京第一高等学校、东京帝国大学、明治大学。留日期间，曾加入译书汇编社。1903 年回国后，历任进士馆教习、修订法律馆纂修官、农工商部主事等职。民国成立后，历任总统府秘书兼法制局局长、大理院院长、司法总长、驻日公使。1919 年五四运动中，因其对日主张妥协态度，被国内舆论斥为"卖国贼"之一，终遭免职，转入商界。著有《日本游学指南》《游学日本小史》《考察欧洲法政小篇》《任阙斋东游漫录》等书。

③《德国之经济政策》，《国民日日报》1903 年 10 月 5 日，第 3 版。

年，上海泰东图书局出版的井上辰九郎（1868—1943）[①] 著、吴瑞译《商业政策》，更是集中体现了当时涉及李斯特经济学说的日本经济学译作的这一特点。该书第二编《自由保护贸易论》向读者传达了这样一种观点：由于持自由贸易论者，“往往急于纯理之阐究，而忘相对的关系；其目自由贸易为宇内之大法，则其误坐在不知国家观念之重”，故而其所强调的自由贸易可能带来的利益，往往只是纸上空谈而已；[②] 相较之下，“德国之李司脱氏”的观点则要“相对”一些，也具有合理性，因其强调考究国际贸易政策，着眼点不能只聚焦于人类全体和个人，还要顾及介于两者之间的国家和国民，指出“在十分开化，彼我产业殆有同等地位之国家，自由竞争当互有巨大之利益，然关于工商业及运输业往往逊于他国之国民焉，当先养其势力，而后得于先进国自由竞争”[③]。

清末，最早一批由中国人撰写的阐释李斯特保护主义经济主张的文章，则与进士馆中的进士学员们息息相关。1904 年，清政府为充实新科进士在政治、法律、经济等实学方面的知识，设立进士馆。新近三科进士，分内外班，翰林、中书为内班，各部主事为外班；此外，附有政治理财讲习科，其他人员可报名听讲。进士馆的课程有史学、地理、教育、法学、理财、交涉、兵政、工政、商政、格致。进士馆学员学习期限为三年，在学期间，“如有愿赴外

① 井上辰九郎，日本东京人。1890 年，毕业于帝国大学法科大学政治科，后任教于东京专门学校、东京商业学校、帝国大学农科大学、帝国大学工科大学、学习院大学等校，专攻政治学。离开学界后，先后任职于日本银行、兴业银行、若尾银行等机构。

② 井上辰九郎：《商业政策》，吴瑞译，上海：泰东图书局，1915 年，第 101—102 页。

③ 井上辰九郎：《商业政策》，吴瑞译，上海：泰东图书局，1915 年，第 101 页。

洋学堂肄业者，应查其志趣实系端正，年轻质敏，在馆并无违犯学规之处，由监督保送，即由学务处给予官费，遣赴欧美、日本各学堂分科肄习”①。馆中，理财科教习为陆宗舆（1876—1941）②、杉荣三郎（1873—1965）③ 二人，前者负责讲授理财通论，兼为馆内不通华语的日本教员担任课堂翻译，后者讲授国法学、行政法、财政学、货币学、教育行政等课程。④ 据光绪二十八年（1902）进士、进士馆学员邵章（1872—1953）⑤ 课堂笔记《理财讲义·通论部》载，“理财学”课堂上，陆宗舆在为学员讲解近代经济学核心名词和概念时，曾论及亚当·斯密之自由贸易与李斯特之保护贸易

① 《学务大臣奏更定进士馆章程折附片》，《北洋官报》1904 年第 423 期，第 2b 页。有关晚清进士馆的沿革、课程设置及运作情况，参见韩策：《师乎？生乎留学生教习在京师大学堂进士馆的遭遇》，《清华大学学报（哲学社会科学版）》2013 年第 3 期，第 28—37 页；《科举改制与诏开进士馆的缘起》，《近代史研究》2015 年第 1 期，第 99—112 页；李林：《最后的天子门生——晚清进士馆及其进士群体研究》，北京：商务印书馆，2017 年，第 73—153 页。

② 陆宗舆，字润生，浙江宁海人。清末秀才，1896 年后，先后入南京文正书院、武昌自强学堂，学习外语、理化知识。1899 年，赴日留学，入早稻田大学高等师范部法制经济科。据其《五十自述记》，在日期间曾编译《财政四纲》（笔者按，该书后以钱恂名义出版）一书，可知具备一定的经济学知识。1904 年起，任进士馆、户部计学馆教习，教授经济学。后历任巡警部主事、奉天洋务局总办、资政院译员、度支部副大臣、总统府财政顾问、参议院议员、驻日公使、币制局总裁等职。五四运动期间，与曹汝霖、章宗祥一道被列为卖国贼，受到声讨，终被免职。抗战爆发后，任“汪伪行政院”顾问。

③ 杉荣三郎，日本冈山人，东京帝国大学法科毕业，除来华任进士馆教习外，历任大藏省检察官、宫内省书记官、帝室博物馆总长、宫中顾问官等职，著有《货币论》《经济学讲义》等。

④ 李林：《最后的天子门生——晚清进士馆及其进士群体研究》，北京：商务印书馆，2017 年，第 122—123 页。

⑤ 邵章，字伯炯，浙江杭州人。1902 年，中进士，授翰林编修，1904 年，为进士馆首批学员，后入日本法政大学速成科。历主杭州府中学堂、浙江官立两级师范学堂、湖北法政学堂、东三省法政学堂等校，后任奉天提学使、北京法政专门学校校长、平政院评事、院长等职。

是两种相互对立的学说，“司必氏（笔者按，即亚当·斯密）以自由贸易为之主义，自由贸易之主义，英儒约翰弥勒主之，其学派甚旧；保护贸易之主义，德人李司德主之”①。囿于邵章《理财讲义》目前公开披露的内容有限，陆宗舆在讲授经济学时对于李斯特经济学说的内涵和价值究竟作何理解，有待进一步探究；但是，从其认为自由贸易“学派甚旧”这一点，大致可以推测陆宗舆认为亚当·斯密一派的观点已经落伍于时代，较为偏向李斯特一派。

进士馆中讲授的涉及李斯特保护主义经济学说的知识，或许引起了部分学员进一步探究的兴趣。其中，陈焕章（1880—1933）②、姚华（1876—1930）③ 二人在结束进士馆进修之后不久，就开始在

① 邵章根据陆宗舆所讲而记录的《理财讲义·通论部》，现仅存稿本，为私人收藏。目前，仅有小红书账号“阿牛真爱历史”披露五叶书影，陆宗舆在理财学课程中是否对李斯特经济学说有进一步的介绍和阐发，留待进一步搜求和研究。另据“阿牛真爱历史”所披露之《理财讲义·通论部》部分书影，章节结构与1903年作新社出版之《政法类典（经济之部）》中《经济学》较为相似。考虑到陆宗舆与戢翼翚、章宗祥二人早在东京专门学校求学期间即已熟识，且又同在进士馆任教习，故采用戢翼翚、章宗祥二人参与编译之《经济学》作为讲述“理财学”课程之教材，可能性比较高。

② 陈焕章，字重远，广东肇庆人。曾入广州万木草堂，与梁启超等从康有为问学。1904年，中进士，授内阁中书，入进士馆。1905年末，赴美求学，先在库克学院（Cook Academy）学习英文，后入哥伦比亚大学学习经济与政治。1911年，陈焕章撰写之博士论文“The Economic Principles of Confucius and His School”（陈焕章自定其中文名为《孔门理财学》，现已有多种中文译本）通过答辩，他由此获博士学位。1912年归国后，陈焕章主要精力为推动孔教运动，任孔教会总干事、《孔教会杂志》总编辑、香港孔教学院院长，未再从事经济学之研究及阐发。陈焕章在1906年间对于近代自由主义和保护贸易经济学的介绍，究竟来自在进士馆时陆宗舆所讲之理财学知识，还是赴美之后阅读相关英文论著的心得，抑或是两者杂糅，尚不清楚，有待进一步研究。

③ 姚华，字重光，号茫父，贵州贵阳人。1904年，中进士，授工部主事，入进士馆。1905年，入日本法政大学速成科，习教育学（姚华：《上严京卿书》，《教育杂志》1905年第7期，第31—32页）。回国后，历任邮传部主事、参议院参议员、北平女子师范学校校长、京华美术专门学校校长等职。姚华长于金石之学，工书画，著有《弗堂类稿》。

所发表的文章中阐释李斯特经济学说的内涵及其对中国经济发展道路的启示。1904 年，陈焕章中进士后，入进士馆学习，1906 年 1 月中旬随“五大臣”考察团从上海出国，赴美留学。从同年 2 月开始，《新民丛报》分两期刊登了陈焕章撰写的《外国贸易论》。① 文中，陈焕章认为“国家本位主义”始终贯穿于近代西方列强教育、外交、军事、内政和经济等诸多领域，也造成了“亚丹斯密世界主义、个人主义之说见摈于世，而李斯德氏国民经济之论所以独称于世”的局面。② 尽管该文并非全璧，但从已发表的部分来看，陈焕章对于李斯特“以国民为本位，以一国之生产力为国家之富”③ 的“国民经济之论”理解已经比较全面，较为详细地介绍了此种与古典主义经济学说有些明显差异的经济学说得以产生的时代背景、国民经济发展五阶段论、生产力说以及实行保护政策的条件，抓住了李斯特经济学说的核心。此时的陈焕章，明显倾心于李斯特对于经济学的阐发，认为：“五十年前，李斯德及开兰惧英国产业之竞争而倡保护贸易，不期五十年后之今日，裴尔福、张伯伦以惧美、德之竞争而鼓吹保护主义，不亦大可研究之事乎！”④可见，在陈焕章的认知中，李斯特的保护主义学说，已经被近代西方以来政治和经济发展的历史证明是一种行之有效的正确学说。1907 年，与陈焕章同科中进士，又同入进士馆进修的姚华，在发表于《中国新报》的

① 陈焕章在文末注明“本节已完、本章未完”，且说下一节“将保护、自由二者之主张及其得失，并将英、美、德贸易政策之现状详论之”（重远:《外国贸易论》，《新民丛报》第 4 卷第 22 号，第 74 页），可知该文尚未完全。但是，陈焕章所谓该文下一节之文，未见于《新民丛报》及其他报章。

② 重远:《外国贸易论》，《新民丛报》第 4 卷第 21 号，第 49 页。

③④ 重远:《外国贸易论》，《新民丛报》第 4 卷第 22 号，第 69 页。

《经济与中国》一文中，对于李斯特保护主义经济学说所持观点与陈焕章基本一致。他认为自由主义的经济政策已经无法适应帝国主义盛行的时代趋势，以李斯特为代表的保护主义政策已经取而代之，世界经济政策的潮流为“世界的经济一变而为国家的经济，纯然欲杜绝外国的经济力，无一分之侵入，而扩张内国之经济力，为十分之伸出者也”①。

值得一提的是，在李斯特经济学说输入中国知识界之初，留日学生群体无论在多大程度上赞成或质疑保护主义，但现实世界中“帝国主义”的压迫和白热化的经济竞争，让他们认识到国家在很长一段历史时期内依旧是最为重要的政治和经济单元，而外国贸易政策的制定，“非鉴于一国之地位与夫世界之大势而求一适当之方针，为经济之前途计，其不致产业衰微、金融逼迫、资本家失其利益、劳动者失其职业，使经济界演出无上之大惨剧者几希也”②。他们主张国家经济政策“当以本国国民为中心点，应保护者则干涉之，应自由者则放任之”③。因此，早期介绍李斯特经济学说的文章，多倾向于认为李斯特的保护主义政策不仅“与现时政策甚有关系”，而且“在吾国经济尚未发达之时，关系尤为重大”④，将其保护政策视作改善中国经济困境、推动中国尽快从农业社会进入工业社会的一种有效途径。1906年，距其发表《外国贸易论》仅仅数月，陈焕章又在《新民丛报》发表日本经济学家

---

① 姚华：《经济与中国》，《中国新报》第1年第5号，第58页。

②《国际商业政策》，《汉声》第6期，第4页。

③ 钱应清：《自由保护贸易得失论》，上海：科学书局，1907年，第48页。

④ 萧志仁：《各国经济思潮之变迁》，北京：内政部编译处，1921年，第93页。

津村秀松（1876—1939）[①]《近世英国商业政策之发展》前三章的译文，并在为其撰写的前言中提出，工商业尚不发达的中国“处此激烈竞争之世”，早已沦为“世界列国经济帝国主义相角逐之地”，因此，中国应以李斯特的保护政策这种“不易之公理”为据，“谋所以奖励保护之道”，扶植国内幼稚工商业的发展，否则，“不特外国商品将充斥吾之市场，而吾国之位置遂将终于贫弱之农业国，而淘汰于经济竞争之世界矣”[②]！毕业于东京帝国大学哲学科的张东荪（1886—1973）[③]，于其在民国初年知识界颇有影响的《关税救国论》一文中，认为李斯特开创的“以国家为本位，以国富为目的”的国民经济学说“为历来所未见者”，而近代以来能实现国家富强者“非天赐神锡，乃历代保护之结果”。[④] 出乎此，张东荪呼吁，循着李斯特国民经济发展五阶段学说的指引，工商业尚处于幼

① 津村秀松，日本和歌山县人，毕业于东京高等商业学校，后赴欧洲、美国留学，学习经济学。回国后，曾任神户高等商业学校教授、大阪制铁所董事长。津村秀松的经济学著作在近代中国较为流行，《国民经济原论》《商业政策》《经济学大意》均有中译本。

② 津村秀松：《近世英国商业政策之发展》，重远译述，《新民丛报》第4卷第23号，第20—21页。

③ 张东荪，原名张万田，字圣心，浙江杭州人。1905年起赴日本东京帝国大学哲学科学习。1911年回国，历任南京临时政府内政部秘书，《庸言》《兴华》《时事新报·学灯》等报纸主笔，光华大学、中国公学、政治大学、清华大学、燕京大学等校教授。著述甚多，计有《科学与哲学》《新哲学论丛》《现代伦理学》《理性与民主》等。张东荪与梁启超关系匪浅，积极参与民国初年的政党政治活动，参与创立中国国家社会党、中国民主政团同盟、中国民主社会党。中华人民共和国成立后，曾任中央人民政府委员、政务院文化教育委员会委员、清华大学代校长等职。有关张东荪的生平经历与思想变迁，参见左玉河编著：《张东荪年谱》，北京：群言出版社，2013年。

④ 张东荪：《关税救国论》，《庸言》第1卷第18号，第7—8页。

稚阶段的中国，在面对外国工业商品倾向之际，“唯有实行关税政策，以保护贸易主义为宗旨”，方可在一定程度上纾解当时“国内之产业，全行压倒，土货为之淘汰”的发展困境，以关税为摆脱“民贫国弱”的有利政策工具。①

除了最为人瞩目的关税问题，当时吸收李斯特国民经济学说的中国知识人，也认识到其在强调对外实行保护政策的同时，主张在国家内部要自由竞争，提高国内的生产效能。因此，在很长一段时间内，借助李斯特有关国内贸易的主张，废除饱受诟病的厘金制度有了理论上的依据。1917 年，王振先在其所编《中国厘金问题》中指出，抽取厘金的政策损害了产业的自然发展，并以李斯特在国内贸易上的主张为论据，指出“近世主张保护论之泰斗李士特氏，亦以对抗国外强有力之侵袭，拥护国内自由贸易为目的，断无为阱国中，鱼肉其民，而开三面之网于国外如我国厘金制度者也”，疾呼：“此制不革，而日呼唬实业不兴，工商窳败，咎将安归！”②

二、政治、政党与李斯特经济学说的传播

李斯特经济学说刚刚输入近代中国的第一个二十年中，留日学生群体从日本经济学界转手而来的相关知识，是那一时期中国知识界认识和理解李斯特经济学说的主要来源。而在二十世纪二十年代以后，尽管从表面上看起来，从美国、法国、英国、德国接受经济

① 张东荪：《关税救国论》，《庸言》第 1 卷第 18 号，第 2—3 页。
② 王振先编：《中国厘金问题》，上海：商务印书馆，1917 年，第 63 页。

学训练的知识人，成为引介和阐释李斯特经济学说的主力，但是在这种纷繁的表象之下，来自政治和政党势力的驱动，实则是促成李斯特经济学说在近代中国出现一波高潮的重要因素。

二十世纪二十年代后，持续推动中国知识界引介李斯特经济学说和阐释其学术价值的最为重要的政治因素，当属"国家"和"民族"意识在中国知识界的高扬，尤其是因北洋军阀混战而出现的追求中国统一的政治诉求，以及中国社会各界要求收回关税主权的运动。一方面，辛亥革命后，中国政局持续动荡，最终演化为军阀格局，互相为争夺地盘和权力而混战不已的乱局，严重阻碍了中国社会的发展。另一方面，鸦片战争以后，随着清政府与列强签订《南京条约》和《五口通商章程》等一系列屈辱性条约，中国逐步丧失关税自主，不仅海关税率需要与列强协定，海关高级管理人员则由西方人出任，而且税率长期徘徊在低水平的"值百抽五"。[①] 这不仅损害了中国的主权完整，超低且不对等的海关税率也使中国沦为西方工业品的倾销之地，严重损害中国本土工商业的发展。为此，在1919年的巴黎和会上，中国代表要求废除列强在中国关税上的特权。1921年，中国代表在华盛顿会议上提出《中国关税自主案》，要求恢复中国关税主权，而最终签订的《九国间关于中国关税税则之条约》，决定中国政府可于条约生效后三个月内召开专门会议，讨论修改关税税则事宜。自此，中国调整关税税则和逐步

① 有关近代中国海关的进出口税率的确立及实际执行情况，参见张九洲：《"值百抽五"的税则究竟何时确立》，《史学月刊》1996年第1期，第117—118页；蔡诚、张志云：《晚清海关税则之比较研究：1843—1902年》，《清史研究》2022年第3期，第73—88页。

收回关税主权迎来了曙光，“关税问题成为国内舆论与国际政治的讨论焦点”①。

1922年，《九国间关于中国关税税则之条约》正式签订后一个月左右，北京大学经济学教授马寅初（1882—1982）② 应中国大学商学研究会之邀请，在该校发表题为《马克斯学说与李士特学说二者孰宜于中国?》的演讲。仅从题目来看，马寅初此番演讲对于马克思与李斯特经济学说持开放性的态度，没有明确的倾向性。而在实际的演讲中，马寅初尽管首先表明其对于马克思与李斯特二人之学说，“并非抱极端之反对与主张”，也承认“马氏学说，固有良善之处”，但考虑到当时“中国之情形”，必须做此“比较之论”，分析哪一种学说各符合当时中国生存和发展的需要。③ 他认为，当时“中国所最切要解决之问题，乃在军阀，而非资本家与劳动问题”，面对此种社会现实，讨论马克思主义的适用性问题“非其时耳”，故而提出“现时与其谈马氏之学说，无宁研究李氏之学说为愈也”。④在他看来，李斯特的保护政策之所以更适用于中国，是因为中国的发展困境与十九世纪中叶之前的德意志“甚为相同”，两

① 蔡诚、张志云：《晚清海关税则之比较研究：1843—1902年》，《清史研究》2022年第3期，第74页。

② 马寅初，浙江嵊州人。1903年，考入北洋大学堂治矿专业，1907年赴美留学，于耶鲁大学、哥伦比亚大学学习经济学，于1914年获哥伦比亚大学经济学博士学位。回国后，先后任教于北京大学、上海商科大学、南京大学、交通大学、东吴大学、浙江大学、重庆大学，教授经济学，是中国近代著名的经济学家。1949年后，先后任浙江大学校长、中央人民政府委员、华东军政委员会副主席、北京大学校长等职。著述甚多，有《经济学概论》《新人口论》《中国经济改造》《中国银行论》。

③④ 马寅初讲演：《马克斯学说与李士特学说二者孰宜于中国?》，童蒙正笔记，载中国大学出版部编《中国大学学术讲演集（第一集）》，北京：中国大学出版部，1923年，第1页。

者都面临遍设内地税、国境关税废滞、企业家要求政府实行保护政策和统一商业的问题，因而从决定一国经济发展的“生产竞争力”的需要出发，曾经在德国崛起过程中发挥过巨大作用的李斯特经济学说，“似有实行之必要”。[①] 更为重要的是，马寅初指出，较之十九世纪中叶之前的德意志，中国所面临的外部政治和经济环境的冲击和压迫更为严峻，对于保护政策的需要，“实更为大”：一是德国当时面临的竞争对手，只有英国一个完成工业化的国家，而中国现时所处的世界经济环境，“如英，如美，如日，如德，皆甚强大”，故而“欲实行保护政策，期需要自形宏大”；二是当时德国的关税不受外国势力干涉，而中国丧失关税主权，“中国之受束缚已无论矣，如名为值百抽五，实则只值百抽二三耳”，关税税率极低，从这个意义上而言，“吾国保护政策之需要，更为明甚”；三是当时德国并不存在“门户开放”，而中国门户洞开，且程度愈发严重，“昔日之开放，仅限于商业；今则工业，亦开放矣；昔之开放，限于一定之商埠；今则内地，均开放矣”，故而“欲实行保护政策，较之德国，尤为难也”。[②] 通篇演讲中，马寅初表面上是在分析比较马克思与李斯特二者经济学说对于中国的适用性问题，但对于军阀割据和列强经济压迫——尤其是关税无法自主——的焦虑始终贯穿其中，并为其主张中国迫切需要采行李斯特的保护政策提供支

---

① 马寅初讲演：《马克斯学说与李士特学说二者孰宜于中国?》，童蒙正笔记，载中国大学出版部编《中国大学学术讲演集（第一集）》，北京：中国大学出版部，1923 年，第 6—7 页。

② 马寅初讲演：《马克斯学说与李士特学说二者孰宜于中国?》，童蒙正笔记，载中国大学出版部编《中国大学学术讲演集（第一集）》，北京：中国大学出版部，1923 年，第 7 页。

持。最后，马寅初再次呼吁“我国实行保护政策，殊为必要”，尽管较之德国采用李斯特保护政策之前的历史条件，当时中国面临的内部和外部阻碍和束缚均更为严重，但正因如此，“吾人研究李氏之说，尤不可缓，虽不能得效于今日，然苟有人为之提倡，其影响甚大”。①

对于马寅初此次在中国大学商学研究会所作的演讲，北京的《黄报》和上海的《时事新报》很快就刊发了全文，随后其被收录于《中国大学学术讲演集（第一集）》《马寅初演讲集（第一集）》之中；仅发生于一时一地的以声音形式存在的演讲，改以有形的文字，被更多知识人接触到。这无疑为民族主义情绪高涨的二十世纪二十年代中国知识界提供了另外一种观察和思考中国问题的分析视角和理论工具，故而引起了一定程度的重视。1924 年，笔名为“钦”的作者在《清华周刊·书报介绍副刊》发文介绍《中国大学学术讲演集（第一集）》。作者在逐一罗列书中 17 篇演讲的篇名之后，特地强调马寅初的演讲最值得重视，提醒读者“（该书）第四、五、六、九、十五、十八诸篇为最有价值，而马寅初之《马克斯学说与李士特学说二者孰宜于中国?》一篇最为重要”，理由是“马氏之经济思想属于李士特一派，自然主张李士特学说宜于中国。马氏此种思想，在今日中国新经济思想中独树一帜，此最可注意者也”。②

---

① 马寅初讲演：《马克斯学说与李士特学说二者孰宜于中国?》，童蒙正笔记，载中国大学出版部编《中国大学学术讲演集（第一集）》，北京：中国大学出版部，1923 年，第 7 页。

② 钦：《中文书籍介绍》，《清华周刊·书报介绍副刊》第 11 期，第 15 页。

继马寅初之后，推动李斯特经济学说在二十世纪二十年代中期之后广泛传播的代表性人物，当属刘秉麟（1891—1956）[①] 和王开化（1894—1976）[②] 二人。1925 年，曾在英、德两国学习经济学的刘秉麟，依据相关德文经济学论著，撰成《李士特经济学说与传记》一书。在这部国内最早系统介绍李斯特生平和总结其经济学主张的专著之中，刘秉麟不仅全面地向读者介绍了李斯特保护主义经济学说产生的历史背景和思想渊源，详细分析了其《政治经济学的国民体系》一书当中最为重要的历史主义方法、国家观念和生产力学说的具体内涵及其在经济学史上的贡献，而且指出这些经济学主张对于当时中国的启发之处。而刘秉麟所认为的李斯特经济学术之于中国的价值和意义，依旧围绕着二十世纪二十年代最受中国知识界瞩目的“国家”和“统一”而发：其一，对于知识界显露出的

① 刘秉麟，字南陔，湖南长沙人。1917 年，毕业于中国公学大学部经济系，1920 年起，先后在英国伦敦大学、德国柏林大学学习经济学，获经济学博士学位。1922 年回国后，历任中国公学、光华大学、武汉大学经济学教授。曾短暂代理武汉大学校长一职，并参与创办中国经济学社。1949 年后，任中南军政委员会财政经济委员会委员。著有《中国财政小史》《亚丹斯密》《理嘉图》《各国社会运动史》《经济学原理》《世界倾销问题》等多种经济学作品，是民国时期较为活跃的经济学家。

② 王开化，字治斋，湖北十堰人。1912 年，考入郧山中学，1913 年，转入湖北省立外国语专门学校德语系，1919 年夏自该校大学部毕业。1921 年秋，入德国蒂宾根大学学习经济学，1926 年 7 月毕业，获经济学博士学位，博士论文为《李斯特主义对于中国的重要性》（Die Bedeutung Der Listischen Lehre Fuer China）。回国后，任国民革命军总司令部总政治部国际编译局编译委员，后短暂任教于国立武昌中山大学（武汉大学）、开封训政学院。后弃教从政，历任河南禁烟处处长、河南烟酒事务总局局长、湖北枣阳县长、湖北郧西县长、湖北恩施县长、湖北省建设厅科长、湖北省第八区行政督察专员兼保安司令、湖北省政府委员兼民政厅厅长、国防部政工局副局长、国防部民事局局长。1948 年，被选为立法院立法委员，后赴台。有关王开化生平，可参考《王开化先生事略》，载《“国史馆”藏民国人物传记史料汇编》第 1 辑，台北：“国史馆”，1988 年，第 69—72 页；王开化：《王开化：效忠党国，服务社会》，《湖北选务》1947 年第 5 期，第 36—37 页。

“每有政治不良，而专从事于社会事业”的思想倾向，刘秉麟指出，这种将社会经济剥离出国家的想法，“适与李士特之所见相反”，因为国家是政治、历史、经济的结合体，“欲谋一国社会事业之进步，必先从一国之国家组织研究起”；其二，国内统一“实为经济事业发达之先决条件”，因为李斯特早已指出，德国经济实现赶超发展的前提之一即“非先谋国内统一不可”，对于当时尚处军阀割据泥淖的中国而言，“吾国今日经济事业不能发达之原因，其故亦可由此而推求之”，其意不言自明。①

约在刘秉麟撰写《李士特经济学说与传记》一书前后，当时正在德国蒂宾根大学攻读经济学博士的王开化在阅读了《政治经济学的国民体系》后，“极服膺其言，且以为针灸我国现下病症之良药”，并有感于国内对李斯特经济学说已有之介绍“往往摘录一斑，未呈全豹”，费数月之功，据德文原本将此书译为中文，“以供爱国君子与治经济学者之研究”，经友人润色后，以《国家经济学》为名，由商务印书馆出版。② 可以说，王开化翻译李斯特经济学代表作的初衷，从一开始就不是完全从纯粹的学术角度出发的，而是深受当时中国内外政治、社会和经济环境刺激。王开化以李斯特这种“根据当时各国历史上之事实，说明工商业幼稚国家实行保护关税制之意义”经济学说为依据，从民族主义立场出发，揭示中国遭受西方工业发达国家经济侵略的严峻形势，分析废除不平等条约、谋求关税自主、实行保护政策的迫切性和正当性：

① 刘秉麟：《李士特经济学说与传记》，上海：商务印书馆，1925 年，第 3—4 页。

② 王开化：《译者原序》，载李士特《国家经济学》，王开化译，上海：商务印书馆，1927 年，第 3 页。

当十九世纪中叶，欧美多数国家仅受一工业霸权者（英国）之压迫，已觉大有不可终日之势。今日我国一国，备受全世界强暴工业国家之剥夺，以致农业衰落，工商凋零，航业与凡百交通机关均落于外人之手；财政经济——海关、盐税、银行业等——全为外人所把持，外人之陆军兵舰，可以随意往来中国沿海，出入腹地各埠；外人犯罪，不受中国法庭之裁判。诗名为一独立国，实尚不及列强一殖民地。国人于此，所受之痛苦，所怀之感想，果何如乎？

近二十年来，国人感受外人经济之压迫，力谋振兴工商业，然而工商业之凋零如故。所以然者，盖以我国海关为外人所把持，不能实行保护关税制，以高税或禁止其足以妨害国内工业发达之外货故也。是以我国欲谋富强，非振兴工商业不可，非驱除外货在国内市场之竞争，而使国货稳占国内市场莫由。保护关税制者，即驱除外货之良策，保护工商业之利器也，望国人努力谋取消我国与外人所订关税协定之亡国条约，实行保护关税制，则工商业可兴，国家前途庶有豸乎？①

从王开化翻译和介绍李斯特保护主义经济学说的过程可以看出，对于二十世纪二十年代的中国知识界——尤其是经济学界——而言，身处国家观念和民族意识高涨的时代洪流之中的他们，注意力总是被那些与时代“关键词”相互扣合的观念或学说所吸引，在消化吸收之后，以此来解释中国为何陷入困境而无法自拔，如何才能实现

① 李士特：《国家经济学》，王开化译，上海：商务印书馆，1927 年，第 2 页。

梦寐以求的富与强。

二十世纪二十年代以降，经过马寅初、刘秉麟、王开化这些知识精英的译介和阐释，李斯特经济学说的理论内涵以及其对于中国经济发展的价值，均已比较明晰。这一时期，各类刊物上发表的涉及李斯特经济学说的作品，仍然循着马寅初、刘秉麟和王开化等人提供的知识资源和指引，从民族主义立场出发，生产和再生产出众多深具时代烙印的涉及李斯特经济学说的知识产品。举例言之，周伦超在《自由贸易说与保护贸易说之比较观》中指出，自李斯特提出保护贸易政策之后，其成为世界各国经济政策的主流："世界学者翕然宗之，其说卒为各国政府所采用而见诸施行，至于今，犹鲜有改变焉！"[①] 在吸收李斯特国民经济发展五阶段论的基础上，周伦超以之为分析工具来为当时中国的积贫积弱寻找病因，并开出"药方"：中国近代以来国势陵夷的根本原因在于鸦片战争后签订的不平等条约，"致失制定税则之主权"，造成"外货流入，无法制止；利权外溢，无术挽回"的境地，如果容忍此种不平等条约长期存在，则"国内工业将永远被压抑而不能发展矣，经济侵略，令人寒心"，唯一的出路即在于国内有志青年努力奋起，"达到'解除不平等条约'之目的，庶可以言吾国对外贸易之政策也"。[②] 曾经将马寅初《马克斯学说与李士特学说二者孰宜于中国?》演讲整理为文字记录的童蒙正，在其发表的《发达实业与关税问题》一文中，首先逐一讨论了自由主义经济学与社

---

① 周伦超：《自由贸易说与保护贸易说之比较观》，《京报副刊》第 323 期，1925 年 11 月 9 日，第 65 页。

② 周伦超：《自由贸易说与保护贸易说之比较观》，《京报副刊》第 323 期，1925 年 11 月 9 日，第 67 页。

会主义经济学之于中国的适用性、片面最惠国待遇的危害、发展实业与关税政策的关系等问题，然后提出，“欲救济中国，必开发实业；开发实业，必采保护主义，实行关税政策”，并以十九世纪四十年代左右之德国政治、经济态势与李斯特所倡保护政策之于德国发展的作用为据，提醒国人：“李氏竭力提倡（保护政策），卒为政府采纳，而国内因之以兴。故采行保护主义，施行关税政策，实为要着，尤望国人为之提倡，更希政府采纳之。”①

无论是具体的政治事件，还是更为宏大的政治环境，的确推动了一大批近代中国知识精英去“发现”李斯特经济学说的内涵和价值，在各种知识媒介上“生产”和“再生产”出涉及李斯特经济学说的知识产品，为数甚为可观。然而，在知识精英以个体身份继续译介和传播李斯特经济学说的同时，作为在各种主义和思想狂飙突进的二十世纪二十年代的中国扮演重要角色的政党，也开始介入阐释和传播李斯特经济学说的场域之中。

最早积极涉足阐释和传播李斯特经济学说的政党，是在近代中国政治中颇为活跃的中国青年党。五四运动后，一批深受国家主义思想影响，具备强烈的国家意识和民族责任感，但同时不赞成共产主义的青年知识分子逐渐聚合起来，希望通过组织以国家主义为思想指导的政党，谋求国家统一和独立。1923 年 12 月，曾琦（1892—1951）②、

① 童蒙正：《发达实业与关税问题》，《顺天时报》1925 年 12 月 17 日，第 4 版。

② 曾琦，四川内江人。曾就读于成都高等学堂、上海震旦大学、日本中央大学，并曾在法国社会学院旁听。曾琦较早接受了国家主义，积极参与创办少年中国学会、中国青年党等组织以及《救国日报》《醒狮》等刊物。曾琦是中国青年党的核心人物，历任中国青年党党务主任、中央执行委员会委员长、党主席。著有《国体与青年》《反党治言论集》《曾琦战时言论集》《长期抗战之心理建设》《慕韩文集》。

李璜（1895—1991）[①]、何鲁之（1891—1968）[②] 等人在巴黎召开会议，正式成立中国青年党，对外以"中国国家主义青年团"名义开展活动。总体上，中国青年党的宗旨，对外"则以力争中华民国之独立与自由为旗帜"，对外"则以推倒祸国殃民之军阀，实现全民政治为信条"。[③] 而在其公开发布的《中国国家主义青年团政策大纲》中，中国青年党围绕着其所标榜的国家主义，进一步公布了其在政治、经济、教育、国防、外交、财政、交通、司法等八大领域的政策主张；具体到经济方面，要求对外采取保护政策，对内采取社会政策：

> 第一条，对外采保护政策：（一）收回关税主权；（二）改订各国商约；（三）取缔外人在华所设工厂；（四）废止厘金；

① 李璜，四川成都人。曾于成都洋务局英法文官学堂、上海震旦大学学习法语。1913年，赴巴黎大学文学院，学习历史学与社会科学，获硕士学位。回国后，先后任教于武昌大学、北京大学、成都大学等校，后投入政治活动。李璜与曾琦、左舜生等人结识甚早，参与中国青年党、《醒狮》、知行学院的创办，是中国青年党的重要人物，曾任中国青年党中央执行委员会委员、常务委员、代理党主席、党主席。著有《法兰西学术史略》《欧洲远古文化史》《新中国文化运动》《法国文学史》《历史学与社会科学》《学钝室回忆录》等。

② 何鲁之，四川成都人。曾就读于成都洋务局英法文官学堂、方言学堂、外国语专门学校，1919年起，赴巴黎大学求学，攻读历史学。回国后，先后任职于成都大学、成都师范大学、四川大学、华西协和大学、中国人文研究所等机构，教授西方历史。著有《希腊史》《欧洲近古史》《欧洲中古史》。何鲁之是中国青年党的创始人之一，曾任中国青年党中央执行委员会委员、内务部长、常务委员及国民参政会参政员。有关何鲁之的生平经历及史学思想，参见朱晶进、徐鸿琳：《国家主义政治与历史书写——以"中国青年党"中常委何鲁之史学思想为中心的探讨》，《西部发展研究》2018年第1期，第135—151页。

③《中国青年党建党宣言（1923年12月2日）》，载中国第二历史档案馆编《中国青年党》，北京：档案出版社，1988年，第4页。

（五）统一税则；（六）鼓励海外贸易；（七）开发本国产业。

第二条，对内采社会政策：（一）关于公共利益之大企业，如铁路、矿山、邮电、水利、森林之类，由中央或地方政府经营；（二）全国无主之荒地，收归国有。有主者由政府督促耕种，否则没收之；（三）以累进法课所得税；（四）限制遗产；（五）规定女子继承权；（六）限制大地主；（七）扶助小农户；（八）取缔高利贷；（九）监督大工厂；（十）减少劳动时间，以八小时为原则；（十一）增加工资，以能维持劳动者本身及其家庭生活为准；（十二）规定工人分红利；（十三）提高劳动者生活标准；（十四）广设职业介绍所；（十五）厉行劳动保险；（十六）普及劳动教育；（十七）奖励协作社；（十八）特别保护儿童、妇女劳动者；（十九）保护大工厂以外之劳动者；（二十）多设国立医院、孤儿院、养老院、残废院。①

可以看出，中国青年党提出的经济政策，对内实际上是用国家社会主义来抗衡当时风头正盛的马克思主义，而在对外政策方面的主张，则是近乎全部接纳了李斯特的保护政策。而在中国青年党创立伊始，李璜就将李斯特的经济学说归纳为与国家主义相配套的国家主义经济学，作为中国青年党在经济方面的指导思想。

1924年7月，距离中国青年党成立半年有余，李璜和曾琦启程回国，决心在中国宣传国家主义。回国途中，李璜撰写了一篇三万余字的《释国家主义》的长文，系统阐释国家主义的历史和理论的

①《中国国家主义青年团政策大纲》，《醒狮》第105号，第8—9版。

立足点，以及相关要求和主张，向外界表明，其所主张的国家主义“乃是被压迫的国性的政治上的要求”“乃是疾视一切所有不以国家的旧信仰为根本的学说”“乃是反乎国际主义而言”。[①] 文中，李璜旗帜鲜明地提出，在国家主义的指引下，“凡足以发展或丰富国民的生计，则国家主义的经济政策当期不遗余力以趋赴之”。[②] 具体而言，鉴于中国长期以来在经济上“对外不能保护商业而与人竞争，对内不能发达国货而力求自给”的局面，李璜提出“国家主义的经济政策，不能不主张李斯特的国家经济”：[③]

> 李斯特（List）是国家经济（economic nationale）的提倡者。德意志一八三四年的统一关税，实行保护政策，便是实现他二十余年所坚持的主张。他所主张的根本意思是：“一国经济不能独立操纵，便算不得独立的国家。”所以他为德意志所要求的两条是，（一）国家要得着他自己所应有的经济自治权（autonomie economique）；（二）国家要保护着他自己国内生产者的国内市场。前一条便是收回关税，后一条便是保护贸易。中国今日的经济政策尚有更重要于此者的吗？我们不首先向外国收回关税权，以调剂生产，奖励生产，不行保护政策，那能与外人言商业的竞争？洋货税轻价贱，自然把力弱本小的国内土货冲灭了。我们自家的实业品一天不能在国内占势力，便一天要被人剥削。像今日这样门户大开，外货充满，简直可以使

---

① 李璜：《释国家主义·国家主义的真意义》，《醒狮》第1号，第4版。
② 李璜：《释国家主义·国家主义的真趋向》，《醒狮》第5号，第1版。
③ 李璜：《释国家主义·国家主义的真趋向》，《醒狮》第5号，第2版。

我们膏血尽竭，坐而待亡！因此，国家主义的经济政策，在首先向外人争回关税权而实行保护贸易，以理争不行，则以力争。以力争不胜，亡也亡得痛快一点，免得暗受损害，至死不悟。[①]

而在此后不久发表的《述国家主义的经济学》一文中，李璜进一步明确指出“国家主义的经济学或简称为国家经济学，为德人李斯特所倡”，并将这种国家主义经济学概括为“以国民性的意思（idée de nationalité）对抗国际主义，以生产力的意思（idée de force productive）对抗交换价值的论调”两点，并以“提出国家独立保障与国民生活保障二义以为根本思想，保护工商与奖励实业两事以为实行方法”。[②] 文中，李璜在详细论述李斯特有关保护政策与“国性”“国家人格”的密切关系，以及实行保护政策的前提条件后，再次呼吁中国应以李斯特的国家主义经济学为指引，厉行保护政策：

李斯特的国家主义经济学诞生以来，到今天已八十四年（1841—1923），保护政策日益发达，自由主义发源地的英国也渐渐实行保护政策以防复起的大工业国。而独我中国门户大开，任人掠夺，一看到李斯特在在以国家人格、国民生产为忧的说法，真正令人感慨系之！我们中国不是李斯特所谓地处温带，人口众多，文化已发达，工业已萌芽的国家吗？我们如何

① 李璜：《释国家主义·国家主义的真趋向》，《醒狮》第5号，第2版。
② 李璜：《述国家主义的经济学》，《醒狮》第29号，第3版。

不应实行保护政策？我们之所以未能，实因我们的税关在外国人的手里。这样看来，我们不收回关税，而实行保护政策藉以提倡发展新生工业，我们实无自救的第二个办法。日日让外货无限量的侵入，将国家财力被外人掠夺殆尽，看看举国穷困，衣食都不够了，还高谈什么文化与艺术啊！反面正面的话已被李斯特说明白了。①

可知，较之此前中国知识界对于李斯特经济学的介绍和解释，李璜尽管也阐释了其向来为人所关注的国民经济发展五阶段论、生产力学说和保护政策等学说产生的历史背景、思想渊源和具体内涵，但其论述的最终归宿却在于突出李斯特经济学说中的“国家”色彩，为中国青年党主张的国家主义寻找到更为契合的经济学支撑。在李璜看来，近代中国遭受的政治和经济悲剧，根源在于帝国主义国家的压迫，而解决之道也在于广大民众以国家和民族为念，扫除束缚中国经济发展的阻碍，并借助国家的力量保护国内经济的利益，推动中国经济的发展。

自李璜揭橥李斯特的国家主义经济学可被视为整体国家主义的一环这层关系之后，中国青年党内部以及中国的国家主义派很快就接受这一理论，以此为他们认识、理解和分析中国问题的理论工具。此后很长一段时间里，诸如《醒狮》《民铎杂志》《新国家》等中国青年党主导的刊物刊发的经济领域的文章，亦多将李斯特的经济学说视作近代中国得以摆脱经济泥淖的“药方”。1926 年，唐

① 李璜：《述国家主义的经济学》，《醒狮》第 29 号，第 3 版。

庆增（1902—1972）[①] 在《醒狮》发表的《经济学中之国家主义》一文中，重点介绍了国家概念在李斯特经济学中的地位，并指出中国应该以国家主义经济学在德国历史发展中起到的作用为借镜，充分考虑中国发展面临的实际情况，推行国家经济学：

> 在百年前，德意志之内部情形，与吾国今日正无稍异，当时德国国内分成若干区域，税界极多，故内部关税，紊乱不可究诘，此与吾国今日内地之厘卡较，其纷乱情形绝类。又昔日德国对外关税税率极低，几等于无，外货进口，遂毫无阻碍，此与吾国协定关税之结果，又何以异。慨自门户开放之说兴后，吾国经济上之损失，不知凡几，李氏论调，颇足为吾国一般迷信"亲善主义""经济提携"等谬说者之当头棒喝也。
>
> 当李斯特之时，英国经典派学说，正在极盛时代，所谓世界主义者，盛行一时。李氏独辟众说，作中流之砥柱，倡国家经济学，卒底于成，造成今日之德意志。今日吾国维新之士，不务实情，喜随声附和，以顺应世界潮流之应声虫自命，睹此能无愧乎！[②]

① 唐庆增，江苏无锡人。曾就读于上海工业专门学校（上海交通大学）和清华学校，1920 年起赴美留学，先后就读于密歇根大学、哈佛大学，获经济学硕士学位。回国后，历任中国公学、上海商科大学、光华大学、大夏大学、暨南大学、劳动大学、浙江大学、中正大学、复旦大学等校经济学教授。唐庆增是民国时期比较活跃的经济学者，尤其是在中西经济思想史领域，著述甚多，有《中国经济思想史》《经济学概论》《经济学原理》《国际商业政策史》《大学经济课程指导》《西洋五大经济学家》《唐庆增抗日救国言论集》等。

② 唐庆增：《经济学中之国家主义》，《醒狮》第 82 号，第 2 版。

同样，朱世龙在《新国家》上发表的《保护贸易主义与中国》一文中，也站在国家主义的立场上提出，自由贸易主义“非弱国经济发展的福星，实强国经济侵略的护符”，进而提倡中国应该采行以李斯特为代表的贸易保护主义。他从“国民经济本位论”“国民经济发达的顺序论”“生产力说”“养育税论”“德意志统一论”五个层面，相对详细地叙述了李斯特《政治经济学的国民体系》的主要论点及其贸易保护主义主张的合理性，并由此出发，指出今日的中国与当时的德国处境并无太大差异，应该从李斯特贸易保护学说中汲取营养，从“外抗经济侵略”“发展幼稚工商”“增加财源”“挽回利权”“发展国民才智”“救济失业”“巩固国基”七个层面发力，最终达到发展国民经济的目标。最后，朱世龙和李璜一样，高声疾呼中国应该尽快采行国家主义经济学：

> 我国必要采取保护贸易主义已属毫无疑义。读者尚有以为自由竞争的利益可以促进工商的改进吗？但此乃就未来说法，不足语现在。若我国的工商业经过一段保护主义实施的保护，根基已固，则不妨驱其与外国竞争，藉收改进的效果。但在当前，则正须采李斯特的主要：“宁愿牺牲一时的利益而保养其本国的生产力，图永久发展的伟基，树国家百年的大计。”这是我们应该牢牢记取的。①

值得注意的是，在李璜等一批信仰国家主义的中国青年党人以政党

① 朱世龙:《保护贸易主义与中国》,《新国家》第1卷第10期，第15页。

的名义和组织形式生产与传播李斯特经济学说的同时期，德国的王开化也接触到《政治经济学的国民体系》一书，并着手将之译为中文。1925年11月左右，中国青年党汇集《醒狮》创刊一周年以来发表的文章，出版合刊。而《醒狮》第一年合刊本卷首所附的《介绍国家主义书报》所罗列的22种国家主义书籍目录，就将尚未出版的王开化译《国家经济学》收录其中，云："李斯特《国家经济学》，王开化，印刷中，商务印书馆。"① 尽管中国青年党和《醒狮》报社是否与王开化存在关联，以及从何处得知商务印书馆将要出版《国家经济学》一书的消息，现不得而知，但反映出中国的国家主义派和中国青年党对李斯特的重视程度。

在中国青年党将李斯特的国家主义经济学尊奉为该党经济主张的指导学说之后不久，刚刚走向全国政治舞台中心的中国国民党，也开始加入解释李斯特经济学说的场域之中。早期，由于中国青年党激烈批评国民党，以及其所标榜的国家主义，在一定程度上冲击了国民党主张的意识形态，国民党开始密切注意中国青年党和国家主义派的动向，并对国家主义加以批判。1927年9月，主持国民党中央党部宣传部工作的元老胡汉民（1879—1936）② 在国民党宣传

---

①《介绍国家主义书报》，《醒狮（第一年汇刊）》，上海：醒狮周报社，1925年，第1页。

② 胡汉民，原名衍鸿，字展堂，广东广州人，中国国民党早期的主要领导人和理论家。清末，留学东京宏文学院速成师范科，后加入同盟会，自此长期追随孙中山，深为孙中山倚重，历任同盟会南方党部支部长、广东都督、西藏宣抚使、广东省省长、中国国民党中央执行委员、中央政治委员会主席、立法院院长、中央常务委员会主席。发表《三民主义的连环性》一文时，胡汉民负责中国国民党中央党部宣传部的工作。有关胡汉民对于三民主义的阐发以及《三民主义的连环性》一文的价值，参见邹小站等：《中国近代思想通史（第六卷）》，北京：社会科学文献出版社，2022年，第295—362页。

部主办的《中央半月刊》上发表《三民主义的连环性》长文。文中，胡汉民在论及十九世纪从国家主义过渡到社会主义之处，抄袭帕克·托马斯·穆恩（Parker Thomas Moon，1892—1936）[①]《帝国主义与世界政治》（*Imperialism and World Politics*）中的观点，将李斯特所代表的国家主义经济学说视作帝国主义在经济领域中的表现：

> 国家主义，是以民族求独立自主为其本意的，而帝国主义是以白种人征服有色人种为其本意的：这两种主义在理论上固有其不能相容之点，但是自有经济的国家主义发展的事实做了十九世纪的重心，则本来求政治的独立自主的国家主义，便很容易地转为侵略他人或防制他人独立自主的帝国主义。在这一事实的枢纽转移的时候，欧洲的经济学也起了转变。从前代表自由主义和放任主义的英法正统派经济学，如英国曼彻斯德学派等，现在就变为受一般国家主义的经济学者之掊击。代表这新兴一派的国家主义经济学的，就是德国李士特（Friedrich List）。他的中心思想，力訾自由主义之不当，而着重国家的永久性和整一性，从而推论国家的安全和福利，必须健全的经济政策管理私人的工商事业。个人的利益必须听命于国家的需要；所以保护政策，实为培植工商业而使之平衡发展的必要手

---

① 帕克·托马斯·穆恩，美国政治学家，哥伦比亚大学政治学博士，哥伦比亚大学国际关系系教授。美国巴黎和会代表团成员，并任美国天主教历史学会、天主教国际和平协会主席。除了出版于1926年的《帝国主义与世界政治》，尚著有《法国劳工问题与社会天主教运动》（*The Labor Problem and the Social Catholic Movement in France*）、《国际关系大纲》（*Syllabus on International Relations*）等书。

段。李氏这种学说，实与当日的时代精神相调协，所以他便成为欧洲大陆经济学派的创始者。与这种学说同时风行的政治现象，在劳动方面，起了劳工立法的要求；在资本家方面，则有保护税制的呼吁；在社会方面，有社会改良运动的勃兴；这一切，都见露了帝国主义猛足的进展。[①]

尽管将国家主义经济学与帝国主义挂起钩来的观点并非创自胡汉民，但鉴于胡汉民在国民党和中国政治领域内的影响力，在很长一段时间里面，胡汉民的这段论述成为国民党相关人士分析李斯特经济学内涵的知识来源和论说依据。例如，国民党新生命派主导的新生命书局于1929年出版的《帝国主义与国际经济》一书，就提出从十九世纪后半叶起，随着欧美工业强国因生产过剩，在殖民地倾销商品、掠夺工业原料和开拓投资机会的程度愈发激烈，经济思潮亦随之变化。具体来说，就是以李斯特为代表的新重商主义取自由贸易而代之，并将欧美工业强国逐步导向帝国主义经济侵略的轨道之上：

李氏以为国家是一个连续而最为重要的个体，它的利益必须加以制裁，使导于正规。国家的幼稚产业，须加以扶植，使各业共同达到调和和壮健的发展。欲达到这个目的，自然要采行保护关税。要缓和工人的反对、不安，就要制定劳工法等。结果，国家就有权力统辖工商业。而工商业又处处假定以国家

① 胡汉民：《三民主义的连环性》，《中央半月刊》第1卷第7期，第1—13页。

的福利为前提，这样不自然而然的一步步向着帝国主义经济侵略上跑。[1]

《帝国主义与国际经济》的这种论调，明显袭自前揭胡汉民《三民主义的连环性》一文中对于李斯特国家主义经济学与帝国主义关系的阐发。

在这种情况下，尤其是当中国青年党于1929年公开活动之后，国民党开始加大打击国家主义派和中国青年党的力道，其中一项措施即是以政治命令的形式进行查禁："抄发该派反动刊物目录，密令各省市党部一体严密查禁，暨各地邮件检查所一体检查扣留。"[2] 1930年2月，国民党中央宣传部以李斯特《国家经济学》"宣传国家主义"为由，正式通令全国查禁该书及其他所谓国家主义派报刊和图书。[3] 正式出版仅有两年有余的《国家经济学》遭到国民党的查禁，一方面源于国民党对国家主义和李斯特经济学说所持的负面认识，另一方面，则与中国青年党也将之奉为国家主义读物有关。

然而，1931年九一八事变发生后，中国青年党主动调整政治立场，与国民党形成某种程度的妥协，双方激烈对立和敌视的态势有所改变。因此，李斯特的经济学说及王开化译《国家经济学》一书实际上处于"不查不禁"的状态，无论是中国青年党，还是一般知识

---

① 吴其祥：《帝国主义与国际经济》，上海：新生命书局，1929年，第20—21页。

②《国民党中央宣传部为葛覃请查禁国家主义派刊物复中央训练部公函（1930年2月8日）》，载中国第二历史档案馆编《中国青年党》，北京：档案出版社，1988年，第181页。

③ 中国国民党中央宣传部编：《中央取缔社会科学反动书刊一览》，南京：中国国民党中央宣传部，1936年，第25页。

界，仍在源源不断地生产和再生产出各类涉及李斯特经济学说的知识。

值得注意的是，1935 年，国民党主导的以“确认三民主义，为中国文化建设运动之最高原则”① 的中国文化建设协会，发起读书竞进会，“鼓励读书，养成好学风气，提高文化水准”②。同年 3 月，中国文化建设协会在国内各大报章杂志正式公布各领域书单、通信指导和主事人员各项信息。整个活动分为大学、中学两组，具体书目则由协会聘请的国内相关领域专家负责选出。其中，大学组书单共分七类，领域涵盖三民主义、哲学、科学概论、政治学、经济学、历史学、国际政治。至于第五类经济学著作，指定书目为查理·基特（Charles Gide，1847—1932）③ 著、楼桐孙译《经济学的基本原理》，参考书则是王开化译《国家经济学》、严复译《原富》两种。④ 由此可见，原本受到批判的李斯特所代表的国家主义经济学说以及遭受查禁的《国家经济学》，不仅获得了国民党方面某种程度的认可，而且后者通过政治组织的力量，推动更多一般知识人接触《国家经济学》一书。

抗战期间，以蒋介石名义发表的《中国经济学说》，不仅公开肯定李斯特保护主义经济学说的合理性，而且指出在国际贸易方面

① 《本会工作纲领》，《中国文化建设协会会报》第 1 卷第 1 期，第 5 页。

② 《读书竞进会宣言》，《文化建设》第 1 卷第 7 期，第 2 页。

③ 查理·基特，法国经济学家和经济思想史家，法国历史学派的代表性人物。历任波尔多大学、蒙彼利埃大学、巴黎大学和法兰西学院等校经济学教授。基特的经济学著作在近代中国较为流行，影响也较大。除了《经济学的基本原理》，中译本尚有李璜译《经济学要旨》、吴克刚译《英国合作运动史》、李泽彰译《经济思潮小史》、王建祖译《基特经济学》、姚绸章译《新合作主义》、陶乐勤译《政治经济学》、何思源译《近代欧美社会经济之组织及其发展》、彭师勤译《连锁论》等。

④ 《本会主办之读书竞进会消息》，《中国文化建设协会会报》第 1 卷第 9 期，第 23 页。

要采行其主张的保护政策。该文对近代经济学持负面评价，认为无论哪一学派“总以人的欲望为出发点”，但对西方经济学发展线索的描述大致无误。其中，论及自由主义兴起以后经济学的发展，则云：“到了十九世纪中叶，德国的经济思想便自成一个系统，李斯特的《国家经济学》反对亚丹斯密的个人主义，而主张国家；反对亚丹斯密的放任政策，而倾向于保护政策。”① 而在第四节《民生主义之经济原理》中，作者提出第二次工业革命以来，自由主义已经失灵，自由放任的经济政策并不适应中国社会，提出：“中国久在不平等条约束缚之下，工业落后，不能够与发达的各国竞争，故在国际贸易方面必须采取保护政策。”②

三、教科书与考试：李斯特经济学说的“常识”化

在以往的经济思想史，或者更为广泛的思想史研究中，研究者往往聚焦于某些所谓重要人物或经典著作，并以此来讨论思想是如何从相对不完整、不发达的阶段一步步进化到系统和完善的状态，将每一位重要人物和经典著作安排到合适的位置上，很少关心这些经典及其所蕴含的知识和思想如何进入一般知识阶层的视野当中，以及逐渐演变为常识的过程。实际上，当我们暂时抛下既有思想谱系的逻辑方式和叙事传统，尽可能回到知识和思想发生的“田野”之中，则会发现诸多可能会改变我们思考和表述知识及思想发生与发展的因素；其

① 蒋中正：《中国经济学说》，《总裁言论》第 4 辑，第 7 页。
② 蒋中正：《中国经济学说》，《总裁言论》第 4 辑，第 14 页。

中之一，即教科书与考试在推动经典知识和思想进入知识人的日常方面起到了不容小觑的作用。近代教育体系诞生后，教科书不仅将经典知识和思想高度“概括化”和“标签化”，而且凭借着制度化的机制保障，将其中蕴含的知识和思想拓展到尽可能广泛的知识社群。与此同时，在教科书基础上展开的考试，除了具备筛选学生和检验学校教育成效的功能，也在很大程度上督促甚至“强迫”那些被裹挟进教育体系中的知识人去学习和揣摩教科书上的知识和思想。近代，李斯特经济学说被引入中国之后，也被收录于各类教科书之中，成为各种考试的出题对象，并在这个过程中一步步“常识化”。

近代中国，涉及李斯特经济学说的教科书种类，主要为高中阶段（职业教育）的经济学、公民、历史三类课程，以及大学经济系中的经济思想史课程。二十世纪二十年代中期左右，李斯特经济学说在中国的传播开始出现一个小高潮。而正是在此前后，高级中学教科书也开始介绍李斯特的经济学说。

1928 年 11 月，刘秉麟为新学制高级中学经济学课程编写的《经济学》一书，由商务印书馆出版。全书分《绪论》《经济社会的变化及各国的经济状况》《经济的理论》《公共财政》《经济问题》五编。在第一编第四章《经济学的派别》中，刘秉麟将李斯特与亚当·斯密、马克思并列为经济学诞生之后的三大经济学流派的代表。该书告诉修读经济学常识的高中学生，“历史学派的成立，实因正宗学派的学说，有不能十分贯澈的地方，代表这一派的首领，实为李士特（F. List）”[①]，并从李斯特对于自由学派的世界

① 刘秉麟编：《经济学》，上海：商务印书馆，1928 年，第 41 页。

主义和个人主义的批评、国家经济观念、生产力说三个方面，阐述了其经济学说的内涵，较为贴切扼要。此外，该书还沿袭其之前所著《李士特经济学说与传记》的内容，于卷末开列各类参考书籍，在“经济学上各派的基本书籍”一项之下，附有《政治经济学的国民体系》的版本情况：“本书共分四编：第一编为各国经济史；第二编为经济学理，即阐明其国家观念与生产力说；第三编为经济学上各派学说的批评；第四编为经济政策。第一版出现之日，系一八四一年。其德文原本由 Stuttgart 出版，并附以 Th. Eheberg 之最有趣味的绪论。最近所通行的为 Jena 出版之廉价本，由 H. Waentig 为之作绪论，以绍介于群众者。其由英文出版者有二种，一系一八五六年美国方面出版之译本，译者为 G. A. Matile，序者为 S. Colwell，一系英国方面出版之译本，译者为 S. Loloyd，序者为 J. S. Nicholson。中文译本名《国家经济学》，系王开化译。”① 刘秉麟《经济学》一书，是目前所知近代中国最早介绍李斯特经济学说的中学教科书。由于编者本人就是学有所成的经济学家，而且是《李士特经济学说与传记》一书的作者，面向高中学生的《经济学》一书中有关李斯特经济学说的介绍，颇能反映李斯特经济学说的价值及其在经济学说史上的地位。继之，李权时（1895—1982）② 为高级商科职业学校“经济概论”课程编写《新中华经济概论》，作

---

① 刘秉麟编：《经济学》，上海：商务印书馆，1928 年，第 369 页。

② 李权时，浙江宁波人。1918 年清华学校毕业后，赴美学习经济学，先后就读于伯洛伊特学院、芝加哥大学、哥伦比亚大学，获博士学位。1922 年回国后，历任复旦大学、交通大学、大夏大学、光华大学、上海商学院、东吴大学、之江大学、震旦女子文理学院、华侨工商学院、吉林大学等校经济学教授。李权时的经济学著述较多，有《财政学 ABC》《财政学原理》《经济学新论》《统制经济研究》《中国经济思想小史》《经济学 ABC》《工资论》《经济概论》等二十余种。

为教科书。在该书第六编《世界经济》中，李权时向选修该门课程的学生简要介绍了保护政策的主要内涵，并在小注中指出李斯特在保护政策演变历程中的重要地位：

> 保护政策起于十七世纪的重商主义。最初系一种拜金主义的保护，政府惟以保存及增加一国的金银为务，后乃汲汲于贸易的出超，奖励制造品输出，及原料品输入。十八世纪自由贸易说起，保护政策暂时失败。十九世纪初叶，德国经济学家李士特（List）起而提倡保护政策，以为这是适合于工业尚不十分发达的国家的，此说遂又风行于世。今日大多数国家乃采取此项政策。①

较之刘秉麟《经济学》主要集中于阐释李斯特经济学说的内容，《新中华经济概论》则在书末讨论了中国经济应当采取何种对外经济政策。李权时提出，尽管自由主义经济学纯就理论而言相对更为理想，但他明显受到德国历史学派经济学的影响，指出保护政策更适合当时的中国：

> 今日的世界经济，并不是真正的世界经济，而是许多国民经济的集合：……我国需要什么政策呢？在鸦片战争以前，我国采取闭关政策，但是现在办不到了。自鸦片之战以后，我国的关税，一向受外人控制，关税率出于各国协定，政出他人，

① 李权时编：《新中华经济概论》，上海：中华书局，1931 年，第 179 页。

> 更何策之可言，可说一无政策。最近国民政府费尽心力，关税已经自主，而关税率自民国二十年元旦起，也能自由增减。我国实业如是不发达，外货如是充斥市面，而各国仍然推行其经济侵略政策，那么，保护主义，似乎较自由主义反而适当一些罢！①

《新中华经济概论》这样一种既介绍李斯特经济学说的内容，也讨论自由主义与保护主义之于当时中国适用性的编纂方法，与很长一段时间以来经济学界有关李斯特的研究趋向并无二致。这一时期出版的面向高中和商科职业学校的教科书中，涉及李斯特之处，总体上均是如此。例如，世界书局是近代中国除商务印书馆、中华书局以外另外一所出版教科书的重要机构，其于1933年为高级中学商科编纂的《经济概论》一书，第二十九章《国际贸易政策》不仅扼要总结了李斯特贸易保护政策学说的十个要点，即“国家于公益上，有干涉个人行为的权利”“幼稚的产业，非加以保护，则无发达之希望”“国家必须采用以国家为利益为主要政策”“保护生产者之利益，即增进一般人民之利益”“保护贸易，不仅促起本国资本并劳力之增加，且诱致外国资本并劳力之输入”“保护政策，于一国之独立维持上，最为切要”“保护政策，为防止探并所必要”“保护政策，为抑制他国排外热所必要”“保护政策，为预防恐慌袭来所必要”“保护政策，为拥护国内劳动者之利益所必要”，而且指出：“统观保护政策的理论，比较自由政策的理论，似较完密，

① 李权时编：《新中华经济概论》，上海：中华书局，1931年，第182—183页。

无怪现代世界各国，均行采用。”① 而在该章《中国应采行什么政策》一节，世界书局出版的《经济概论》同样告诉初次接触经济学的高中学生，中国应该排除困难和阻碍，采取保护政策：

> 中国为产业落后的国家，为保护幼稚工业的发育起见，应采取保护政策。但中国因条约与国势相关，最初只抽百分之五关税，实无异于自由贸易。迨北伐功成，国民政府与各国协商改订税率，由百分之五改为百分之十二. 五。然此为协定关税，尚不能认为保护关税。故希望国人努力团结，励精图治，将来实行采用保护政策，以保护中国幼稚工业的发展。国人乎，盍群起而图之。②

至于中学阶段所有学生必修的公民课程，商务印书馆和世界书局等主流出版社刊行的教科书，也在介绍经济学知识部分涉及李斯特学说的基本立场及其对中国发展道路的启发之处。1934 年 2 月，世界书局出版《初中公民》《高中公民》两部为初级中学、高级中学阶段“公民”课程编辑的教科书，内容分为社会、政治、经济、法律及国际关系，中间穿插中国国民党党义。《初中公民》第三编《经济生活》第三章《怎样交易》叙及国际贸易政策演变历程之处，将其分为闭关自守、极端保护贸易（重商主义）、自由贸易和新保护贸易四个阶段。书中对于第四个阶段的介绍，以李斯特有关

① 朱通九编著：《经济概论》，上海：世界书局，1933 年，第 289—290 页。
② 朱通九编著：《经济概论》，上海：世界书局，1933 年，第 290 页。

工业幼稚国家与保护政策之关系为主，并评价其对后世各国贸易政策影响深远："李斯特等极力鼓吹保护贸易的必要以后，欧洲各国，不但德、奥等国家，就是英国也转到保护贸易这条路上去了。"① 由此，《初中公民》将保护政策与中国现实联系起来，提醒学生："（保护政策）在工商业不振的我国，尤有实行的必要，可惜我国的关税还不能完全自主，要彻底行保护政策而不可得。我们怎样去拥护政府，废除不平等条约，使关税可以完全自主!"② 《高中公民》第二册第三章《交易论》中对于李斯特保护贸易内涵的概述，基本上与《初中公民》一致，但对保护政策与中国现实的阐释，则有所不同，重点在强调中国施行保护政策存在的困难：

> 自由贸易和保护政策，当然各有客观的理由，但一国于树立贸易政策之时，诚如李斯特所言，不能不考虑一国的历史和国情；不然，未有不遭大失败者。至于吾国，在目前不平等条约尚未解除之时，纵欲实行保护贸易，也几有难以实行之苦。盖关税尚不能完全自主，固为实行保护贸易的致命伤，但是纵使关税可以完全自主，而帝国主义者得在通商口岸自由设立工厂，从事于制造，保护关税又何从谈起呢?③

同年8月，商务印书馆出版的《复兴高级中学教科书·公民（第三册）》中，亦有两处提及李斯特的经济学说：一是第二章《经济进化与经济思想》在介绍"经济史的分期"问题时，罗列李斯特经

①② 徐逸樵编著：《初中公民》第二册，上海：世界书局，1934年，第34页。
③ 徐逸樵编著：《高中公民》第二册，上海：世界书局，1934年，第58页。

济发展五阶段论，并评价说：“此种分法，导源于亚里斯多德，而完成于德国经济学者李士特，颇曾风行一时，为人所重视。然其缺点有二：(一) 仅据生产的方法区分，不能概括经济进化之全部；(二) 农业时代已有手工业之萌芽，实业时代，农业仍占重要，故现代经济学者多不采取此分法。”① 二是第三章《经济发达之重要条件》申明“政治统一是国家一切发展的前提，而于国民经济尤有深切关系”，引英、德、美、意、日等国完成或巩固统一之历史与经济发展之表现为例，最后以李斯特观点为总结，云：“德国学者李士特在他的《国家经济学》序言上，曾谓德国工商业之进步，有赖于国家的商业政策与关税同盟，所以政治的统一与经济的发展，是有重要关系的。”②

相对于以上两类教科书，涉及李斯特经济学说的历史教科书种类较少。1935 年中华书局出版的《高中外国史（下册）》，为中华书局《新课程标准适用教科书》之一种。该书结论部分在论及“世纪潮流之趋势”之处，指出现代世界存在自由放任主义与保护干涉主义两种经济方针，并在注释中以李斯特作为保护干涉主义之代表进行介绍，告诉高中学生：“保护干涉主义思想之代表，为德国经济学家李斯特（Friedrich List），李氏以为经济落后国家若采取自由放任政策，必因敌不过先进国之竞争而蒙受不利，故主张采取保护政策亦强固其产业基础，待基础奠定以后，则仍主张排除保护

① 胡泽编著：《复兴高级中学教科书·公民（第三册）》，上海：商务印书馆，1934 年，第 45 页。

② 胡泽编著：《复兴高级中学教科书·公民（第三册）》，上海：商务印书馆，1934 年，第 121 页。

干涉而代以自由贸易，故究其极，还是主张自由贸易主义。”①

近代以来，在大学逐步成为中国最为重要的人才培养和知识生产的体制化机构的过程中，主要传授西方近代经济学知识的经济系或商科也成为大学内部必不可少的一部分。而在当时制定的经济学课程体系及编纂的经济学教科书中，均不同程度地涉及李斯特的经济学著作及学说。1929 年，在上海多所高校讲授过经济学课程的唐庆增，基于其教学经验，就当时中国大学经济系课程设置提出详细建议。其中之一，即经济系学生应修读“经济学名著选读”一课，每周三小时，并开列课程所需阅读之书目：“最佳之读本，莫如斯密斯《原富》（Adam Smith：*The Wealth of Nations*）、李斯特《国家经济学》（List：*National System of Political Economy*）、巴维克《利息正论》（Böhm Bawerk：*The Political Theory of Capital*）、马克斯《资本论》（Marx：*The Capital*）。”② 他建议经济系学生审慎读其原文，了解其意义，再加以揣摩与批评。

在当时大学经济系课程体系内，“经济思想史”“西洋经济思想史”“经济学方法”一类的课程最常涉及李斯特的经济学说。例如，金陵大学农科研究所农业经济部章程规定，该校农业经济农场管理学门、农业金融农业合作学门、农村社会学门的研究生，除了在研究生阶段修读各学门专业课程，在大学阶段还必须预先修读 14 门基本课程；其中，“西洋经济思想史”的授课内容中，就包括李斯特的国民经济学：“首述重商学派与重农学派之原理，次述正统

① 金兆梓编：《高中外国史（下册）》，上海：中华书局，1935 年，第 282 页。
② 唐庆增：《我国大学校中经济学程问题》，载《经济建设》第 2 卷，第 222 页。

学派之学说，注重亚丹斯密、马尔基斯、李嘉图、拉塞宜尼及穆勒约翰五人之著述，次究各派对于正统学派之批评，首论国家主义派，以李士特之国民经济学为中心，次述历史学派专注重方法之讨论，复次述乐观主义派巴斯的开雷之学说。最后论社会主义者对正统学派之批评。"[①]据唐庆增《大学经济课程指导》载，二十世纪二三十年代，中国各大学所用经济学史的教科书中，"以韩讷所著《经济思想史》一书最为普通"。[②] 1922年，留美学习经济学的臧启芳（1894—1961）[③] 有感于国内大学与专科学校"高深科目之著本或译本实寥寥可数"，遂将韩讷（Lewis H. Haney，1882—1969）[④] 这本"供美国大学高级学生之用"之《经济思想史》（*History of Economic Thought*）译为中文，交由商务印书馆出版，后多次再版。[⑤] 该书第二目《国家主义派之批评》第二十章《穆勒、李士特及加雷：初期之国家主义派》，分别从"李士特之身世""国家制度""李士特之批评古典学派""李士特之历史观察""分工""非物质之资本""李士特一己之绝对主义"，论述了李斯特经济思想之特点及在经济思想史中之地位。

① 私立金陵大学农科研究所农业经济部编：《私立金陵大学农科研究所农业经济部章程》，南京：私立金陵大学农科研究所农业经济部，1936年，第16—17页。

② 唐庆增：《大学经济课程指导》，上海：民智书局，1933年，第65页。

③ 臧启芳，字哲先，辽宁营口人。就读于民国大学、中国大学预科。1919年起，赴美学习财政经济，就读于加州大学、伊利诺伊大学。1923年回国后，在中国大学、华北大学、东北大学教授经济学，并任东北大学法学院院长、校长、天津代理市长、国大代表、财政部顾问、教育部教育委员会委员等职，1949年去台湾。

④ 韩讷，美国保守派经济学家，任教于纽约大学、爱荷华大学、密歇根大学、德克萨斯大学等校，教授经济学。

⑤ 臧启芳：《译者序》，载韩讷《经济思想史》，臧启芳译述，上海：商务印书馆，1925年，第1、13页。

如果说，以上所述的各类教科书通过近代以来由国家主导的教育体系，将李斯特的经济学说引入每一个自愿或者不自愿进入这一体系之内的学生的知识生活之中；无论他们是否阅读过王开化译《国家经济学》、刘秉麟《李士特经济学说与传记》，或者是否浏览过发表于各式报章杂志上阐释李斯特经济学说的内容和价值的专业文章，这些流动于书生书包、教室课桌、家庭和寝室书桌上的教科书，让近代中国数以万计的中学生能够在日常中接触到高度概括性的李斯特经济学说。

以目前搜集到的资料来看，近代以来将李斯特经济学说作为出题对象的考试，主要集中在大学入学考试和公务人员考试两类，分别对应的则是在高中阶段和大学阶段学习过李斯特经济学说的两类学生群体。

我们目前搜集到的最早要求考试回答李斯特经济学说内容和意义的大学入学试题，为1927年广东国民大学经济科的试题，该校要求考生回答："马克司与李士特之学说若何？试批评之。"[①] 此外，有些大学的入学考题中尽管没有直接提及李斯特，但多要求考生比较自由学说和保护学说，其实考察的正是亚当·斯密和李斯特经济的异同之处。例如1946年复旦大学和武汉大学入学考试"公民"科试题，复旦大学以"试比较自由贸易与保护关税之优劣"[②] 命题，而武汉大学则以"说明自由贸易、保护关税和统制经济上之

① 惟夫编著：《投考指南》，北平：联华书店，1932年，第75页。
② 于澄主编：《大学投考指南》，上海：新生书局，1948年，第8页。

原则"[①] 命题。

至于面向大学毕业生的文官考试，虽然目前尚未发现直接以李斯特经济学说作为命题对象的考题，但也会问及与李斯特密切相关的保护学说。例如江苏省区长考试试题"常识问答"部分，要求应考人员回答"自由贸易与保护关税政策有何不同"。[②] 而1933年举行的第二届文官高等考试中，经济学第三道试题为"试各就本人所见，论述过去经济学说之一般的缺点及今后应有的改革"，考生在概述亚当·斯密以来经济学说演变过程中，势必也不能略过与亚当·斯密相对立的李斯特的保护学说。[③]

如前文所述，这一时期的高中、大学教科书中已有不少涉及李斯特经济学的介绍，为考生应答这类试题提供了基本的知识保障，考生可以凭借对于教科书的记忆和理解作答。但是对于竞争性的考试而言，专门针对考试设计的应试读物，不仅可为考生预测可能的

---

① 徐规等编：《大学入门（第三集史地公民之部）》，杭州：浣溪学社出版委员会，1948年，第118页。

② 三民公司编著：《建国方略问答三百条》，上海：三民公司，1929年，第4页。

③ 中华计政学会编：《二十二年高等考试会计人员试题解答》，上海：商务印书馆，1939年，第184页。针对题目提出的问题，中国计政学会会员、军需学校教官金天锡与暨南大学经济系主任朱通九撰写了两份答案，供后来考生参考揣摩。金天锡在其独自完成的第一份答案中，明显对英国正统学派和奥地利学派持批评态度，而倾向于历史学派之主张。在陈述正统学派和奥地利学派的缺点后，金天锡以李斯特"谓在国家经济之为智者，在私人经济或为愚矣；在私人经济之为智者，在国家经济或为愚矣"一点，证明其所谓社会与个人实相冲突，"社会虽为个人之集合，惟有利于个人者，未必有利于社会"；在此基础上，进一步批评自由放任政策和"理论之绝对主义"，提出研究经济"应以历史之记载与统计之数据为根据，而用归纳方法"，重视经济理论的"历史性与地方性"，并引李斯特国民经济发展五阶段论与保护政策之关联，论证"事实与理论，并非一成不变者"（中华计政学会编：《二十二年高等考试会计人员试题解答》，上海：商务印书馆，1939年，第184—188页）。

出题方向，还准备了更具目的性的知识资源和答题策略，向来为考生青睐。既然李斯特的经济学说是教科书的内容，也是一些大学入学考试的出题对象，那么它成为日后考试出题对象的可能性就会长期存在，应试读物自然不能等闲视之。

例如，1930 年大东书局出版的《经济学问答》一书，作为其《考试必携百科问答丛书》第八种，功用是充当“中等学校补充读物”及为学生“预备应学校考试，及预备应文官考试之参考资料”。[①] 第一编《经济学底基础观》设置的第 11 个问题为“问经济学的历史是怎样发展的”，而拟定的答案首先概述以亚当·斯密为代表的自由主义经济学，其次则为李斯特之学说继之而起，云：“不过到了十九世纪中叶，有德人李斯特出而反对之，而创保护关税论或新重商论。”[②] 继之，南京书店于 1933 年出版的《中学生升学准备丛书》第 9 种为《经济学纲要》。其中，第一章《总论》第三节《经济学派各家的态度》，简要梳理了李斯特保护贸易、主张干涉等政策主张，并将其经济学说概括为“国家的经济学”，“以建设国家政治经济学为主旨”。[③] 再如，1935 年大达图书供应社出版的《社会科学考试指南》一书，“专供投考考试院之高等考试，普通考试、检定试验以及各学校学期试验、毕业会考等，自修参考之用”[④]。书中，不仅将“试述经济学识变迁的崖略”列为模拟试题，还给出标准答案，且在答案中述及李斯特经济学说之特点及在

① 毛起鹇编著:《经济学问答》，上海：大东书局，1930 年，第 2 页。
② 毛起鹇编著:《经济学问答》，上海：大东书局，1930 年，第 9 页。
③ 王严编:《经济学纲要》，上海：南京书店，1933 年，第 6 页。
④ 周郁年、马天放编:《社会科学考试指南》，上海：大达图书供应社，1935 年，第 1 页。

经济学发展过程中的位置：

> 在十六世纪有重商主义，主张干涉论，以输出贸易为唯一生产；十八世纪有重农主义，主张放任论，以土地为唯一生产物；一七七六年，有英人斯密亚丹著《原富》，那时经济学遂为世人认为独立的科学，这可说是经济学的开始。他主张自由论，适介乎重商、重农两派之间，应为英国正统学派的学说；至十九世纪中，此有新重商主义，为德人李斯特所创，以保护关税为目的，同时还有社会主义者的小共产主义；十九世纪末期有国家社会主义等等的学说；现在二十世纪的开始，有创保护关税的政策，然而同时的经济学说可说是发达极了，有英、日、美的帝国主义，苏俄的共产主义和中国的民生主义，风起云涌，可说是盛极一时了。①

相对于教科书而言，这些应试读物中涉及李斯特的经济学说，尽管显得更加概括和简单，没有任何学术价值，但是它们和教科书的存在却提醒我们：对于二十世纪二十年代以降的普通读书人而言，李斯特的经济学说在教育体系和考试机制的加持下，已经如毛细血管作用一般，悄无声息地渗入他们日常的知识生活之中，逐渐成为一种人人皆可言说一二的经济学“常识”。

① 周郁年、马天放编：《社会科学考试指南》，上海：大达图书供应社，1935 年，第 6—7 页。

第二篇　李斯特经济学说在近代中国知识史上的足迹

一、初入中土（1900—1921）

1900 年

12 月

《译书汇编》第 1 期由译书汇编社出版。篇末所附《已译待刊各书目录》，共收录英、美、法、德、日五国学者所著政治、历史、教育、经济类论著 21 种；其中，经济类图书 1 种，题“《经济论》，德国李士德著”，未标注译者信息。[①] 此为目前所知李斯特之名及其经济学作品首次出现于中国知识界。据“李士德”及“《经济论》”的译名方式，可知译者应是依据大岛贞益于 1889 年所译《李氏经济论》翻译而成。

1901 年

1 月、4 月、5 月、8 月

《译书汇编》第 2 期、第 3 期、第 4 期、第 8 期发表《理财

① 李士德：《理财学》，《译书汇编》第 1 年第 1 期，第 95 页。

学》。该文题“德国李士德著”，译者不详，为目前所知最早的李斯特《政治经济学的国民体系》一书的部分译文。译者在篇名之下用小字注释，说该书“原名《经济论》”，可见译者已用“理财”替代原定之“经济”该概念；但译者更改翻译名词背后的考虑与动机，暂不可考。① 考虑到《译书汇编》所选各篇多源自日文译本，《理财学》大概率也是留日学生据日译李斯特《政治经济学的国民体系》翻译而成。该篇分为《意大利》《联盟府邑》《涅达兰》《英国》四章，对应《政治经济学的国民体系》第一编《历史》第一章《意大利人》、第二章《汉撒商人》、第三章《荷兰人》、第四章《英国人》。译文当中，共有译者按语数处，而第一则按语尤其值得重视：“按泰西讲商学者分为二大派，其一主自由贸易之说，谓万国通商，交受其益，不可社为限制，如抽税、查货等事。其一主保护贸易之说，谓各国情形不同，有利于彼国者，或有损于此国，故不可不因时制宜，设为一定法律，以保全本国贸易之利为主，以互相交易为用。我中国出口税重，而进口税轻，损己利人，已不可为训；况进口之货，又漫无查稽，鸦片之入，即由于此。原书著者力倡保护贸易之说者，以德国当时之情形，与我国相仿佛也。”②

---

① 方维规从历史语义学的角度分析了作为与“economy”（economics）相对应的“经济”（经济学）、“理财学”、“计学”、“富国策”、“世务学”、“兴利”、“养民策”等概念的来龙去脉，参见方维规：《“经济”译名溯源考——是“政治”还是“经济”》，《中国社会科学》2003 年第 3 期，第 178—188 页；《“经济”译名钩沉及相关概念之厘正》，《学术月刊》2008 年第 6 期，第 136—146 页。

② 李士德：《理财学》，《译书汇编》第 2 期，第 97 页。

1902 年

3 月

刘鹗于本月 28 日读《译书汇编》连载《理财学》，称赞该书内容精当、译文准确。《抱残守缺斋壬寅日记》载："读《译书汇编》之《理财学》二本。论理之精，译笔之洁，均甚佩服，惜未终而止矣。"[①]

9 月

黄群（1883—1945）[②] 在《新世界学报》第 2 期发表《公私》一文。该文在消化吸收日译西方经济学著作的基础上，从古典主义经济学的立场出发，强调自由竞争在经济中的重要地位。文中，作者曾引"李士德曰：'力为富之根源，富之进退与力成正比'"为据，说明自由竞争不可忽视，"是故有竞争而不复其权利者，有之；若享权利而不由竞争者，吾未之闻也"。[③] 1902 年，黄群尚未赴日本留学，其引李斯特之语，尚不知据何而得。

---

① 刘鹗：《抱残守缺斋壬寅日记》，载《刘鹗集》，刘德隆整理，长春：吉林文史出版社，2007 年，第 695 页。

② 黄群，原名冲，字旭初，后改字溯初，浙江温州人。1901 年，入杭州养正书塾（后改名杭州府中学堂），学习西学。1902 年，赴上海，参与编辑《新世界学报》。1904 年，赴日留学，1908 年自早稻田大学毕业。回国后，执教于湖北法政学堂，后任职于湖北调查局、湖广总督署。辛亥革命后，先后任临时参议院、第一届众议院议员，并加入梁启超创办之进步党。1918 年后，弃政从商，涉足银行证券业，任上海通易公司董事长兼总经理，热心温州地区商业、教育、卫生、文化事业，曾出资刊行《敬乡楼丛书》。

③ 黄群：《理财学》，《新世界学报》1902 年第 2 期，第 87 页。

10 月

亚丹斯密原著、严复译述《原富》由南洋公学译书院出版。[①]该书部乙篇二《论泉币》中，亚当·斯密在分析银行发行纸币对于经济发展的正面影响的同时，指出某些因素可能会影响纸币功能的发挥，而战争即属其中之一，云："假使国受外侵，而都会失守。夫都会固钞业之所在，而钞业又三品[②]之所储也，一旦苍皇，悉归国有，则国之楮币，皆为空券，其纠纷错乱，较之无钞而用三品者想去悬矣。贸易之事，无以为中，赋税所存，半皆宝钞。神京易主，所持者举不足以为军兴兵食之资，则较之用三品而未尝行钞者光复愈难。故有国之主，欲其地之可保，抑其地之或失而复，不独宜令行钞不得溢额已也，又当使国中通财轮谷，则钞者不得过多，则亦思患预防之一端云耳。"[③]

对于亚当·斯密上述言论，严复关注的重心并不局限于纸币问题，而是在索罗尔德·罗杰斯（Thorold Rogers）为该段内容所作注释的基础上[④]，发挥其对于古今东西世局的感慨，并援李斯特相关

---

① 严复翻译《原富》之英文底本，为伦敦大学国王学院教授索罗尔德·罗杰斯（Thorold Rogers）编校、牛津大学出版社 1880 年重印本，现藏华东师范大学图书馆。据孙应祥《严复年谱》、皮后锋《〈原富〉的翻译和传播——兼与赖建诚教授商榷》，华东师范大学图书馆藏严译《原富》英文底本中之严复批注显示，该书翻译工作始于 1896 年 10 月，至 1901 年 1 月 30 日脱稿。（孙应祥：《严复年谱》，福州：福建人民出版社，2014 年，第 83 页；皮后锋：《〈原富〉的翻译和传播——兼与赖建诚教授商榷》，《汉学研究》第 18 卷第 1 期，第 309—329 页）

② 三品，应指金、银、铜。此处，严复以之泛指金属货币。

③ 亚当·斯密：《原富》，严复译，张华荣点校，载汪征鲁、方宝川、马勇主编《严复全集》卷二，福州：福建教育出版社，2014 年，第 232 页。

④ 索罗尔德·罗杰斯在亚当·斯密此段内容所作注释，未提及李斯特，云："It is hardly necessary to say that Governments, after Smith's time, have acted on principles （转下页）

论点为据:“斯密氏此言出于乾隆中叶，而当时欧洲内地各国所为，常冒其所切诫者。故法兰西革命，拿破仑力征诸邦，民生涂炭，而元气不苏者几五十年。当是时，英以岛国，自完其间，坐享厚利。窝得禄[①]兵威之震，则亦财力之有余也。又，嘉道间德人理斯特尝发奋而论理财，于斯密氏之说多所出入。而所大声疾呼，则诫洲中人勿战，令英国利权坐大而已。至今英人哆口动目，辄言商战夸海权，而其实非英之自致，皆欧洲各国使之然也。古者六国纷争，秦人得蓄其全力以制天下，近者甲午之役，东亚之势坐以鱼烂。古今东西世局，若重规矩如此。列强林立之世，劳于战守者，皆善内政而不轻言战者之资也。区区制钞，抑末耳。”[②] 从以上内容来看，严复显然了解李斯特与亚当·斯密二者经济思想的差异，但此处其重点在于强调其相同之处，即战争对于经济正常发展的破坏之大。严复上述对于李斯特经济学说的认知，是源自阅读其经济学论著的

(接上页) precisely the reverse of those which his author recommended. As a consequence, the progress of communities has been indefinitely crippled. It is a question of great interest, but capable only of a general solution, as to how far, despite the errors of our own policy in banking matters-errors not serious or great by comparison—this country has made its way in the industry and commerce of the world by the mismanagement of other Government(毫无疑问，在亚当·斯密时代之后，各国政府所遵循的原则恰恰与斯密所建议的原则相反。结果，社会的进步被无限地削弱了。尽管我们自己在银行事务方面的政策存在错误——相比之下，这些错误并不严重或巨大——但我国在工商业方面的发展在多大程度上是靠其他国家政府的错误做法取得的，这是一个非常令人感兴趣的问题，但答案却比较笼统).”(Adam Smith, *An Inquiry into the Nature and Causes of the Wealth of Nations*, Vol. Ⅱ, Oxford: Clarendon Press, 1880, pp. 322 - 323) 有关《原富》中严复按语的分布及严复对于亚当·斯密的理解，参见赖建诚:《亚当·斯密与严复:〈国富论〉与中国》，杭州:浙江大学出版社，2009年，第68—78页。

① 窝得禄，即Waterloo，今译滑铁卢。

② 亚当·斯密:《原富》，严复译，张华荣点校，载汪征鲁、方宝川、马勇主编《严复全集》卷二，福州:福建教育出版社，2014年，第233页。

直接体会，还是来自阅读其他经济学史论著所获得的间接知识，目前尚不清楚，有待进一步研究。

1903 年

4 月、6 月

《湖北学生界》第 4 期、《汉声》第 6 期发表《国际商业政策》一文。[①] 作者认为国家与国家间的商贸往来与竞争，本质上是“文明种族和平排外之手段也，而出之以经济的利己心与其公共心”[②]，分析自由贸易派与保护贸易派的基本主张，并详细比较两种学说的长处和缺陷。在论及保护贸易实行的时期、原则、范围等处，作者多次以李斯特相关主张为保护贸易派之代表。对于施行保护贸易的时期，作者介绍说：“保护之时期，分一时与永久二者，主张一时保护之说者……最著名者为利斯特氏（Friedrich List）。氏于德之兴起产业，持一时保护之说，而尤以发达既遂之后，即当养国民独立自由之精神，去其倚赖心而厚其竞争力。盖由保护主义而进于自由主义之政策也。”[③] 对于保护学派的“因时主义”，作者介绍说：“此主义亦德之宜斯特氏所主倡。其说曰贸易政策必不可拘于一定不变之主义以自误。其一国之大计在未开之时代，则以发达农业为最，第一手段务与世界先进国行自由无限制之贸易，渐次取保护手段，奖励制造、渔业、航海及国际贸易等业，使一国之富强程度达

---

① 自 1903 年起，《湖北学生界》改名《汉声》。

②《国际商业政策》，《湖北学生界》第 4 期，第 40 页。

③《国际商业政策》，《湖北学生界》第 4 期，第 41—42 页。

于极点，而后乃归于自由主义。”[①] 对于保护政策施行的范围，尤其是农业领域，作者介绍说：“宜斯特氏及其他之保护论者，谓不必别立名目，国家但保护工业，则农业必从之而兴，自可以间接而受其利。”[②]

尽管作者认为自由贸易派在理论层面上对于一国乃至世界经济发展“实超出于保护之政策者数筹”[③]，但因为认识到国家仍是当时最为基本的政治和经济单元，相对来说更加倾向于保护学派。作者指出：“今何时也，群雄对峙各不相下，而皆不由其国家的观念及其历史上种种之关系以定其立国之大计，外国贸易之政策，非鉴于一国之地位与夫世界之大势而求一适当之方针，为经济之前途计，其不致产业衰微、金融逼迫、资本家失其利益、劳动者失其职业，使经济界演出无上之大惨剧者几希也。”[④]

7月

戢翼翚、马岛渡、章宗祥、宫地贯道编译《政法类典（经济之部）》之一部由作新社出版。[⑤]《政法类典（经济之部）》为丛书，体量宏大，内含《经济学》《财政学》《租税论》《货币论》《银行论》《外国贸易论》六书。六书卷首均仅题“房州政治得业士戢翼

---

①《国际商业政策》，《湖北学生界》第4期，第44页。

②《国际商业政策》，《湖北学生界》第4期，第45页。

③④《国际商业政策》，《汉声》第6期，第4页。

⑤ 1901年秋，译书汇编社社长戢翼翚在上海与日本人合作开设作新社，主要出版自日本翻译之新书，出售科学仪器，并发行《大陆报》。为作新社供应译稿之译者，与译书汇编社成员多有重叠。有关作新社创办过程、编辑人员及出版物情况，详参邹振环：《戢元丞及其创办的作新社与〈大陆报〉》，《安徽大学学报（哲学社会科学版）》2012年第6期，第106—116页。

翚、日本法学士马岛渡、乌程法律得业士章宗祥、日本农学士宫地贯道编译”，未标明编译所据底本及各人分工，但该丛书实际上翻译自东京博文馆出版之《政治学·经济学·法律学讲习全书》。①

《政法类典（经济之部）》中涉及李斯特的内容，主要集中于《经济学》《外国贸易论》二书，且内容基本上集中于其保护贸易学说。较之此前对于李斯特经济学说的翻译和介绍，该书有关李斯特保护贸易学说的介绍更为系统和详细，涵盖其得以产生的历史背景及具体主张。但亦有误解之处，如《经济学》第三章《经济学之历史》中论及“保护贸易派”之主张，则云：“此学派于南德意志中最有势力，当时南德意志所新兴之产业，非藉保护之力不能发达，故保护贸易派遂勃然而兴。其最有名者，为布列特立克、里士特，彼谓如欲发达德国之产业，当以保护为急务，故其学说主张不论时与地，概执保护政策者也。”② 在不考虑一国之经济禀赋与发展阶段的前提下实行保护政策，显然有悖于李斯特之主张，亦与《政法类典（经济之部）》中其他涉及李斯特保护贸易学说的叙述存在矛盾之处。

10 月

《国民日日报》栏目《政海》于本月 5 日至 17 日间发表《德

---

① 1890—1891 年，东京博文馆陆续出版《政治学·经济学·法律学讲习全书》，作者均为日本学者，属于经济学之著作为嵯峨根不二郎《经济原理》《应用经济学》、阪谷芳郎《日本会计法要论》、恒田秀雄《财政学》、天野为之《经济学研究法》、有贺长文《货币论》《经济原论》《外国贸易论》、吴文聪《统计学》、织田一《国债论》、田野为之《银行论》、添田寿一《预算论纲》《岁计论》、远藤芳树《日本商业志》等。

② 戢翼翚、马岛渡、章宗祥、宫地贯道编译：《经济学》，载《政法类典（经济之部）》，上海：作新社，1903 年，第 49 页。

国之经济政策》一文。该文译自日本《国民新闻》。作者高度评价了李斯特及其保护贸易学说对于德国历史的积极作用，指出面对当时德意志因采取自由贸易而出现的被动局面，“著名经济学者腓特·利司脱出，主张保护政策……就国际经济问题多蓄实际之智识，著一书曰《国民经济政策论》，一八四〇年付梓行世，大为德国学界所欢迎……利司脱死后，其学说益风靡海内，遂为德国政治家之轨范。故利司脱之于德国，无异亚丹斯密之于英国”①。

1904 年

是年，进士馆教习陆宗舆为在学近科进士讲授“理财学”，讲义中提及李斯特及其所代表之保护贸易学说。据光绪二十八年进士、进士馆学员邵章所记录之课堂笔记《理财讲义·通论部》，陆宗舆在《经济学语解》一节，曾谈及亚当·斯密之自由贸易与李斯特之保护贸易为并列的两种学说：“司必氏（笔者按，即亚当·斯密）以自由贸易为之主义，自由贸易之主义，英儒约翰弥勒主之，其学派甚旧；保护贸易之主义，德人李司德主之。”至于陆宗舆对李斯特及保护贸易学说的介绍，尚不清楚是否有更进一步的记录。

1906 年

2 月

陈焕章在《新民丛报》第 4 卷第 21 号发表《外国贸易论》绪论及第一章《外国贸易之概念》。陈焕章在该文绪论中开宗明义地

① 《德国之经济政策》，《国民日日报》1903 年 10 月 5 日，第 3 版。

将近代以来世界列强的政策归结为“国家本位主义”，不仅一国之教育、外交、军事、内政均与此息息相关，而且经济政策亦是如此，这也是“亚丹斯密世界主义、个人主义之说见摈于世，而李斯德氏国民经济之论所以独称可于列国”① 的根本原因。

8月

陈焕章在《新民丛报》第4卷第22号发表《外国贸易论》第二章《自由贸易（Free Trade）及保护贸易（Protection）》。在该章第三节《保护贸易》中，陈焕章较为全面地介绍了李斯特提倡贸易保护学说的历史背景、“国民经济说”、“生产力说”，以及“当行保护政策国之标准”。作者认为：“李氏经济论之根本观念，适于亚氏（笔者按，即亚当·斯密）相反。亚氏以个人为本位，以有价值之物品为国家之富。李氏则以国民为本位，以一国之生产力为国家之富。是二者，实李氏立论之根据。”② 这一时期的陈焕章认同国家本位主义，在自由主义和保护政策之间，很明显倾向于后者。文末，陈焕章感慨道：“噫，五十年前，李斯德及开兰惧英国产业之竞争而倡保护贸易，不期五十年后之今日，裴尔福、张伯伦以惧美、德之竞争而鼓吹保护主义，不亦大可研究之事乎！”③

11月

津村秀松著、陈焕章译述《近世英国商业政策之发展》前三章发表于《新民丛报》第4卷第23号。④ 陈焕章在为译文撰写的前言

---

① 重远：《外国贸易论》，《新民丛报》第4卷第21号，第49页。
② 重远：《外国贸易论》，《新民丛报》第4卷第22号，第69页。
③ 重远：《外国贸易论》，《新民丛报》第4卷第22号，第74页。
④ 津村秀松此文，原发表于日本《国家学会杂志》第4、5期。此外，同年5月至7月间，汪有龄于《商务官报》第2、3、4、5、6、8、10期发表该文之完整译文。

中提出，中国“处此竞争剧烈之世”，工商业的地位尤其重要，不仅是“吾国将来开展之机”，而且是“四万万同胞之所以托命者也”。① 但是，世界上主要工业国家已经生产过剩，致力于扩大对外出口，广土众民之中国正在沦为“世界列国经济帝国主义相角逐之地”，而中国工商业发展亦开始起步；因此，陈焕章以“李斯德氏不云乎，凡一国将由农业以进于工业，则不可不行保护政策”为“不易之公理”，呼吁中国也应该采行保护政策，扶植本国工商业发展，云：“当此现状，复不振兴工业，谋所以奖励保护之道，则不特外国商品将充斥吾之市场，而吾国之位置遂将终于贫弱之农业国，而淘汰于经济竞争之世界矣！”②

1907 年

5 月

姚华在《中国新报》第 1 卷第 5 号发表《经济与中国》一文。本文似应为姚华预拟撰写之《经济与中国》一书的绪论，内容是从“中国生死关系存在之点观察而出者”立论。③ 文中，姚华认为自

---

① 津村秀松：《近世英国商业政策之发展》，重远译述，《新民丛报》第 4 卷第 23 号，第 20 页。

② 津村秀松：《近世英国商业政策之发展》，重远译述，《新民丛报》第 4 卷第 23 号，第 20—21 页。

③ 据姚华在文中自述，其预计撰写之书分为甲、乙、丙三编：甲编《概论》分《人生与经济》《国民与经济》《国家与经济》《社会主义与经济》四节；乙编《本论》分两部，第一部《中国之经济》分《中国之经济史》《中国之经济现状》《列国于经济上之对待中国》，第二部《经济上之中国》分《于经济上中国所占之地位》《于经济上中国宜取之主义》《于经济上中国宜采之政策》；丙编《余论》分《中国国家与国民于经济上所当尽之天职》《中国经济之将来》两节。姚华在《中国新报》发表该书绪论后，似未着手撰写该书，亦未见其发表其他与中国经济相关之文字。

由主义及其世界主义倾向已经落后于时代，“经济者，世界的人类生活关系也，是为采自由的经济政策者所主张。至于近世，此政策已不适于生存。而帝国主义盛行，其极端者，且造为经济独立之说。是固与今世之事实，或未能相应”。相较之下，他认为国家经济和保护政策已经取而代之，成为当时的主流倾向，指出：“采保护的经济政策者，殆为一般之倾向，故世界的经济一变而为国家的经济，纯然欲杜绝外国的经济力，无一分之侵入，而扩张内国之经济力，为十分之伸出者也。”① 因此，他认为应该舍弃个人主义，“凡我国人，当以国家为本位”思考中国经济问题。基于对经济学中自由主义和国家主义的此种认识，他在文末论及亚当·斯密与李斯特二人之处，并非如现有研究认为的那样试图调和二者，② 而是明确表示，较之亚当·斯密，李斯特的学说更能适应经济竞争剧烈、中国工商业幼稚之时代：“（亚当·斯密之学）若从今日进步之眼光，以观其所论著，或有不见为不当者，然亚丹斯密氏之作，在当时固未可以或已。及至近世，福利德李李师德氏，从独逸（即德国）经济之悲观，以孤高之见解，游诶于当时，亦尝屡遭国人之排斥，而持之益坚，久之其谈卒行，而独逸于经济上乃崛起而为最新进步的国家。”③

---

① 姚华：《经济与中国》，《中国新报》第1年第5号，第58页。

② 刘倩、曾光光：《李斯特经济学说在清末民初的境遇考察和分析》，《济南大学学报（社会科学版）》2024年第5期，第184—189页。两位学者据文中“斯二子者，其学问、文章固非著者之所干望，第对于国家经济欲竭区区之忱。苟有所见，不敢自匿，以希得万一之补救，虽为后来之非议与为国人之所不容，亦不惶恤，是则所欲窃效于二子者”，认为姚华主张通过亚当·斯密与李斯特之学说来补救中国经济。笔者认为，姚华此处所言“窃效于二子”，并没有这种亚当·斯密与李斯特学说的意味，只是表达以二人勇于承担各自国家和时代赋予的责任为模范，探索中国经济摆脱危局之道。

③ 姚华：《经济与中国》，《中国新报》第1年第5号，第71页。

7月

钱应清（约1878—1938）[①] 在早稻田大学政学科撰写之毕业论文《自由保护贸易得失论》由科学书局发行。该文前为日文原版，后附中文译文，由东京并木活版所印刷，发行则由上海科学书局负责，卷首有驻日公使杨枢、早稻田大学校长高田早苗所作序言。钱应清受当时日本政治经济学的影响，倾向于国家经济学，认为经济学在原理和原则层面，“非就国家之利害为立论之根据不可”[②]。由此，钱应清认为以国家为本位的保护主义是近世以来世界经济发展的大趋势，在分析自由主义和保守主义各自利弊的基础上，提出当时制定经济政策，“当以本国国民为中心点，应保护者则干涉之，应自由者则放任之，是当衷于国情与方法而辨其异同也”[③]。文中，在论述保护主义的内涵、合理性及施行原则之处，多处援引“德人李士德”之说为立论依据；例如，在反驳针对保护政策会增长国民的依赖心理和消磨独立进取之精神的质疑之处则说李斯特“所论之保护时代，凡事业被保护者，范围皆狭小也。其结果，国民经济大发达后，各个人得自由竞争，再归于自由贸易”，以证明保护的目的“在于兴起不能自立之事”。[④] 在论述一国在自由主义和保护主

① 钱应清，字镜平，上海人。1907年，毕业于早稻田大学政治经济科，其间曾翻译英国《大宪章》。回国后，历任宪政编查馆科员、京师译学馆理财科教员、浙江清理财政副监理。民国成立后，历任南京临时政府财政部会计司司长、蒙藏事务局顾问、财政部库藏司司长、币制局钞券处处长等，并曾参与中国经济学会的创立。抗日战争爆发后，钱应清加入伪政权，任“维新政府”财政部公债司司长，后被砍杀于上海寓所。

② 钱应清：《自由保护贸易得失论》，上海：科学书局，1907年，第1页。

③ 钱应清：《自由保护贸易得失论》，上海：科学书局，1907年，第48页。

④ 钱应清：《自由保护贸易得失论》，上海：科学书局，1907年，第42页。

义两者间进行取舍，当考虑“国家产业发达之程度及社会生活之状态”，则全部以李斯特国民经济发展五阶段论为标准。①

1910 年

2 月

钱永铭在《中国商业研究会月刊》第 1 期发表《自由贸易主义与保护贸易主义》一文。作者在论及近世德国经济政策更张之处，提到德国在 18 世纪时已存在自由贸易之说，至 19 世纪初，“虽有李四德等建议反对（其反对著作之最有名者曰 *Nationale System der Politischen Oekonomie*），而众意所趋仍主自由制度”②。

1911 年

熊元楷、熊元襄编《京师法律学堂笔记·经济学》一书由安徽法学社出版。京师法律学堂学生熊元楷、熊元襄兄弟，将各门听课笔记汇编成书，题为《京师法律学堂笔记》，共二十二卷，其《经济学》卷分总论、生财、交易、析分、用财产五编。第一编第一章《经济学之主要观念》第三节《国民经济时代》扼要介绍和评价了李斯特人类社会五种经济形态的划分方式：“以人力而得生活资料之方法，与其全体之社会生活有密切之关系，因而人之所恃为生活者，随时代而各异。有恃狩猎渔业为生活之时代，有恃农业为生活之时代，有恃资本的生产而满足其欲望之时代。研究人类发达之状

---

① 钱应清：《自由保护贸易得失论》，上海：科学书局，1907 年，第 48 页。

② 钱永铭：《自由贸易主义与保护贸易主义》，《中国商业研究会月刊》第 1 期，第 80 页。

态，其原因虽不一，此固为重要一见地也。试自此见地而区分时代如次：一、渔猎狩猎时代，二、牧畜时代，三、农业时代，四、商业时代，五、工业时代。以上五时期，殆似从德国保护学派李斯德之分类法。但李氏第四期为农工并立时代，以工业为重要，第五期为农工商鼎立时代，而始置重商业，然如太古之腓尼基盛营商业，则农业以前，商业既发达矣。又某国虽未经渔狩牧畜时代，而各产业已达经济发达之程度，且纯农国与商工国之同一农业，其经营方法各殊，故或者以李说为谬。然各国大体从此，世运之进步，无论何产业，有特别置重之处。李氏之说，盖为此也。”①

值得注意的是，该书第三编第六章《外国贸易》在分析自由贸易与保护政策之利弊后，认为采取保护政策，才能促进当时幼稚产业的进一步发展：“中国各种产业，现在俱极幼稚，论理宜用保护政策，以防外人之竞争。无如进口税率，因为条约所限，不能自由加减，虽欲施其保护而无由，殊可慨已。”②

1913 年

2 月

棠公在《东方杂志》第 10 卷第 6 号发表《理财学沿革小史》一文。该文以学派为线索，对自亚里士多德以来的经济学发展历程进行了概述。在“最近理财学派”部分，作者主要介绍了历史学

① 熊元楷、熊元襄编：《京师法律学堂笔记 · 经济学》，北京：安徽法学社，1913 年，第 11—12 页。

② 熊元楷、熊元襄编：《京师法律学堂笔记 · 经济学》，北京：安徽法学社，1913 年，第 107 页。

派、社会主义经济学等与自由主义经济学有所差别的经济学说。对于历史学派，作者在文中指出："德国李士提、罗哲耳，其泰斗也。其说云国家经济之进化，可分三期。第一期为农业时代，第二期工商渐进时代，第三期工商极盛时代。处第一期、第三期者，其贸易皆可自由，惟第二期则不可不用保护。世界各国可居第三期者，在当时厥惟英国，若德国尚处第二期，欲商工之发达不能不用保护也。"①

8月

张东荪在《庸言》第1卷第18号发表《关税救国论》一文。文中，张东荪认为中国"民贫国弱"的根本原因，在于中国关税税率太低，"外货既美丽而价不昂，则群趣若骛，亦自然之理矣。于是国内之产业，全行压倒，土货为之淘汰，乃消费者日多，生产者日少"，因此提出"唯有实行关税政策，以保护贸易主义为宗旨"②，中国的国民经济才有复苏之望。为说明实行保护政策之正当性，张东荪引李斯特相关论述为据：

> 现世界为不统一世界，以世界万国为一统治经济团体，其期尚远。彼以国际分业为言者，正陷于此弊。不以世界为本位，即以个人为本位故也。以此立脚地而言，不堕于太古之野蛮状态，即驰于空想而忽视国民经济焉。夫国民经济者，以国家为本位，以国富为目的。自理性上言之，国与国应同等发达，犹人与人应平等增进其福利也。顾由国际分业说，甲国之

---

① 棠公：《理财学沿革小史》，《东方杂志》第10卷第6号，第44页。

② 张东荪：《关税救国论》，《庸言》第1卷第18号，第2—3页。

产业兴盛，而间接直接乃使乙国之产业为之衰颓焉，于是为农业国者永远为农业国，为工业国者复永为工业国，无稍变异也，则人类向上之进化，为之停止矣。苟以各国现状为衡，则工业国如英吉利者，永为世界之工厂，而农业国如德意志等者，将永供给其原料而已。此岂德意志等国所以自谋其福利者哉！

且无论何国，必经五种时代，以为经济发展之顺序。第一期，渔猎时代；第二期，畜牧时代；第三期，农业时代；第四期，农工时代；第五期，农工商时代。（注四：此乃保护贸易说之开祖、德人李斯特 Friedrich List 之分类。李氏著书有 *Das nationale System der Politischen Oekonomie*，其中所谓 national system 者，即表明其注重国民经济，为历来所未见者也）

盖经济发展，必经此五种时代，而视乎人口之增加、生产力之增加，有足以促文明之进步也。唯经过之迟早，而生国家文野之差异。夫英吉利人皆知其为农工商业国也，当其十八世纪固尚为农业国耳，端赖历代之明君贤相，实行保护干涉、特许奖励等政策，而卒有今日。其殖民地之扩张，航海条约之跋扈，皆保护之手段。可知今日之富强者，非天赐神锡，乃历代保护之结果也。①

10月

《大共和日报》于本月24日、25日、26日、27日连载张东荪

① 张东荪：《关税救国论》，《庸言》第1卷第18号，第6—8页。

发表于《庸言》第1卷第18号之《关税救国论》。

1914年

6月

东方法学会编《经济学要览》一书由上海泰东图书局出版。该书为《法政要览丛书》第十六编。第一编《绪论》第七章《国民经济发展之要件》第一节《关于国民经济发展顺序之诸说》，概述“福特理雷斯脱”的国民经济发展五阶段论。

徐钟英在《说报》第12期发表《论保护政策与国民经济之关系》一文。徐钟英认为，一个国家的富与贫取决于生产力的强与弱，而生产力的强弱，“非生产力自强之，自弱之，国家之政策使之然也”[①]。基于对国家政策在国民经济中扮演的重要角色的认识，徐钟英集中阐释保护主义中“幼稚产业保护说”“吸收外资”“贱卖政策”等观点。对于前者，徐钟英重点以李斯特对外要求保护、对内要求自由竞争来解释保护幼稚产业的内涵，力图说明实行保护政策的本质目的在于提高一国的生产力。篇末，徐钟英提出，中国农业资源丰富、人口众多，发展现代工业所需的原料和劳动力要素已经具备，但“徒以政府无相当之保护”，致使劳动者无工可作，原料只供出口，本国生产的工业品面临进口商品的剧烈冲击，因此疾呼“吾人主张国民经济，而赞成保护政策者也。政略外交上，虽无容置喙之余地，自经济学理上观之，力望政府实行奖励”，并引李斯特之国家本位主义及中德两国处境之相似为据，云：“李氏之

---

① 徐钟英:《论保护政策与国民经济之关系》,《说报》第12期，第1页。

言曰，今日经济之进步，则未成一大同经济区域，各国民须各自努力于国民经济，各国民各自国民经济之进步，则各国国民之生存特持上，自有当然之行为。李氏生于德国产业幼稚之时，痛恨政府误采自由贸易，而提倡保护贸易者。其所处正与我国现在情形相吻合，吾之草是篇也，亦犹李氏之志而警告国人者，愿我国民再复思之。”①

8月

宋任译述《傅克思氏经济学》一书由上海泰东图书局出版。据宋任自述，该书主要取材于德国历史学派经济学家傅克思（Fuchs）所著《国民经济学》（*Volkswirtschaftslehre*）一书，并参以意大利、英国和日本经济学者相关论著，与傅克思原著“相出入之处甚多”。② 书中，作者在第一编《绪言》第二章《国民经济之沿革及其要件》第一节《国民经济之沿革》、第三章《经济学及经济学派》第二节《近世经济学之学派》及第二编《生产论》第二章《天然》第二节《地理关系自然物自然力》中多处提及李斯特的国民经济发展五阶段说、温带最适宜经济发展的两种观点。在作者看来，长时间内占据主流的英国古典学派，“然其所述论，多与实际相龃龉”，而以李斯特为代表的德国经济学者“立论多以历史事实为根据”，强调经济政策的制定要与一个国家实际的经济现实相契合。③

① 徐钟英：《论保护政策与国民经济之关系》，《说报》第12期，第10—11页。
② 宋任译述：《傅克思氏经济学》，上海：泰东图书局，1914年，第1页。
③ 宋任译述：《傅克思氏经济学》，上海：泰东图书局，1914年，第27—28页。

10月

经世文社编译部编《民国经世文编》一书由上海经世文社出版。是书收录前揭张东荪论及李斯特保护学说之《关税救国论》一文。

1915年

9月

井上辰九郎著、吴瑞译《商业政策》一书由上海泰东图书局出版。该书为泰东图书局《法政丛书》之一种。书中，作者在第二编《自由保护贸易论》第三章《对于自由贸易之非难》中，批评持自由贸易主张者“往往绝对的欲提倡自由贸易之利，此直纸上空谈耳”，而“德国之李司脱氏谓予于自由贸易不无大疑，欲究其当否，而自由贸易之理论，虽正当无误，然其正当者仅在凡百国民皆行自由贸易主义之时而已，于是国家之思想，现于吾之脑筋，彼善通经济学者，不注意参酌国民，而惟一方讲究人类全体，一方讲各个人焉。夫在十分开化，彼我产业殆有同等地位之国家，自由竞争当互有巨大之利益，然关于工商业及运输业往往逊于他国之国民焉，当先养其势力，而后得与先进国自由竞争云”，并据此总结道：“要之自由贸易论者，往往急于纯理之阐究，而忘相对的关系；其目自由贸易为宇内之大法，则其误坐在不知国家观念之重可知也。”①

11月

陈文通编《道考应试必读全书》一书由上海科学研究馆出版。

---

① 井上辰九郎:《商业政策》，吴瑞译，上海：泰东图书局，1915年，第101—102页。

1915年9月30日，袁世凯以大总统名义颁布《学绩试验条例》，规定各道辖区内中学校毕业生、中学同等学校毕业生及具备相当资格者，每两年可至道尹所在地参加道试，考试合格者可称俊士；各道及京兆属县俊士名额为20—40名，获此资格者“得充各县公署委任待遇掾属”。道试必考科目共有经义、史论、地理、文牍、现行法制大要、经济大要六类；此外，“其曾习算术及各国文字者得由应试人填报，自请考试”[①]。仅过两个月左右，陈文通即编成《道考应试必读全书》一书，以备参加道试之学子参考使用。经济学部分有关李斯特人类社会经济生活五阶段论，完全抄袭自熊元楷、熊元襄《京师法律学堂笔记·经济学》相应内容。[②]

1916年

10月

俞逢清在本月6日、7日、8日、9日、26日、27日在《大公报（天津）》上发表《中国今日之保商政策》一文。该文的立论基础是李斯特国民经济发展五阶段论，“德儒李斯德云世界进化，由农牧而为弄，由农商而工商，上古为游牧时代，继为农业时代，今则为农工商时代矣。夫所谓农时代及工商时代者，非有农而无工商，或有工商而无农也”[③]。作者赞同工商业幼稚国家应该采用保护政策的经济主张，呼吁国人“今我国民智未开，群力未给，欲兴商业，端赖保护。若但知放任主义之优良，而忘本国之状况，孟浪

① 《学绩试验条例》，《新闻报》1915年10月20日，第2版。

② 陈文通：《道考应试必读全书》，上海：上海科学研究馆，1915年。

③ 俞逢清：《中国今日之保商政策》，《大公报（天津）》1916年10月6日，第2版。

从事，祸将随之矣”，对内提高消费税，借以提高进口商品的税率，达到“本国货物因价廉销售必增，外货因价高销售额必减”，最终收到扶植本国产业的效果。[①]

11月

《远东报》于本月1日、2日、3日、5日、7日、8日、9日转载俞逢清于1916年10月间发表于《大公报（天津）》之《中国今日之保商政策》一文。

1917年

3月

王斑（1886—1926）[②] 在《太平洋》第1卷第1号发表《富兰利斯传》一文。[③] 该文是国内首篇李斯特的传记。全文以李斯特为提倡保护贸易学说而奔走于德意志、法国、美国等地的经历为叙述线索，突出其百折不挠的意志，并将其自戕而亡与中国历史上的屈原投江类比，赞扬其拳拳爱国之心以及对德国历史的贡献：“赞曰：屈原自沉于江，良有以也，江流有声，至今犹鸣不平。利斯为说莫能听，犹吾三闾大夫也，愤而死。国人感其义，至今为强国。呜呼，死也，而亦有幸有不幸矣！”[④]

---

① 俞逢清：《中国今日之保商政策》，《大公报（天津）》1916年10月6日，第2版。

② 王斑，字叔晋，浙江台州人。1904年，入京师大学堂译学馆，1909年毕业后，续入京师大学堂商科。1913年，考取中英庚款留学，赴英国伯明翰大学，习经济学。1918年毕业回国，先后任教于北京法政大学、明德大学。

③ 据《太平洋》第1卷第1号卷首《本志宣言》，该杂志的作者“多现驻东西各国勤学之士暨国内名贤”，目的是“考证学理，斟酌国情，以求真是真非，于财政经济各问题尤多所论列”。

④ 王斑：《富兰利斯传》，《太平洋》第1卷第1号，第20页。

4月

王振先编《中国厘金问题》一书由商务印书馆出版。该书第五节《厘金在租税上之研究》，叙及厘金“害产业自然之发达”处，引述李斯特保护学说，云：“近世主张保护论之泰斗李士特氏，亦以对抗国外强有力之侵袭，拥护国内贸易自由为目的，断无为阱国中，鱼肉其民，而开三面之网于国外如吾国厘金制度者也。此制不革，而日呼唬实业不兴，工商窳败，咎将安归!”①

5月、6月、7月

赣父在《太平洋》第1卷第3号、4号、5号发表《斯密亚丹与理财学》一文。作者在叙及亚当·斯密批评干涉主义之处，介绍十八世纪末以来各国反对自由贸易的代表性人物，“哈密顿倡保护幼稚工业之论于美，开拉氏大倡其旨，理斯特承其说，归而衍之于德”②。尽管作者站在亚当·斯密的立场上，批评李斯特“攻斯密氏略国界而专言世界，重现时货财而不顾将来生产力”之言，是“未细读《原富》之过”，但也高度肯定李斯特修正自由学派缺失的理论贡献以及其在历史上起到的巨大作用，提出“自理斯特倡言自由贸易仅宜于工商业发达之国，博稽史乘，旁及当世，言虽多激，然大补当时正宗学者偏重演绎之失，且自是而后，谈自由贸易者，除少数绝端主张放任者，大抵多认保护政策为一时良策”，极大地撼动了自由学派的绝对性地位。③

---

① 王振先编:《中国厘金问题》，上海：商务印书馆，1917年，第63页。

② 赣父:《斯密亚丹与理财学》，《太平洋》第1卷第5号，第5页。

③ 赣父:《斯密亚丹与理财学》，《太平洋》第1卷第5号，第5—6页。

1918 年

8 月

胡迺瓒在《浙江省立甲种商业学校校友会杂志》第 3 期发表《论自由贸易与保护贸易》一文，在论及十六世纪重商主义后经济学的发展之处，说："有斯密亚丹倡自由贸易，有李诗铁复倡保护贸易，议论纷纭，莫衷一是……采用自由贸易与保护贸易，为近世学术上、政治上、经济上一大争点。"①

1919 年

8 月

钱镜民在《新中国》第 1 卷第 4 期发表《自由保护贸易得失论（续前）》，在评述自由贸易论者思想中缺少国家观念之处，批评自由贸易学说"空想为世界全体人民计，不若计其国民利益之为优"，并称赞李斯特对于国家的重视："善哉德国保护学派李士德氏，常以国家之思想印于其脑，有曰国家为中心，立经济政策者当先以国家的经济发达为目的。"②

12 月

李芳编述、宗哲校订《经济原论》一书由北京大学出版部出版。该书第一编《总论》第四章《国民经济之演进》中，明显倾向于自由主义学说的作者，在介绍李斯特"以生产方法之变化"为

---

① 胡迺瓒：《论自由贸易与保护贸易》，《浙江省立甲种商业学校校友会杂志》第 3 期，第 19—20 页。

② 钱镜民：《自由保护贸易得失论（续前）》，《新中国》第 1 卷第 4 期，第 8 页。

基础的国民经济五阶段论后，批评此种划分方式存在诸多瑕疵。在他看来，李斯特的国民经济发展五阶段论，“按之实际，尚多不合之处，各国经济之演进，不必五期尽历，各期间之界限，未必如此明晰。考之于古，实未有无工业而独行农业之世，亦未有无商业而独行农工之时代。且其分期之标准，专在生产之方法，抑知经济现象，生产外尚有交易、分配、消费等事，举一以概其余，未见其可也”①。

元木于本月14日《神州日报》“神州实业界”发表《各种贸易政策》，介绍自由贸易与保护贸易两种学说之常识。文中，作者虽未明言李斯特之名，但介绍其生平大概及其《政治经济学的国民体系》一书在保护贸易学说发展史上里程碑式的地位，不仅“德国之贸易政策亦因之而受影响”，而且“其所以嘉惠后学者，亦莫不由是也”②。

1920年

8月

罗素著、王云五译《社会改造原理》一书由上海群益书社出版。该书第四编《私有财产》主要讨论西方各国对于金钱之崇拜，分析美、英、法、德诸国之于金钱的不同态度。涉及德国之处，云：“德国拜金主义，为英法美诸国之后起；盖自普法战争后始见存在也。然今日之德人，对于此种风尚，信仰至为深切。但其特殊处：即法人之拜金主义与家族关系，而德人之拜金主义乃与国家关

---

① 李芳编述：《经济原论》，宗哲校订，北京：北京大学出版部，1919年，第40页。
② 元木：《各种贸易政策》，《神州日报》1919年12月14日，第5版。

联，德国学者李思特氏（Liszt）于深思熟虑之结果，反对英国派之经济学者，而教德人从国家之见地以观经济学；故德人之经营实业者，其自己与他人均认为对于国家所尽之义务。德人以英国之强大由于其实业主义与帝国主义，而深信其所由成功实有赖于深切之国家主义。彼对于英国主张之自由贸易政策，以类似世界主义故，遂认为矫情之举动。”①

1921年

3月

亚当士著、刘秉麟译《财政学大纲》一书由商务印书馆出版。据作者自述，他因感慨于当时中国“教育界之所最苦者，莫如教科书之不适用”，着手翻译该书，“以供学子之用”。② 第二部《国家收入》第二编《租税》第四章《租税之效果》第四节《租税与改革家之关系》，以李斯特相关观点为代表，概述保护关税的主张和影响，并称其《政治经济学的国民体系》为“论保护关税最善之书”③。

4月

汉胄在本月14日《觉悟》发表《随感录》。针对陈震异所言之“斯密以经济原理名于世，李斯特则以经济政策闻于时。前者主张自由贸易、世界主义，后者坚持保护贸易、国家主义。要而言之，这两位学者都是参照本国情况立论，所以他底祖国能应用，以

---

① 罗素：《社会改造原理》，王云五译，上海：群益书社，1920年，第117页。
② 亚当士：《财政学大纲》，刘秉麟译，上海：商务印书馆，1921年，第1—2页。
③ 亚当士：《财政学大纲》，刘秉麟译，上海：商务印书馆，1921年，第130页。

至于富强无比”等一番言论，揶揄道：“那么，李斯特底经济学说，虽不是世界第一，也要算是数一数二的了。但是现在德国底国家如何？”①

5月

萧志仁（1884—1938）② 著《各国经济思潮之变迁》一书由内政部编译处出版。该书以“将经济史与经济学史二者联络一致，而择其有密切之关系者阐明之，以供研究之资”为宗旨，所述人类历史上之实际经济状态与经济思潮之变迁，上起古代经济状态，下迄第一次世界大战后各国经济状况与经济趋势。书中，萧志仁尽管指出李斯特生产力变化五阶段论“以人类经济组织之发展专从生产形态之变迁观察者有可非难之处两点”，但仍认为其划分方式“甚有顺序，盖以时代为分类标准，而不以种类为划分标准”，用之“以研究中国之经济亦甚便”。③

该书第十四章《历史相对说及国民经济主义》，主要围绕李斯特生产力学说及保护贸易主张展开。萧志仁对于李斯特经济学说之总结有两点值得注意：其一，萧志仁提出，“（李斯特主张对外实行贸易保护之主义）与现时政策甚有关系，而在吾国经济尚未发达之

① 汉胄：《随感录》，《觉悟》1921年4月14日，第4页。

② 萧志仁，湖南省永州市宁远县人。中国同盟会早期会员，曾参加武昌起义，后任中国同盟会湖北分会支部书记、黄兴秘书。二次革命后，负笈日本，在日本法政大学学习政治经济学。1917年回国后，任内政部编译处编辑员、交通部《交通史》编纂委员会分纂。除了《各国经济思潮之变迁》一书，尚在《交通公报》《福建教育厅教育周刊》《广西教育公报》《世界大势》等刊物发表《德国铁道之现状》《美国钢铁及机械类输出趋势》《社会教育与平民生计之实施》《国际劳动问题与中国之劳动状况》《战后各国竞争之新趋势》等文。

③ 萧志仁：《各国经济思潮之变迁》，北京：内政部编译处，1921年，第1—5页。

时，关系尤为重大”；[①] 其二，萧志仁强调，李斯特主张之保护贸易政策尽管会暂时造成国内物价上涨，波及民众生活，但“此所受之痛苦不过一时而已，待将来国民生产力增加，自可以使人民安易，且所采保护政策，亦非永远用之，使德教育发达，技术进步，则自由政策自然可行，保护政策自然可废”[②]。

7月

小林丑三郎（1866—1930）[③] 著、高一涵（1885—1968）[④] 译《经济思潮史》一书由北京大学新知书社出版。1920年，日本经济学家小林丑三郎将其收录于《经济学评论》第一编中的相关文章整理修改，辑为《经济思潮史》一书。而时任北京大学教授高一涵在明治大学求学期间，曾将《经济学评论》第一编中这部分文章译为中文。经对比发现，小林丑三郎除增加《民主社会主义及运动》《渐进社会主义》《过激的社会主义》《欧洲大战之勃兴》《俄德和别的革命》《世界经济的激变》《国际和平联盟及其联盟规约》《改

① 萧志仁:《各国经济思潮之变迁》，北京：内政部编译处，1921年，第93页。

② 萧志仁:《各国经济思潮之变迁》，北京：内政部编译处，1921年，第95—96页。

③ 小林丑三郎，日本长野县人，毕业于东京帝国大学法科大学政治科，曾任职于大藏省、内阁法制局、台湾总督府财政局、日本制钢所等处。1919年，转入学界，出任专修大学经济学部长和明治大学政治经济学部长、教头。小林丑氏之经济学著述甚夥，著有《公共财政学》《批判经济学》《经济思想及学说史》《经济思潮史》《日本财政论》《经济学评论》《庶民金融谈》，相关作品较早被译为中文，影响较大。值得注意的是，小林丑三郎曾于1917年至1919年间，来华担任日本驻华财务官一职。

④ 高一涵，安徽省六安市人，明治大学法政系毕业，1916年回国，历任北京大学教授、武昌中山大学政治系主任、国民革命军政治部编译委员会主任、上海法政学院教授、国民政府监察委员、国民大会代表、中央研究院院士。中华人民共和国成立后，历任南京大学教授、江苏省司法厅长、中国民主同盟江苏省委员会副主任、全国政协委员、江苏省政协副主席。高一涵是新文化运动的重要人物，参与《甲寅杂志》《新青年》《现代评论》《努力月刊》的创办。

造经济之思想及运动》数章外，其他各章文字多因袭《经济学评论》第一编内容，“修改的地方很少”①，即将旧译稿交北京大学新知书社，以《经济思潮史》为名出版。

小林丑三郎深受自由主义经济思想的影响，书中尽管也承认以李斯特为代表的历史学派分析经济学原理和经济政策，“必藉历史之事实与统计，以详考陈迹，而博稽其度制，应其国境之变迁，以立相适应之法则”“至若李师，其所采政策，茫无归宿，仅由国民经济之见地以观，利于自由贸易则从自由，利于保护贸易则从保护，要在应各国之时势而决定也”，他本人“对此固无间然”，但仍批评了李斯特主张之保护贸易主张的理论缺陷，云：“其实质为国权万能之政治思想所拘，执己度物，流为我见，几以宇宙内万事，无一不可试其保护干涉之策者。持历史事迹为其辩护之符，复昔日之重商政策，而少加修正，实藉一时之名，以行其永久之保护政策也。”②

二、多元途径（1922—1930）

1922 年

1 月

小林丑三郎著、邝摩汉、徐冠译《最新经济思潮史》一书由北

① 高一涵：《译者弁言》，载小林丑三郎《经济思潮史》，高一涵译，北京：北京大学新知书社，1921 年，第 1 页。

② 小林丑三郎：《经济思潮史》，高一涵译，北京：北京大学新知书社，1921 年，第 79—85 页。

京舆论报社出版。该书为北京舆论报社《经济丛书》第一种。与高一涵译本不同，邝振翎（1885—1932）[①]、徐冠以明治大学出版部版《经济思潮史》为翻译底本，但邝、徐二人出于马克思主义立场，译文中“凡尾上所续如马克斯学说、俄国共产制等后评语，及杂驳条文与凡不适于时潮者，皆删却之”[②]。或许为显示与高一涵译《经济思潮史》不同之处，书名改为《最新经济思潮史》。邝、徐译本将李斯特译为“里斯德”“里斯忒”，涉及李斯特经济学说之内容，仅与高一涵译本在文字上有所出入，原意未变。

姚迁侯于本月10日在《时事新报（上海）》栏目《工商界》发表《商业发展之要件》一文。作者在文中罗列十种实现商业发展的要件，其中之一为“学说之提倡”，并云：“经济学说之昌明，每关商业进步之先河。如斯密亚丹之自由贸易学说倡于英，而英国之商业以兴；李斯德之保护贸易说倡于德，而德国之商业又兴。”[③]

4月

马寅初于本月29日应中国大学商学研究会之邀，在该校发表《马克斯学说与李士特学说二者孰宜于中国?》之演讲。[④] 演讲之前，《黄报》刊发启事，云：“现在国内关于研究经济学说，议论

① 邝振翎，字摩汉，江西赣州市寻乌县人。早年加入中国同盟会，参加辛亥革命。清末及民国初年，邝振翎两度留学日本，入早稻田大学、东京帝国大学学习、研究。在日期间，接受马克思主义，并翻译相关日文论著。回国后，任教于北京政法大学、警官高等学校、北京文化大学。国民大革命期间，出任中央军事政治学校武汉分校政治教官、陆军军官学校政治总教官。著有《经济概论》《中国经济概况》《石溪词》等。

② 小林丑三郎：《最新经济思潮史》，邝摩汉、徐冠译，北京：舆论报社，1922年。

③ 姚迁侯：《商业发展之要件》，《时事新报（上海）》1922年1月10日，第1版。

④ 1923年，马寅初此次所发表之演讲，经童蒙正整理后，收录于《中国大学学术讲演集（第一集）》，由中国大学出版部梓行。

纷纷，尤以马、李两氏为最。马氏学说，在现在已成为最成熟时期，而李氏学说，则成为过去时间。但在中国，此二主义，均有研究之必要。益新的生产法，因为吾人所宜提倡，而旧的生产法，而二种范围内，亦甚有研究之价值。故中大商学研究会，特请马寅初先生讲演‘马克斯与李士特学说孰宜于中国?’。”①

演讲中，马寅初尽管声明其对于马克思、李斯特二人学说“并非抱极端之反对与主张”，马克思的学说“固有良善之处”，但考虑到中国的实际情况，讨论马克思的学说“非其时耳”，主张“现时与其谈马氏之学说，无宁研究李氏学说之为愈也”。② 在他看来，近代中国和十九世纪中叶前之德意志，均面临遍设内地税，国境关税废滞，企业家要求政府实行保护政策、商业统一，两者“甚为相同”，故认为“与其谈马氏之学说，何如研究李氏之学说为愈也”。③ 此外，中国较之昔日之德意志，因外部经济环境、中国关税无法自主、门户开放的关系，采用保护政策的困难也更大。对此，马寅初呼吁：“我国实行保护政策，殊为必要。惟以受种种之束缚，故实行较德为难；亦惟其难，吾人研究李氏之学说，尤不可缓，虽不能得效于今日，然苟有人为之提倡，其影响亦大。”④

6 月

上海《时事新报》分别于 6 日、7 日、8 日，刊载前揭马寅初

---

①《中大商学研究会的公开演讲》，《黄报》1922 年 4 月 28 日，第 3 版。

② 马寅初讲演：《马克斯学说与李士特学说二者孰宜于中国?》，童蒙正笔记，载中国大学出版部编《中国大学学术讲演集（第一集）》，北京：中国大学出版部，1923 年，第 1—3 页。

③④ 马寅初讲演：《马克斯学说与李士特学说二者孰宜于中国?》，童蒙正笔记，载中国大学出版部编《中国大学学术讲演集（第一集）》，北京：中国大学出版部，1923 年，第 7 页。

在中国大学演讲《马克斯学说与李士特学说二者孰宜于中国?》全文。

北京《黄报》分别于8日、9日、10日、11日、12日，刊载前揭马寅初在中国大学演讲《马克斯学说与李士特学说二者孰宜于中国?》全文。

7月

楼维涛[①]在《南洋甲种商校季刊》第2卷第2期发表《论自由贸易与保护贸易》一文。作者全文抄袭了胡迺瓒在1918年8月于《浙江省立甲种商业学校校友会杂志》第3期所发表之《论自由贸易与保护贸易》，在论及李斯特处，仅将“李诗铁”改为“李斯铁”。[②]

1923年

1月

效文在本月10日、11日《时事新报》栏目《工商界》发表《保护关税与国富》一文，从保护政策的角度介绍李斯特国民经济发展五阶段论，指出“各国今日之谈关税者，皆以力斯铁为宗”，且其学说“不仅主张国家因时代之同而异其所行之政策，且言即在同一时期之内，亦当分别物品而有所不同”，认为这种“相对保护论者之所言”是“最切于实用”的经济学说。[③]

4月

《中国大学学术讲演集（第一集）》由中国大学出版部出版。

---

① 楼维涛，当时为上海南洋甲种商业学校三年级学生。
② 楼维涛:《论自由贸易与保护贸易》,《南洋甲种商校季刊》第2卷第2期，第21页。
③ 效文:《保护关税与国富》,《时事新报》1923年1月11日，第4版。

前揭马寅初在中国大学演讲《马克斯学说与李士特学说二者孰宜于中国?》，收录其中。

5 月

余同甲在中国大学商学研究会发表的题为《中国国内商业及国外商业》之演讲的文字记录，发表于《商学季刊》第 1 卷第 2 号。演讲中，余同甲在讨论中国国内和国外商业政策之前，首先介绍了重商主义和李斯特商业保护政策两种学说，认为李斯特的学说“其政策最要之点，即欲奖励输出品，使外国立于债务之地位，而已以债权之资格，操纵世界之经济，扩张一国之民族，是其手段之辣，较之重商主义为尤甚”①，评论的视角较为独特。至于中国在自由主义和保护主义之间如何抉择，余同甲在分析中国商业失败的原因、中国国内商业及国外商业的现状后，总结说综合考虑中国当时的现状与国际时势，“非采保护政策不能为功”②。他此处所谓保护政策，明显遵循的是李斯特对于保护贸易与自由贸易关系的理解；在他看来，国内商业是国外商业的基础，而国内商业受国内外多重因素的制约，“非保护主义不足以挽救，国货既不能发达，则无能与外货相竞争。保护政策者，以保护国货之发达，而间接抵抗外货者也。惟于此有宜注意者。保护主义，乃应用于国内工商未发达之时，一俟国内产业发达，能与外货相竞争后，再任其自由可矣”③。

6 月

李仁荣一文《现世铁道发展概说》发表于《同济大学工科毕

① 余同甲讲演:《中国国内商业及国外商业》，童蒙正笔记，《商学季刊》第 1 卷第 2 号，第 2 页。

②③ 余同甲讲演:《中国国内商业及国外商业》，童蒙正笔记，《商学季刊》第 1 卷第 2 号，第 9 页。

业生纪念册》。在论及十九世纪德国铁路初步发展之处，李仁荣指出李斯特“研究铁道学于美合众国，返国后，竭力提倡，为国人之先觉”，并认为德国铁路工业迅速发展，李斯特与有力焉。①

7月

菲里波维著、马君武（1881—1940）② 译《商业政策（上卷）》一书由中华书局出版。在该书卷前序言中，马君武自述他不满于当时中国的关税制度严重束缚了国内经济发展，批评“李鸿章不知政治，更不明世界情事，以吾国与各种生计政策皆有重大关系之税关拱手送诸英国，定值百抽五，更以条约束缚之，以种种借款担保断送之，既不成自由贸易，复永远不能执行关税保护政策不能行，则内地工商业不能振兴”，故而起心动念，主动翻译奥地利经济学家菲里波维这本“述列国对外商业政策，尤详于税关政策”的专著，目的是唤起国人“其速兴起，以雪降伏制度之耻”。③

9月

基特、里斯脱著及王建祖译述《经济学史》一书由商务印书馆出版。该书为商务印书馆《经济丛书社丛书》第三种。第二卷《（亚当斯密）批评及反对者》第四章《李士脱及国家经济学》，概

---

① 李仁荣：《现世铁道发展概说》，载同济大学编《同济大学工科毕业生纪念册》，1923年，第29页。

② 马君武，名和，字厚山，广西桂林人。先后就读于上海震旦学院、日本京都大学、德国柏林工业大学、柏林大学，并于1915年获柏林大学工学博士学位。早年加入同盟会，曾参加辛亥革命、护法运动，活跃于民国政坛，历任上海南洋工学教习、南京临时政府实业部次长、参议院议员、非常大总统总统府秘书长、广西省省长、大夏大学校长、北洋政府司法总长、广西大学校长等职。

③ 马君武：《序文》，载菲里波维《商业政策（上卷）》，马君武译，上海：中华书局，1923年，第1—2页。

述十九世纪德意志经济情形与李斯特经济思想的关系、李斯特经济学说的思想渊源及其对后世保护主义经济学说的影响、李斯特经济学说的特点。大体而言，书中论及李斯特之处，从李斯特立身的特殊历史背景和世界经济发展轨迹出发，对其经济学说的内涵和价值给予了比较正面的评价，总结道："正宗派持抽象之论，为究竟之言，不能周顾事，其势然也。李氏则分析社会进步之阶级，详言时地不同，则不能用同一政策之故。又幸而言当其时，十九世纪中间以后之政，皆若为李氏批评正宗派之言之实证者，李氏之功，实在于此。"①

此外，该书第二章《保护关税理论》提出，"List之保育关税理论"是至今"二种使国家实际施设受其影响"的经济学说，并从经济生产力的角度阐释李斯特关税保护政策的具体内涵及其合理性。

马寅初著《马寅初演讲集（第一集）》一书由商务印书馆出版。该书为《中国经济学社丛书》之一种。书中收录前揭1922年马氏在中国大学商学研究会所作《马克斯学说与李士特学说二者孰宜于中国?》之演讲。

本月18日，《时事新报·学灯》发表王效文讲述、周德之记录的《经济思想史》。该文简要提及以李斯特为代表的历史学派的归纳方法。

1924年

5月

《清华周刊·书报介绍副刊》刊发对于《中国大学学术讲演集

① 基特、里斯脱：《经济学史》，王建祖译述，上海：商务印书馆，1923年，第210页。

（第一集）》之介绍。以“钦”为笔名之作者在逐一罗列书中十七篇演讲篇名后，特别强调前揭马寅初所作有关李斯特之演讲值得特别重视，说：“（该书）第四、五、六、九、十五、十八诸篇为最有价值，而马寅初之《马克斯学说与李士特学说二者孰宜于中国?》一篇最为重要。马氏之经济思想属于李士特一派，自然主张李士特学说宜于中国。马氏此种思想，在今日中国新经济思想中独树一帜，此最可注意者也。”①

7月

方超一在《京报》本月30日、31日及8月1日、2日、3日、4日、5日发表《我国对外贸易应采自由贸易主义乎？抑采保护贸易主义乎?》一文。作者认为李斯特反击亚当·斯密学说最为透彻，“世人所以称李士德为保护贸易主义之祖”②。而对于李斯特保护贸易学说的介绍，主要从国民经济五阶段论、生产力要素、保护关税之目的等方面展开。在他看来，“就中国对外贸易之现情而论，必用保护贸易之理论”，但“亦非永久用保护主义，一俟工商业发达，国民经济健全以后，再变方针，则于国计民生大可发展”。③

8月

阿格著、李光忠译、吴贯因校《近世欧洲经济发达史》一书由商务印书馆出版。该书为《原共学社丛书》之一种。该书第二章《一八一五年以来之农工商业》，概述德国关税同盟与李斯特保护主

① 钦:《中文书籍介绍》,《清华周刊·书报介绍副刊》第11期，第15页。

② 方超一:《我国对外贸易应采自由贸易主义乎？抑采保护贸易主义乎?》，《京报》1924年7月30日，第6版。

③ 方超一:《我国对外贸易应采自由贸易主义乎？抑采保护贸易主义乎?》，《京报》1924年8月5日，第6版。

义的基本主张及其对于当时德意志的影响。

王建组（1878—1935）[①] 编《西洋经济史（一）》出版。该书第一卷分甲、乙两部：甲部从土地、人口、田地制度、工业、商业政策、政治改革等方面概述十九世纪前欧洲各国经济发展史；乙部则以国别为单位，概述 1815 年以降英国、德国、法国、俄罗斯四国的工农业发展、交通事业和商业贸易的发展。第十四篇《德国贸易政策及贸易之扩张》中，论及十九世纪中叶德意志地区的保护贸易政策和关税问题，成为一时舆论热点，其中一个因素则是李斯特《政治经济学的国民体系》一书梓行“种其因”[②]，使主张保护主义经济政策最终获胜。

9 月

李璜《国家主义的经济政策》一文发表于《醒狮》第 50 号。该文为李璜在少年中国学会南京总会发表之演讲。作为国家主义者的信徒和提倡者，李璜将国家主义的经济政策概括为“对外取保护主义，对内取干涉主义”两点，认为这种政策不仅具备深厚的学理基础，而且“又是在欧美各国实行而发生了最良的效果”，进而提出：“我们中国如果要民生得舒，只有实行国家主义的经济政策。”[③]

李璜所谓对内采取的干涉主义，理论依据主要来自以约翰 · 卡

① 王建祖，字长信，广东番禺人。1899 年，毕业于北洋大学堂，旋即由官费送入日本东京专门学校，后转入美国加州大学伯克利分校学习经济学，获学士学位。历任两广总督署文案、度支部秘书、江苏财政监理官、北京大学教授兼法科学长、广东军政府财政次长、司法院秘书、最高法院推事等职。除《西洋经济史》外，尚编译《银行学原理》《基特经济学》《经济学史》等书。

② 王建祖编：《西洋经济史（一）》，1924 年，第 108 页。

③ 李璜：《国家主义的经济政策》，《醒狮》第 50 号，第 1 版。

尔·洛贝尔图斯（Johann Karl Rodbertus）和斐迪南·拉萨尔（Ferdinand Lassalle）为代表的国家社会主义学派，而对外采取的保护主义，理论依据主要来自以费希特、李斯特为代表的国家主义经济学派。文中，李璜极力肯定李斯特经济学说对于德国统一和独立过程的历史贡献，以及其“国家人格”概念及保护关税政策对于一国独立自主的重要性，呼吁国家主义者要尽一切努力争取中国关税自主，云：“（李斯特）立论的根据还是以‘国家人格’为念。因为他认定现今世界上的国家如无经济上之独立自由，便算不得一个独立自主的国家，国民便难免于为外人的奴隶牛马。而要达到经济上的独立，必得要将本国生产者的国家市场设法保护着，使不为外货所占领。防止外货的办法，莫妙于用关税政策：或是重征外国输入者奢侈品，或是禁止输入足以抵制国货的外来品。这种保护主义经李斯特提倡以后，日益发展，至今欧美各国没有一国不实行关税的保护政策。而效力的显著，已为政治学家、经济学家所公认。到欧战后，自由交换的发源地英国也厉行保护政策，以防御后起的大工业国家。而独我们中国因为关税在外人手里，无法实行保护政策，弄得来门户洞开，一任外货无限量的输入，把我国的膏血几乎要吸尽，令新生的我国实业简直不能发展！所以国民生产力因此也日益减杀，国家的人格也随之堕落：这种现状简直是岌岌不可终日！我们国家主义者也如同李斯特，是时时以国民生产力为重，国家的人格为念，而认为收回关税是我们对外的第一要务，当竭全国人的精力以谋之。并且，我们觉得如果这回的不合作主义与经济绝交并不能使经济侵略的英国在关税权方面让步，则我们只有卧薪尝胆，努力预备，以与英、日拼命死战，终须得着关税的自主。得着关税的自主后，其余一切方有希望。”①

10 月

周伦超在《重庆中校旅外同学总会会报》第6期发表《自由贸易与保护贸易之历史观》。作者基于“近世纪以来，物质文明日新月异，商业竞争愈演愈烈，大多数国家咸以经济政策之如何而决定其立国之命运”的体悟，介绍自由贸易、保护贸易两大主流学说的变迁。该文认为李斯特保护贸易的主张可以分为四点：其一，各国当以发展其国民经济为第一要义；其二，对外贸易政策，当视国民经济发达之程度何若为断；其三，发展国民经济之要道不徒在致力于交易，而在生产力之养成；其四，保护税之目的即在生产力之养育。该文提出，考虑到当时德意志诸邦特殊的政治和经济状况：“List 根据历史事实说明实业生活复杂之现象，以主张保护贸易，亦可谓善于适应环境者也。故其所主张虽未克实行于生前，然其逝世后无几，时势之推移，学说思想之变迁，而各国之政策亦因而丕变焉！”②

11 月

李璜在《醒狮》第5号发表《释国家主义 · 国家主义的真趋向》一文。③ 李璜在该文当中提出，帝国主义已经不再单纯从事于

---

① 李璜：《国家主义的经济政策》，《醒狮》第50号，第2版。

② 周伦超：《自由贸易与保护贸易之历史观》，《重庆中校旅外同学总会会报》第6期，第34—35页。

③ 1924年10月，李璜在《醒狮》第1号、第2号发表《释国家主义 · 国家主义的真意义》《释国家主义 · 国家主义的真精神》。李璜在《学钝室回忆录》中交代，1924年7月，他和曾琦乘船回国，两人在船上一同商议回国后“宣传国家主义与全民政治”，先行创办报纸，宣传国家主义派的主张和政策，为日后创建青年党奠定基础。此外，曾琦建议李璜回国后，先在国内著名高校教书三年，“以博得优秀（转下页）

军事征服，而改以经济侵略来扩张势力，应当以李斯特的国家经济学说作为国家主义的经济政策，摆脱欧美在中国的经济政策、殖民政策，实现经济独立与发展：

> 我们抱着前面所说的那种明了意识，本着前面所说的那种根本精神，则国家主义的真趋向已不难引伸而出：就原则上言之……凡足以发展或丰富国民的生计，则国家主义的政策当期不遗余力以趋赴之。就事实方面言之，国家主义的政策亦不过在安内攘外而已。
>
> ……欧美人近来侵略人国，已不同于从前，专以兵力从事了。他们已发明了经济政策、殖民政策，来特别吸取弱国的骨髓，使弱国精华尽竭，只余形骸，以免费兵力去占领。而只要掌握了关税权、财政权以后，再派几个资本家去经营，几个传教士去欺弄，便好了。这种计画真是省事，不烦一兵，不遣一将，遂能将如像中国这么大一块领土的经济生活把持在手里。弄得中国人实业无法提倡，生计无法发展，穷饿不堪，争夺不已。十余年来内乱之源大半在此：经济权不能独立操纵，对外不能保护商业而与人竞争，对内不能发达国货而力求自给。因此国家主义的经济政策不能不主张李斯特的国家经济。

（接上页）大学生之信仰，然后宣传国家主义与民主政治，方才发生效力”。对此，李璜也认为他初至国立武昌大学任教，“非表现出一点像样的本领，不足以适应当时大学青年对新知求之若渴的环境”，因此，“便在法国邮轮上的咖啡室中为慕韩回国即要在上海创办的《醒狮周报》，写了《释国家主义》一篇长文，约三万余字”（李璜：《学钝室回忆录》，香港：明报月刊社，1979 年，第 179—182 页）。

李斯特是国家经济（économie nationale）的提倡者。德意志一八三四年的统一关税，实行保护政策，便是实现他二十余年所坚持的主张。他所主张的根本的意思是：“一国经济权不能独立操纵，便算不得独立的国家。”所以他为德意志所要求的两条是：（一）国家要得着他自己所应有的经济自治权（autonomie économique）；（二）国家要保护着他自己国内生产者的国内市场。前一条便是收回关税，后一条便是保护贸易。中国今日的经济政策尚有更重要于此者的吗？我们不首先向外国收回关税权，以调剂生产，奖励生产；不行保护政策，那能与外人言商业的竞争？洋货税轻价贱，自然把力弱本小的国内土货冲灭了。我们自家的实业品一天不能在国内占势力，便一天要被人剥夺。像今日这样门户大开，外货充满，简直可以使膏血尽竭坐而待亡！因此国家主义的经济政策在首先向外人争回关税权，而实行保护贸易。以理争不行，则以力争。以力争不胜，亡也亡得痛快一点，免得暗受损害，至死不悟。①

北泽新次郎（1887—1980）② 著、周佛海译述《经济学史概论》一书由商务印书馆出版。该书为北泽新次郎于1923年为早稻田大学商学部讲授经济学史课程所编讲义。书中，北泽新次郎在论

① 李璜：《释国家主义·国家主义的真趋向》，《醒狮》第5号，第1—2版。

② 北泽新次郎，日本东京人，先后就读于早稻田大学及美国北卡罗来纳大学、约翰·霍普金斯大学，获博士学位。历任早稻田大学商学部教授、东京经济大学校长。1949年10月，当选日本学士院院士。著有《商业要论》《劳动问题》《无产阶级运动与资本主义》《经济学大要》《社会主义思想入门》《经济思想史大要》等。

述历史学派时，将李斯特与亚当·缪勒归为一类，视作历史学派勃兴的早期代表人物，指出二人经济学说“攻击亚丹·斯密以自由放任为基础的世界共通主义，而提倡以国民生活为中心之保护主义的经济思想……以亚丹·斯密之国际共通的自由思想为不可为，而努力想建设国民经济学。他们确信强固的国民感情之存在，在国际上是有利的，国与国的互相竞争，当生莫大的利益”①。

1925 年

1 月

韩讷著、臧启芳译《经济思想史》一书由商务印书馆出版。②该书为商务印书馆《经济名著》之一种，为此后中国大学经济思想史课程普遍采用之读本。该书第二目《国家主义派之批评》第二十章《穆勒、李士特及加雷：初期之国家主义派》，分别从“李士特之身世”“国家制度”“李士特之批评古典学派”“李士特之历史观察”“分工”“非物质之资本”“李士特一己之绝对主义”，论述李斯特经济思想之特点及在经济思想史中之地位。

3 月

少年中国学会编《国家主义论文集》一书由中华书局出版。该书收录少年中国学会李璜、余家菊、陈启天、吴俊升等人曾经发表

---

① 北泽新次郎：《经济学史概论》，周佛海译述，上海：商务印书馆，1924 年，第 136 页。

② 据译者自序，该书为其在美国留学期间所译，1922 年 4 月完成初稿。于 1925 年出版后，1926 年、1927 年再版、三版，1933 年第四版。另据唐庆增《大学经济课程指导》，二十世纪二三十年代，“在中国各大学所用课本，以韩讷所著《经济思想史》一书最为普通”（唐庆增：《大学经济课程指导》，上海：民智书局，1933 年，第 65 页）。

于《醒狮》《少年中国》《中华教育界》《新闻报》《教育汇刊》《新教育》上“鼓吹国家主义”之文章，共17篇。前揭李璜阐发李斯特经济学说与国家主义经济政策之《释国家主义》，亦被收录其中。

4月

李璜于本月4日、25日在《醒狮》第26号、第29号发表《述国家主义的经济学》一文。全文以李斯特经济学说为中心，讨论当时中国的国家主义者所理解的国家主义经济学。文中，李璜以《政治经济学的国民体系》法译本为基础，将李斯特的国家主义经济学概括为“以国民性的意思（idée de nationalité）对抗国际主义，以生产力的意思（idée de force productive）对抗交换价值的论调”两点，且“提出国家独立保障与国民生活保障二义以为根本思想，保护工商与奖励实业两事以为实行方法”①，并较为详细地梳理了李斯特经济学说与当时德意志的政治、经济环境的密切关系，以及在国家主义方面与费希特间的思想渊源。在再次详细论述李斯特有关保护政策与“国性”“国家人格”的密切关系，以及实行保护政策的前提条件后，李璜呼吁中国应当师法李斯特的国家主义经济学，采行保护政策：“李斯特的国家主义经济学诞生以来，到今天已八十四年（1841—1923），保护政策日益发达，自由主义发源地的英国也渐渐实行保护政策以防复起的大工业国。而独我中国门户大开，任人掠夺，一看到李斯特在在以国家人格、国民生产为忧的说法，真正令人感慨系之！我们中国不是李斯特所谓地处温带，人口

① 李璜：《述国家主义的经济学》，《醒狮》第29号，第3版。

众多，文化已发达，工业已萌芽的国家吗？我们如何不应实行保护政策？我们之所以未能，实因我们的税关在外国人的手里。这样看来，我们不收回关税，而实行保护政策藉以提倡发展新生工业，我们实无自救的第二个办法。日日让外货无限量的侵入，将国家财力被外人掠夺殆尽，看看举国穷困，衣食都不够了，还高谈什么文化与艺术啊！反面正面的话已被李斯特说明白了。”①

5 月

左文诰在北京中国大学《商学季刊》② 第 2 卷第 2 号发表《李士德之保育关税说》一文。作者认为较此前主张保护贸易的经济学者，李斯特将该学说提升至学理的高度，“以学理的覃研保护贸易主义者，则李士德氏”，并从比较的角度出发，概述李斯特的保护贸易学说与自由主义经济学说之间的区别。

6 月

本月 13 日，夏维海③应国家教育协会武昌分会邀请，前往武昌中华大学演讲《李士特经济学说要领》。④

8 月

曾晓渊在《京报副刊》第 49 号发表《国家主义观》一文。作者站在批评国家主义的立场，认为国家主义成为一场运动与德

---

① 李璜：《述国家主义的经济学》，《醒狮》第 29 号，第 3 版。

②《商学季刊》为北京中国大学之刊物。

③ 夏维海，湖北武汉市人，先入武昌私立中华大学预科，1917 年，入日本庆应大学，毕业后继续在庆应大学研究院学习经济。回国后，历任国立武昌商科大学教授、中央陆军军官学校图书馆馆长、三民主义青年团第一届中央评议员、中央训练团党政训练班政治部参事、中央政治学校高等科讲师、新疆学院教授、中华大学财政系主任等职。

④ 陈启天：《陈启天为武昌中大被毁案之声明》，《申报》1926 年 6 月 22 日，第 10 版。

意志统一过程息息相关，而当时“代表资产阶级利益的学者们如著名的哲学家费希特、经济学家利斯特等是曾为此尽过大力的人”，而此时的国家主义运动，“便为日后德意志帝国主义的根源”。①

9月

刘炎祥在《银行杂志》第2卷第22号发表《自由贸易主义与保护贸易主义之比较观》一文。在论及保护贸易主义起源之处，作者主要将李斯特作为“保护贸易之导师”，认为“及李士特（List）出，诋李氏之议论尤为透辟，于是德国学派大兴，大抵皆以李氏为依归”②，并概述其“国民经济本位论”“国民经济发展顺序论”“生产力说”“养育税论”等经济学主张。

马寅初于本月12日、15日分别在上海中华职业学校大会堂、职工教育馆发表演讲《中国经济之分裂》。演讲中，马寅初认为厘金不裁、汇兑不通、教育落后和交通、语言、货币度量衡不统一造成中国经济之分裂，并认为李斯特学说及近代德国崛起的历史经验，可为中国发展经济提供借镜：“在昔德国情形，与中国相仿。普鲁士一邦，有七十二关卡。后由大经济学家立斯德倡对内取自由贸易，对外采保护政策。俾斯麦为相，行其学说，将所有海关合而为一，其后复厉行铁路政策，顿然富强。惟其上下有战胜全世界之雄心，故有此。吾国可效法之处甚多，惟我之所谓效法，求我国富

① 曾晓渊：《国家主义观》，《京报副刊》1925年8月25日，第1、2版。
② 刘炎祥：《自由贸易主义与保护贸易主义之比较观》，《银行杂志》第2卷第22号，第17—19页。

强立于各国同等之地位，不愿欺人，亦不愿受人欺而已。”①

10 月

邓叔耘在《醒狮》第 53、54 号发表《法国近代的两个国家主义经济学者》一文。该文主要是介绍法国经济学家 P. 科费士（P. Canwés）、G. 范罗亚（G. Valois）的国家主义经济学说，但在导言部分，邓叔耘首先介绍了经济学中个人主义、社会主义和国家主义三大流派的宗旨。在他看来，无论是个人主义，还是社会主义，都存在一定的缺失，而“首倡于德之李斯特”的国家主义经济学派，既吸收了前述两种学派的精华，又弥补了二者的理论缺陷，云：“其特长在能采取前两派之精粹，减去前两派之流弊，本着相对的与唯实的精神，对于一定地方的社会经济问题，指出适应的办法……其对于经济企业也，主张以政治势力裁制其自由的与自利的发展，使个人利益与国家社会的利益，不但不相冲突，并且相互补救。”②

11 月

刘秉麟著《李士特经济学说与传记》一书由商务印书馆出版。该书为《经济丛书社丛书》第十一种。1925 年前后，此前在英国伦

---

① 马寅初演讲:《中国经济之分裂》，姚志崇记述，载《马寅初演讲集（第三集）》，上海：商务印书馆，1932 年，第 175 页。有关马寅初发表《中国经济之分裂》的具体时间，《马寅初演讲集（第三集）》《马寅初全集（第二卷）》均系 1915 年 8 月 15 日，相关研究亦多沿袭此说。此说明显有误。据《晨报》1925 年 9 月 8 日《马寅初南下讲演》，马寅初于本日清晨始乘坐津浦特快列车前往上海，发表演讲。另据《民国日报》1925 年 9 月 13 日第 7 版《马寅初演讲“中国经济之分裂”》、《申报》1925 年 9 月 15 日《马寅初讲“中国经济之分裂”》、《大公报（天津）》9 月 18 日第 4 版《马寅初讲“中国经济之分裂”》，可知马寅初所作《中国经济之分裂》演讲，于 9 月 13 日、15 日分别在上海中华职业学校大会堂、职工教育馆举行。

② 邓叔耘:《法国近代的两个国家主义经济学者》，《醒狮》第 53 号，第 7 版。

敦大学、德国柏林大学学习经济的刘秉麟回国，任教于上海中国公学商学院，并在商务印书馆担任编辑，致力于系统地将西方经济学说引入中国知识界。他认为，亚当·斯密、李斯特和马克思的相关著作，是“以经济学而言，派别虽多，而其间最重要之本，能代表以一派者”[①]，计划以人物为中心，逐一介绍自由主义、保护主义和社会主义三大流派的经济学说。1924 年夏，刘秉麟先期完成《亚丹斯密经济学说与传记》《理嘉图经济学说与传记》二书，交付商务印书馆出版，后于 1925 年暑期撰写完成《李士特经济学说与传记》。

该书共分四章，第一章以萨托里亚斯·冯·瓦尔特豪森（Sartorius von Waltershausen）所著《德国经济史（1815—1914）》（*Deutsche Wirtschaftsgeschichte，1815 - 1914*）一书内容为主，辅以 W. H. 道森（W. H. Dawson）、休伯（Huber）、L. K. 德尔（L. K. Der）等人相关论著，概述 1815—1848 年间德意志经济情况和李斯特经济学说产生的时代背景。第二章以 B. 希尔德布劳德（B. Hildebraud）、J. T. 莫尔斯（J. T. Morse）、莫拉（Mollat）、博纳尔（Bonar）、费希特（Fichte）、E. T. 恩廷（E. T. Entin）、吉德（Gide）和里斯特（Rist）等人著作，讨论李斯特对于亚当·密勒的浪漫派经济学、汉密尔顿保护学说、费希特和黑格尔哲学等十八、十九世纪各类思潮的接纳和吸收。第三章在该书所占分量最重，以李斯特《政治经济学的国民体系》德文原本为主，辅之以 K. 迪尔（K. Diehl）、R. 戈纳尔（R. Gonnard）两人著作，阐释李斯特经济学说的具体内容，涉及李斯特对于欧洲各国经济进行的历

---

① 刘秉麟：《李士特经济学说与传记》，上海：商务印书馆，1925 年，第 2 页。

史分析、国家观念和生产力学说的具体内涵及李斯特对于早期意大利经济学者、重商学派、重农学派和自由学派的批评。第四章则是对李斯特生平的概述与著述。卷末，刘秉麟简要说明李斯特《政治经济学的国民体系》一书德文、英文本的版本情况，以及李斯特其他经济学论著、文集、全集、传记的书目，并为“读李士特之著作毕，欲进而研究最近出版之国家经济学与历史学派中重要之著作者”① 另附德文经济学论著7种。

周伦超在《京报副刊》第322、323期发表《自由贸易说与保护贸易说之比较观》一文。该文在《自由贸易与保护贸易之历史观》的基础上，进一步比较自由贸易与保护贸易两种学说的区别，说：“李氏根据历史事实，说明实业生活复杂之现象，以主张贸易保护，故人称之为历史学派的经济学家……自李氏提倡保护贸易说以来，世界学者翕然宗之，其说卒为各国政府所采用而见诸施行，至于今，犹鲜有改变焉!”② 出于国家主义的立场，周伦超基本上以李斯特国民经济五阶段论来作为衡量采用自由贸易与保护贸易政策的依据，强调“因时制宜，国家之富强可期”③。值得注意的是，该文在评析自由贸易与保护贸易政策的得与失，将落脚点放在当时中国自身之上，感慨：“嗟乎中华，国势凌夷，前以鸦片战役，与各国订立协定关税之条约，致失制定税则之主权。故外货流入，无法制止；利权外溢，无术挽回，使此项条约之束缚不能解除，则国

① 刘秉麟：《李士特经济学说与传记》，上海：商务印书馆，1925年，第125页。

② 周伦超：《自由贸易说与保护贸易说之比较观》，《京报副刊》第323期，1925年11月9日，第65页。

③ 周伦超：《自由贸易说与保护贸易说之比较观》，《京报副刊》第323期，1925年11月9日，第67页。

内工业将永远被压抑而不能发展矣。经济侵略，令人寒心！惟冀有志青年努力奋起，达到‘解除不平等条约’之目的，庶可以言吾国对外贸易之政策也！”①

程元斠在《关税会议特刊》上发表《我国关税主权之外落与回收》一文。作者为呼吁实现关税自主的迫切性，强调关税“实为一国财政上经济上之大关键”，厘清财政关税、保护关税和劳动者保护关税三者的概念。论及保护关税之处，作者不仅以李斯特相关主张为代表概括其内涵，指出“此种关税，在生产幼稚之国，最为有益”，而且阐释其适用之条件。②

12 月

何思源著《国际经济政策（中国对外经济政策之研究）》一书由商务印书馆出版。在该书第三部第十三章《商业政策》中，作者认为一个国家的工业处于起步阶段时，必须辅以政治力量才能培养国家工业。此处，他重点介绍了李斯特在《政治经济学的国民体系》中对国家主义和生产力所作之论述。

刘秉麟于本月 7 日在大夏大学发表题为《历史学派之经济研究方法》的演讲，罗良幹、卢绍稷所作演讲记录，发表于《时事新报·学灯》及《大夏周刊》第 24 期。据《大夏周刊》载，刘秉麟有感于国人研究经济学应当考虑相关学说产生的背景和假设“是否与我国相同”，以及当时学校选用的经济学教科书多奉亚当·斯密

---

① 周伦超：《自由贸易说与保护贸易说之比较观》，《京报副刊》第 323 期，1925 年 11 月 9 日，第 67 页。

② 程元斠：《我国关税主权之外落与回收》，载北京各校沪案后援会编辑《关税会议特刊》，北京：北京各校沪案后援会，1925 年，第 20 页。

和李嘉图学说为圭臬，才研究和介绍相对受到忽视，但又与古典主义经济学有所区别的历史学派研究经济的方法。言及历史学派产生背景之处，刘秉麟称，面对德意志境内实行自由贸易而导致的舶来品充斥的局面：“德国经济学家里士特倡反对论，主张有两种：（一）关税联合——即将关税统一，以救济国家，并厘定税则，不专从英国人之言。两国工商业，譬如一树，英国枝叶已茂盛，而德国尚在萌芽。（二）铁路统一政策。里士特倡此论时，并不得一般人之信仰，至死时，亦未见实行；惟其第二点，因效卓著，颇受时人所赞许。”① 刘秉麟特别提醒：“历史学派所谓保护，并非笼统的保护；是言有几种应当保护，再有几种可不保护……历史学派注重在向后看，并非向后走，此是根本救治方法。”②

童蒙正本月9日、10日、11日、12日、13日、14日、15日、16日、17日在《顺天时报》发表《发达实业与关税问题》一文。1925年，召开关税特别会议。该文在分析自由主义经济学与社会主义经济学之于中国的适用性、片面最惠国待遇的危害、发展实业与关税政策的关系等问题后，提出“欲救济中国，必开发实业；开发实业，必采保护主义，实行关税政策”，并以十九世纪四十年代左右之德国政治、经济态势与李斯特所倡保护政策之于德国发展的作用为据，提醒国人：“李氏竭力提倡（保护政策），卒为政府采纳，而国内因之以兴。故采行保护主义，施行关税政策，实为要着，尤

① 刘秉麟讲演：《历史学派之经济研究方法》，罗良干、卢绍稷记，《大夏周刊》第24期，第4页；《大夏大学讲演汇志》，罗良干、卢绍稷记，《时事新报·学灯》第20卷第8号，第2页。
② 刘秉麟讲演：《历史学派之经济研究方法》，罗良干、卢绍稷记，《大夏周刊》第24期，第5页。

望国人为之提倡，更希政府采纳之。”①

1926 年

3 月

少年中国学会编《国家主义论文集（第二集）》由中华书局出版。前揭李璜《国家主义的经济政策》《述国家主义的经济学》两文亦收录其中。

4 月

黄兆鼎在《中国公学大学部第五届毕业纪念刊》发表《德国关税统一前之商业状况》一文。文中，黄兆鼎高度评价李斯特提倡的保护主义在德国关税统一以后对于德国工商业的积极影响：“德国自关税统一后，更出以大经济学家李士特，独辟亚丹斯密之自由贸易政策，而提倡保护主义。因是商业状况藉此更形进化，故德国此后遂逐渐由农业国家而变为一工商业国家矣。”②

5 月

唐庆增在《醒狮》第 82 号发表《经济学中之国家主义》一文。该文重点介绍国家概念在李斯特经济学说中的地位，并将其学说与近代中国政治、经济困境联系起来，呼吁读者反思自由主义经济政策的弊端，重视国家主义经济政策对于中国之价值：

> 著者述经济学中之国家主义竟，憬然又余思焉。在百年

---

① 童蒙正：《发达实业与关税问题》，《顺天时报》1925 年 12 月 17 日，第 4 版。

② 黄兆鼎：《德国关税统一前之商业状况》，载中国公学大学部编《中国公学大学部第五届毕业纪念刊》，上海：中国公学，1926 年，第 164 页。

前，德意志之内部情形，与吾国今日正无稍异，当时德国国内分成若干区域，税界极多，故内部关税，紊乱不可究诘，此与吾国今日内地之厘卡较，其纷乱情形绝类。又昔日德国对外关税税率极低，几等于无，外货进口，遂毫无阻碍，此与吾国协定关税之结果，又何以异。慨自门户开放之说兴后，吾国经济上之损失，不知凡几，李氏论调，颇足为吾国一般迷信“亲善主义”“经济提携”等谬说者之当头棒喝也。

当李斯特之时，英国经典派学说，正在极盛时代，所谓世界主义者，盛行一时。李氏独辟众说，作中流之砥柱，倡国家经济学，卒底于成，造成今日之德意志。今日吾国维新之士，不务实情，喜随声附和，以顺应世界潮流之应声虫自命，睹此能无愧乎！①

6月

唐启宇编《农业经济学》一书由东南大学农科推广部出版。第二十一章《税则》讨论保护关税与国内经济发展的关系之处，重点以李斯特相关主张作为保护关税学说的代表，并将之概括为“保护时期必先于国际贸易发达之时期，其农产剩余品之输出常用以付他国制造品之输入……保护税则之负担，乃一国人民求得工业教育之代价”②。唐启宇认为李斯特的这种逻辑“实际上殊不尔尔”，批评保护政策在实践中会沦为“完全保护政策”，终会产生尾大不掉之

---

① 唐庆增：《经济学中之国家主义》，《醒狮》第82号，第2版。

② 唐启宇编：《农业经济学》，南京：东南大学农科推广部，1926年，第288—289页。

态势。①

9月

朱麟主编《现代新主义》一书由世界书局出版。该书为《中学世界百科全书》第一集第十编。书中国家主义部分，文字全部袭自前揭李璜阐发李斯特经济学说与国家主义经济政策之《释国家主义》。

10月

郑行巽在《民铎杂志》第8卷第3号发表《侨寓美国时代的李士特》一文。该文为目前所知最早详细讨论李斯特移居美国期间之生平与学术的文章。文中，作者引用多种英文文献，将“国家主义的经济学家”李斯特在美国期间的活动与其经济思想演变结合起来，并分析这段时期的经历在其经济思想形成过程中扮演的重要角色。文末，作者呼吁：“德国和美国都因实行关税保护政策而富强，那吗，我们中国关税问题该怎样去解决呢?”②

12月

津村秀松著、陈家瓒译《商业政策》一书由商务印书馆出版。该书第三章《保护贸易主义》第一节，以李斯特经济思想为中心，论述“保护贸易主义之勃兴”，具体包括“李士特之保护贸易论”“国民经济本位论”“国民经济发达顺序论”“生产力说”“保育税论”“德意志统一论”“李士特死后之贸易保护主义勃兴”等。津村秀松撰写该书时，日本朝野正致力于实现完全的关税自主，他也

① 唐启宇编:《农业经济学》，南京：东南大学农科推广部，1926年，第280—290页。
② 郑行巽:《侨寓美国时代的李士特》,《民铎杂志》第8卷第3号，第24页。

认为关税自主“不仅为刻下一大问题，而实为永远未来之大问题”①，故书中对主张保护关税的李斯特的历史贡献评价较高，云：“李士特虽不获知己于生前，而卒得知音于身后。距其去世无几，不仅德意志关税同盟旋即成立，即其保护贸易说，亦复到处勃兴，遂支配一世之思潮，一变各国之政策，岂非一世之人杰也哉！于是在德国则由俾斯麦，在法国则由退尔，在美国则由麦荆来等，皆各树立保护贸易政策，或扩张之。即在英吉利，亦有张伯伦一派之帝国主义辈出，大唱保护贸易论之高调。此虽别有其原因存在乎，要之其得力于李士特之所说实在不少。”②

1927 年

1 月

蒲格达诺夫著、施存统译《经济科学大纲》一书由新青年社出版。该书为《新青年社丛书》之一种。在该书第二篇《商业社会》第九章《金融资本主义时代》第五节《为金融资本主义之政策的帝国主义》，作者引述李斯特之贸易保护主张，以之证明“保护贸易制度，向来被认为移到自由贸易（即不为关税壁垒所拘束的贸易）的过渡手段”③。

1—2 月

何远威于 1 月 23 日、1 月 24 日、1 月 25 日、1 月 28 日、2 月 7 日、2 月 8 日、2 月 9 日、2 月 10 日在《汉口国民日报》栏目《经

---

① 津村秀松：《商业政策》，陈家瓒译，上海：商务印书馆，1926 年，第 1 页。
② 津村秀松：《商业政策》，陈家瓒译，上海：商务印书馆，1926 年，第 10 页。
③ 蒲格达诺夫：《经济科学大纲》，施存统译，上海：新青年社，1927 年，第 524 页。

济界》发表《保护关税与中国》一文。当时，北京即将召开关税会议，国人要求关税自主的呼声高涨。在此时代背景下，作者也认为“关税自主于吾国政治经济最大之利者，在能实行保护关税，使历年协定税则之束缚和实业界之侵略得以解除，而国计民生同臻善境”①，故而撰文介绍和提倡保护关税之说，助力争取关税自主运动。在论及保护关税学说的历史发展、保护关税学说在西方各国的实践之处，该文多次引用李斯特相关主张为依据，说明保护关税学说本身的正确性及其对于促进各国经济发展的进步作用。至于当时的中国为何紧迫需要采用保护关税，作者表示，按照李斯特国民经济发展五阶段论，当时中国的经济状态仅仅处于农工阶段，但与中国进行商业贸易的国家“不是在农工商时期，即已到工商极盛之时矣”②，双方经济发展阶段有着本质的不同。因此，作者提出，面对工业发达国家的经济压迫与中国发展落后的现实，“非保护政策、保护关税，不足以使吾国被压迫之幼稚实业，脱离工业先进国之虎口，而挽回财政上之危亡”③。

3 月

罗·卢森堡著、陈寿僧译、胡汉民校订《新经济学》一书由中国新文社出版。作者在第二章《经济史》第四节《对于经济史之资本阶级的见地与劳动阶级的见地》中，批评李斯特“以食物最重要的源泉那种外部性质”而将人类经济生活分为狩猎、畜牧、农

---

① 何远威：《保护关税与中国》，《汉口国民日报》1927 年 1 月 23 日，第 10 版。
② 何远威：《保护关税与中国》，《汉口国民日报》1927 年 2 月 7 日，第 10 版。
③ 何远威：《保护关税与中国》，《汉口国民日报》1927 年 2 月 8 日，第 10 版。

业、工业的划分方式，忽视了“外面的文化史”。[①]

5月

陈华寅在《留美学生季报》第11卷第4期发表《国家主义派经济学说之渊源》一文。该文虽然认为李斯特（文中译作“笠斯特”）“发挥国家主义之经济学说最力”，但提醒国人“国家主义之经济学说，非始自笠斯特”，重心在于介绍在此之前提倡国家主义的经济主张。[②]

6月

唐庆增于本月16日在《时事新报》发表《国家经济之缘起》一文。1926年夏，唐庆增自美回国途中，将德国历史学派代表人物卡尔·步休（Carl Bücher）所著《国民经济的起源》（*Die Entstehung der Volkswirtschaft*）第三章译为中文。唐庆增在为译文所作序言中指出，在古典经济学派、奥地利学派、历史学派三家之中，“尤以历史学派之言论，最为公允，理由最为充足”[③]。论及李斯特国民经济发展五阶段论之处，作者指出此种分类方式，“谓自有历史以来，除最早之上古时代，皆有国家经济，虽各时期之生产与交易情形迥异，然皆依据于物件之交换，其重要现象皆同”[④]。

7月

陈彬和著《战后的德国》一书由世界书局出版。在第一章

---

① 罗·卢森堡：《新经济学》，陈寿僧译，胡汉民校订，上海：中国新文社，1927年，第153页。

② 陈华寅：《国家主义派经济学说之渊源》，《留美学生季报》第11卷第4期，第71—72页。

③④ 卡尔·步休：《国家经济之缘起》，唐庆增译，《时事新报》1917年6月11日，第4版。

《战前德国的政治组织和实业情形》第二节《战前德国的实业状态和社会运动》中，作者认为李斯特的保护主义学说，成为德意志帝国统一后俾斯麦施行的保护政策。

8月

李士特著、王开化译《国家经济学》由商务印书馆出版。该书为商务印书馆《经济名著》之一种，为李斯特《政治经济学的国民体系》的首个完整的中文译本。据该书卷首《译者原序》，1925年前后，在德国图宾根大学攻读经济学博士学位的王开化读李斯特此书之后，“极服膺其言，且以为针灸我国现下病症之良药”，但当时中国尽管多有介绍，“惟往往摘录一斑，未呈全豹”，至迟在该年5月左右完成翻译，“以供爱国君子与治经济学者之研究”。①序中，王开化对于李斯特经济学说本身的解说极为简略，仅言李斯特该书“根据当时各国历史上之事实，说明工商业幼稚国家实行保护关税制之意义”，其重点在于从民族主义的立场出发，控诉西方工业发达国家经济侵略情势之严峻，要求废除不平等条约，谋求关税自主，实行保护关税制度，促进工商业发展：

> 当十九世纪中叶，欧美多数国家仅受一工业霸权者（英国）之压迫，已觉大有不可终日之势。今日我国一国，备受全世界强暴工业国家之剥夺，以致农业衰落，工商凋零，航业与凡百交通机关均落于外人之手；财政经济——海关、盐税、银行业等——全为外人所把持，外人之陆军兵舰，可以随意往来

① 王开化:《译者原序》，载李士特《国家经济学》，王开化译，上海：商务印书馆，1927年，第3页。

中国沿海，出入腹地各埠；外人犯罪，不受中国法庭之裁判。诗名为一独立国，实尚不及列强一殖民地。国人于此，所受之痛苦，所怀之感想，果何如乎？

近二十年来，国人感受外人经济之压迫，力谋振兴工商业，然而工商业之凋零如故。所以然者，盖以我国海关为外人所把持，不能实行保护关税制，以高税或禁止其足以妨害国内工业发达之外货故也。是以我国欲谋富强，非振兴工商业不可，非驱除外货在国内市场之竞争，而使国货稳占国内市场莫由。保护关税制者，即驱除外货之良策，保护工商业之利器也，望国人努力谋取消我国与外人所订关税协定之亡国条约，实行保护关税制，则工商业可兴，国家前途庶有豸乎？①

另据《译者原序》，王开化翻译该书的进度较快，译文“但求无背于原意，未遑修饰辞句”②，因此初稿完成后，曾请其郧县高等小学校、郧山中学同学杨献珍（1896—1992）③ 对译文进行润色。根

① 李士特：《国家经济学》，王开化译，上海：商务印书馆，1927年，第2页。

② 王开化：《译者原序》，载李士特《国家经济学》，王开化译，上海：商务印书馆，1927年，第3页。

③ 杨献珍，原名杨奎廷，湖北十堰市人。1913年，入郧山中学，1915年，入武昌商业专门学校，1920年毕业后留校任教，任英文助教。后加入中国共产党，历任中共武汉第三区委委员、山西军政训练处第六队指导员、山西民族革命大学第四分校校长、中共北方局秘书长、北方局党校党委书记兼教务主任、中央党校教务处第一副主任、马列学院教育长。中华人民共和国成立后，历任马列学院副院长、第一书记、院长，中共中央直属高级党校第一书记兼校长，中国社会科学院哲学研究所副所长，中央党校顾问，第四、第五届全国政协常委，中央顾问委员会委员。有关杨献珍的生平，参见关山：《杨献珍生平年表》，载关山编《杨献珍研究资料》，长沙：湖南人民出版社，1987年，第110—125页。

据《杨献珍传》的记述，杨献珍根据《政治经济学的国民体系》的英文译本，不仅逐字逐句对译文进行润色，甚至重新翻译了某些语句，还与商务印书馆联系该书出版事宜。对此，《杨献珍传》载："1925 年，杨献珍的好友、正在德国杜平根大学留学的王开化，翻译了一本德国经济学家李斯特的著作《政治经济学的国民体系》，把译稿寄给杨献珍，希望杨献珍为他校阅和润色加工后，联系出版。李斯特的这本书是以资产阶级观点宣扬贸易保护主义的。杨献珍虽然很清楚中国的问题主要不在于是否实现保护关税，而是要从根本上推翻帝国主义和封建主义对中国的统治，但是，由于当时中国海关为外人把持，外货充斥市场，严重阻碍民族工商业的发展，提倡贸易保护主义，还是有重要意义的。因此，他也十分赞成出版这本著作。加上王开化是杨献珍幼年时的同学，两人关系很好，友谊深厚，现在，王开化既然要求杨献珍为他校订译稿，杨献珍自然不能推辞。可是，杨献珍不懂德文，无法根据德文原著来校订译文。后来，杨献珍在商大图书馆借到了一本英文版的李斯特《政治经济学的国民体系》，对照译文读了一遍，发现王的译稿虽然没有违背原意，但因他的中文功底不深，文字粗糙，语句生硬，距离出版水平还很远。杨献珍只好按照英文版本逐字逐句地整理润色，有些地方重新翻译了一遍，并改名为《国家经济学》，然后署上译者王开化的名字，寄给商务印书馆。商务印书馆不久出版了此书，并寄来稿酬六百块银元。"①

---

①《杨献珍传》编写小组编写：《杨献珍传》，北京：中共党史出版社，1996 年，第 19—20 页。

此外，卷首有时任驻德公使魏宸组（1885—1942）[①] 于 1925 年 6 月为该书所作之序，重点强调李斯特经济学说对于中国的借鉴意义：

王开化君以所译李士特《经济学》征序于余。李氏之书主张以保护政策，奖励国内实业，抑遏外货。夫以实业未全盛之国家，欲使本国不为他人市场，则保护政策尚已。李氏，德人，其时德国实业幼稚，加以国内税卡遍设，关税废弛，故其说深足重视。然以视中国今日情形，则又不啻为中国道也。中国关税不得自由增订税率，重以国人日趋欧化，至使外货充斥，国内工业因之失败，生产力弱，凡百所需，仰给于人，则李氏之说固宜为中国所当采法者矣。以中国人口之众，土地之大，物产之富，使得尽力从事生产，受其赐者岂惟一国。乃今日列强囿于目前私利，竟多方束缚，使此世界四分之一人口不能发展其固有之能力，损失之大，经济学者宁能忽之。然则保护政策，殆又非仅为一国利害计也。王君译此书以飨国人，深望国人能细察之。抑更有说，中国以受不平等条约拘束，保护政策能行与否，全视国人自觉心为转移，众志成城，亦在国人奋勉而已。若只图小近，乐于苟安，不谋根本之方，且托庇外人，助长外力，辇巨金以实外库，逞私忿以召外侮，滔滔者自

① 魏宸组，字注东，湖北武汉市人。1903 年起，留学法国、比利时，其间加入中国同盟会。辛亥革命后，历任临时政府外交部次长，国务院秘书长，驻荷兰、比利时等国公使，国际联盟全权代表。1921—1925 年，任驻德公使。后督办全国国道筹备事宜，任驻波兰公使。

速灭亡，保护政策将何托哉！此又读斯译者所当猛省者也。[①]

9月

胡汉民在《中央半月刊》第1卷第7期发表《三民主义的连环性》一文。[②]《中央半月刊》是中国国民党中央执行委员会宣传部创办之周刊。该文第三节《帝国主义是反革命势力连环的结晶》，论及十九世纪国家主义过渡到帝国主义之处，将李斯特国家主义经济学说视作其在经济领域的表现：

> 国家主义，是以民族求独立自主为其本意的，而帝国主义是以白种人征服有色人种为其本意的：这两种主义在理论上固有其不能相容之点，但是自有经济的国家主义发展的事实做了十九世纪的重心，则本来求政治的独立自主的国家主义，便很容易地转为侵略他人或防制他人独立自主的帝国主义。在这一事实的枢纽转移的时候，欧洲的经济学也起了转变。从前代表自由主义和放任主义的英法正统派经济学，如英国曼彻斯德学派等，现在就变为受一般国家主义的经济学者之掊击。代表这新兴一派的国家主义经济学的，就是德国李士特（Friedrich List）。他的中心思想，力訾自由主义之不当，而着重国家的永久性和整一性，从而推论国家的安全和福利，必须健全的经济政策管理私人的工商事业。个人的利益必须听命于国家的需

① 魏宸组：《魏序》，载李士特《国家经济学》，王开化译，上海：商务印书馆，1927年，第1页。

② 胡汉民：《三民主义的连环性》，《中央半月刊》第1卷第7期，第1—13页。

> 要；所以保护政策，实为培植工商业而使之平衡发展的必要手段。李氏这种学说，实与当日的时代精神相调协，所以他便成为欧洲大陆经济学派的创始者。与这种学说同时风行的政治现象，在劳动方面，起了劳工立法的要求；在资本家方面，则有保护税制的呼吁；在社会方面，有社会改良运动的勃兴；这一切，都见露了帝国主义猛足的进展。①

胡汉民上述对于国家主义经济学和李斯特经济学说的概述，在很长一段时间内，成为国民党相关人士认识和分析李斯特经济学内涵的理论依据。

殷寿光著《中国国际贸易》一书由世界书局出版。该书第二章《国际贸易政策》第三节《新重商主义》，提出欧洲大陆因反对英国自由贸易政策而逐渐形成的新重商主义，实质上就是保护政策，而这一学说倡于李斯特，并概述其有关运用国家保护政策发展国内经济的主张。

10 月

朱世龙在《新国家》第 1 卷第 10 期发表《保护贸易主义与中国》一文。作者站在当时风头正盛的国家主义的立场上，认为自由贸易主义“非弱国经济发展的福星，实强国经济侵略的护符”，进而提倡中国应该采行以李斯特为代表的贸易保护主义。文中，朱世龙从“国民经济本位论”“国民经济发达的顺序论”“生产力说”“养育税论”“德意志统一论”五个层面，相对详细地叙述了李斯

---

① 胡汉民:《三民主义的连环性》,《中央半月刊》第 1 卷第 7 期，第 1—13 页。

特《政治经济学的国民体系》的主要论点及其贸易保护主义主张的合理性，并由此出发，提出今日的中国与当时的德国处境并无太大差异，应该从李斯特贸易保护学说中汲取营养，从“外抗经济侵略”“发展幼稚工商”“增加财源”“挽回利权”“发展国民才智”“救济失业”“巩固国基”七个层面发力，最终达到发展国民经济的目标。

文末，朱世龙高声疾呼：“我国必要采取保护贸易主义已属毫无疑义。读者尚有以为自由竞争的利益可以促进工商的改进吗？但此乃就未来说法，不足语现在。若我国的工商业经过一段保护主义实施的保护，根基已固，则不妨驱其与外国竞争，藉收改进的效果。但在当前，则正须采李斯特的主要：‘宁愿牺牲一时的利益而保养其本国的生产力，图永久发展的伟基，树国家百年的大计。’这是我们应该牢牢记取的。”①

12 月

堀江归一著、王首春译《国际经济总论》一书由商务印书馆出版。该书为《经济丛书》之一种。作者在第四章《外国贸易和国际共通经济》中，从生产力发展的角度对李斯特关税保护学说进行阐释。

1928 年

1 月

《时事新报（上海）》于本月1日在《书报春秋》栏目刊登商

---

① 朱世龙：《保护贸易主义与中国》，《新国家》第1卷第10期，第15页。

务印书馆最近出版新书目录，第二种为王开化《国家经济学》，定价2元。

赵兰坪编《近代欧洲经济学说》一书由商务印书馆出版。该书为商务印书馆《经济名著》丛书之一种。全书以经济学家为中心，概述十八世纪后期至十九世纪后期欧洲经济学说的代表性观点。该书的侧重点为自由主义和社会主义两大经济学流派的人物和学说，历史学派所占比重不大。第七章《李士特之经济学说》概述其生平、论著，并从国家主义和生产力说两个层面概述其经济学说的特点。

2月

唐庆增于本月10日、11日在《新闻报》栏目《学海》发表《经济学中之历史学派》一文。在论及历史学派的前驱人物之处，作者认为李斯特“至为重要，为研究西洋经济思想者所不可不知”①，并从国家观念、经济发展阶段、保护政策、生产力学说四方面概述其对于历史学派经济学说做出的贡献。

4月

王去病于本月8日在《民国日报·觉悟》发表《读常乃悳先生的〈中国民族与中国新文化之创造〉》一文。针对常乃悳发表于《东方杂志》第24卷第4号《中国民族与中国新文化之创造》中“政治运动常是由文化运动产出来的果”，以及文中所述“例如德国的统一由于十八世纪初年民族主义思想的澎湃，菲希脱、歌德、席勒、李士特诸贤哲之努力”，作者质疑这种将政治运动、文化运

---

① 唐庆增：《经济学中之历史学派》，《新闻报》1928年2月10日，第3版。

动分而视之的做法，提出在当时的中国，“当看作一事”。[①]

《杭州民国日报·副刊》第28—29期发表佚名《李士特论“汉萨同盟”的经济状况——译李士特〈国家经济学〉第二章》。作者相关信息现不可考，但文末刊出作者致编辑部短札：

> 编辑先生：
>
> 上面这一篇旧日的翻译，希望你能大量地在《副刊》中容纳了他。说来惭愧，我已经整整一年没福再从事于世界经济名著的浏览；外国文也很荒疎。其实在这一切提倡中国固有的情形之下，外国文本已先帝国主义而为一般青年所吐弃的了。听说李士特的全书已由商务印书馆翻译出版，我这片段的翻译，在我个人，不知怎的总还觉得有点留恋。不揣冒昧的寄来发表，不仅笑脱了牙齿而已吧！[②]

由此可知，作者至迟在1927年左右，已将《政治经济学的国民体系》第一编《历史》第二章译出。

6月

君实于本月6日、7日、8日、9日、10日、11日、12日在《时事新报（上海）》发表《历史上的一页》一文。该文从各个方面相对详细地讨论德国统一的历史过程。其中，在论及1834年前

---

① 王去病：《读常乃悳先生的〈中国民族与中国新文化之创造〉》，《民国日报·觉悟》1928年4月8日，第1版。

② 佚名：《李士特论“汉萨同盟”的经济状况——译李士特〈国家经济学〉第二章》，《杭州民国日报·副刊》第29期，第116页。

后德意志关税同盟成立之处，作者高度评价了李斯特等人发挥的作用："这一个时期工作，实是最荣耀且最艰巨的，经济学家李士特从美国旅行归来，极力提倡整顿有组织的生产能力，全德人士对他们的呼声，有深切的感动。"①

8月

赵兰坪撰述、吴敬恒校阅《社会主义史》一书由商务印书馆出版。该书为商务印书馆《新时代史地丛书》之一种。书中，赵兰坪对社会主义的介绍和分析，涉及早期法国和英国的社会主义、1848年法国的社会主义及国家社会主义、马克思主义、基尔特社会主义、工团主义、布尔什维克主义。其中，作者认为国家社会主义是结合国家主义经济学与一般社会主义思想而成，李斯特则是国家主义经济学派的领袖，其反对世界主义和自由贸易，主张经济政策需从本国实际经济环境出发和重视国家在促进经济发展中的作用的学说，启发了国家社会主义主张动用国家权力来改革社会的思想。在勾连以李斯特为代表的国家主义经济学与国家社会主义之间联系的同时，赵兰坪也指出两者的差异，前者"所欲解决的是生产问题，所以对于私有财产制度，不主张根本变革"，而后者解决的则是分配问题，主张将私有财产收归国有。②

11月

李璜著《历史学与社会科学》一书由东南书店出版。李璜认为十八世纪和十九世纪初期的社会科学家执着于寻求探究一成不变的公理和公律，而从十九世纪后半叶开始，从历史角度出发的社会科

① 君实：《历史上的一页》，《时事新报（上海）》1928年6月11日，第4版。
② 赵兰坪撰述：《社会主义史》，吴敬恒校阅，上海：商务印书馆，1928年，第41页。

学家则不再奉理论为圭臬，尤其是经济学，“便是得力于科学的历史学家这种启示，而日求近于科学的境界”。[①] 对此，李璜通过对比诞生于十八世纪的自由学派和兴起于十九世纪的历史学派的差异，来论证社会科学的这一演进。他认为自由学派“只不过是纯理论的经济学说，而少事实的经济研究”，继之而起的历史学派的主张，则是“随着史事变迁而含相对性的”，并云：“此派以德人李斯特发其端，首从社会进化阶段上，去建设他的经济学的统系，亚丹斯密的学说便为之动摇。”[②]

刘秉麟编《经济学》一书由商务印书馆出版。该书为商务印书馆出版的新学制高级中学教科书之一种。全书分《绪论》《经济社会的变化及各国的经济状况》《经济的理论》《公共财政》《经济问题》五编。作者在第一编第四章《经济学的派别》中，将李斯特与亚当·斯密、马克思并列为经济学诞生之后的三大经济学流派的代表。书中，刘秉麟告诉修读经济学常识的高中学生，“历史学派的成立，实因正宗学派的学说，有不能十分贯澈的地方，代表这一派的首领，实为李士特（F. List）”[③]，并从李斯特对于自由学派的世界主义和个人主义的批评、国家经济观念、生产力说三个方面，阐述了其经济学说的内涵，较为贴切扼要。

此外，该书卷末开列各类参考书籍，在“经济学上各派的基本书籍”一项之下，附有《政治经济学的国民体系》的版本情况，云：“本书共分四编：第一编为各国经济史；第二编为经济学理，

---

① 李璜：《历史学与社会科学》，上海：东南书店，1928 年，第 14 页。

② 李璜：《历史学与社会科学》，上海：东南书店，1928 年，第 14—15 页。

③ 刘秉麟编：《经济学》，上海：商务印书馆，1928 年，第 41 页。

即阐明其国家观念与生产力说；第三编为经济学上各派学说的批评；第四编为经济政策。第一版出现之日，系一八四一年。其德文原本由Stuttgart出版，并附以Th. Eheberg之最有趣味的绪论。最近所通行的为Jena出版之廉价本，由H. Waentig为之作绪论，以绍介于群众者。其由英文出版者有二种，一系一八五六年美国方面出版之译本，译者为G. A. Matile，序者为S. Colwell，一系英国方面出版之译本，译者为S. Loloyd，序者为J. S. Nicholson。中文译本名《国家经济学》，系王开化译。”①

熊子奇著《中国革命的出路》一书由上海现代中国社出版。第三章第三节《大陆的保护贸易》，引述李斯特反对英国借由自由贸易而对德国进行经济剥削的历史，论述中国应当实行保护贸易政策，以实现经济独立和民族复兴的正当性。

张和著《经济学纲要》一书由上海法学社出版。该书为上海法学社《考试丛书》第二种，“供读者在考试前预备”②。书中，作者不仅在叙述近代经济学理论谱系时，介绍十九世纪中叶的新重商主义“为德人李斯特所创，以保护关税为目的”③，而且具体到国际贸易方面，作者明显倾向于李斯特经济学说中最为国人熟知的保护贸易政策：“以理论讲，当然是自由贸易政策好，这种才可以促起各种实业的发达，得到分工的可能，达到合作的精神，而有相对的利益，这才是大同的实际。不过以实际讲，现在有积极的经济侵略政策的帝国主义，怎好讲自由贸易政策呢？否则，岂不要强食弱肉

① 刘秉麟编：《经济学》，上海：商务印书馆，1928年，第369页。
② 张和：《经济学纲要》，上海：上海法学社，1928年，第1页。
③ 张和：《经济学纲要》，上海：上海法学社，1928年，第13页。

吗？所以关税保护政策，现在还是必要的一点。”①

1929 年

1 月

孙科在《中央周报》新年增刊发表《铁道事业与中国之前途》一文。文中，孙科在论述从国民经济角度看待一国经济发展的重要性时，批评时人对于李斯特经济思想的认识不够全面，过分关注涉及对外贸易的保护关税，忽略其重视铁路建设的意义：“李氏学说，一面主张保护关税，一面更提倡交通之发展，对铁道之建设，更竭其全力以鼓吹之。盖阻碍外货之输入，为消极之事，所重者，在积极的发展交通，助长生产，而后外货虽不输入，有本国货以为之替代，而消费者可不受影响。近人之言李氏学说者，往往仅详其保护关税之说，而忘其提创铁道之功，是犹鹏失一翼，虽万里之才不能高举。李氏有知，死不瞑目矣！”②

朱公振著《世界新主义评论》一书由世界书局出版。该书与前揭《现代新主义》，除书名不同外，内容基本相同。书中国家主义部分，文字全部袭自前揭李璜阐发李斯特经济学说与国家主义经济政策关系之《释国家主义》一文。

3 月

吴其祥著《帝国主义与国际经济》一书由新生命书局出版。在

① 张和：《经济学纲要》，上海：上海法学社，1928 年，第 78 页。

② 孙科：《铁道事业与中国之前途》，《中央周报》新年增刊，第 26 页。孙科时任考试院副院长兼铁道部部长，此文在《中央周刊》发表后，1929 年间，先后为《平汉铁路公报》《开丰汽车公司月刊》《寰球中国学生会周刊》《湖北省政府公报》《铁路公报》《京报》《交大三日刊》等刊物转载。

第一章《帝国主义在历史上的演进》中，作者提出从十九世纪后半叶起，随着欧美工业强国因生产过剩，在殖民地倾销商品，掠夺工业原料和开拓投资机会的程度愈发激烈，经济思潮亦随之变化。具体来说，就是以李斯特为代表的新重商主义取自由贸易而代之，并将欧美工业强国逐步导向帝国主义经济侵略的轨道之上，云："李氏以为国家是一个连续而最为重要的个体，它的利益必须加以制裁，使导于正规。国家的幼稚产业，须加以扶植，使各业共同达到调和和壮健的发展。欲达到这个目的，自然要采行保护关税。要缓和工人的反对、不安，就要制定劳工法等。结果，国家就有权力统辖工商业。而工商业又处处假定以国家的福利为前提，这样不自然而然的一步步向着帝国主义经济侵略上跑。"① 吴其祥的这种论调，明显袭自前揭胡汉民《三民主义的连环性》一文中对于李斯特国家主义经济学与帝国主义关系的阐发。

4 月

刘英士著《欧洲的向外发展——帝国主义研究之一》一书由上海新月书店出版。② 作者在该书第一章《引论：向外发展的原动力》第六节《老百姓吃的催眠药》中，批评李斯特国家主义经济学说是德国人民误服的催眠药："所谓国家主义的经济学，也是近代西洋人，尤其是饱受其赐的日耳曼人，不幸而误服的催眠药。你若听信了李士特一派的国家经济学说，你便会在不知不觉之中，相信宇宙间真有所谓'国家的财富'的存在，而且这种财富是可以用占据肥

① 吴其祥：《帝国主义与国际经济》，上海：新生命书局，1929 年，第 20—21 页。
② 据作者在该书卷首序言中自述，该书是其分别在南京中央党务学校、暨南大学讲授欧洲民族侵略世界史、帝国主义国家向外发展史两课之讲义。

饶的殖民地或用获得落伍国家的各种有利的让与来增加数量。”①

文公直著《帝国主义对华之侵略》一书由新光书店出版。在第一章《帝国主义发生之原因及其目的》中，作者认为帝国主义的产生在思想上与经济上的“国民主义”存在关联，而李斯特则是此种“经济的国民主义”最为著名的代表。在作者看来，国民主义本来与帝国主义在性质上是“绝对相反的”，国民主义在政治上促进了各国国民的独立，“但在经济上，则促进了那与国民独立完全相反的帝国主义的发展”。② 而之所以如此，则是因为历史进入十九世纪后半叶，自由放任的政策已经失灵，工人阶层要求获得劳动保障，实业界要求关税保护，社会改革家也要求制度变革，最终促生出以整体国民利益为重的国民经济学，而李斯特提倡的保护贸易政策，正是“根源于国民经济的理论”，而“帝国主义的主旨，是为国民谋经济发展的”，因此国民经济学的理论“不知不觉中便为帝国主义张目”。③

6月

蔡庆宪编《经济思想小史》一书由大东书局出版。该书为大东书局《近代经济丛书》第一种。书中，作者在概述李斯特本着国家主义立场批评古典学派的世界主义、自由贸易和国际分工之处，不仅称赞李斯特“解释生产力和非物质资本的学说，实居最超越最成功的地位”，而且认为德国后来的铁路、领土等“凡所以发展德国

---

① 刘士英：《欧洲的向外发展——帝国主义研究之一》，上海：新月书店，1929 年，第 28 页。

②③ 文公直：《帝国主义对华之侵略》，上海：新光书店，1929 年，第 13 页。

国家主义的，都是基于李氏的学说”。①

姚嘉椿在《国立中央大学商学院丛刊》第4期发表《从保护贸易与自由贸易政策讨论中国今后应取之方针》一文。在论述保护贸易主义在欧美各国的发展之处，作者提出李斯特反对自由贸易主义“论调为最著”，注重历史的研究，“故一时论保护贸易者，莫不以李氏所著之《经济学之国民的制度》（*Das Nationale System der Politischen Oekonomie*）为主”②，并简要介绍其“国民经济本位论”“国民经济发达顺序论”“生产力说”“保育税论”等经济学主张。总体而言，作者认为采行保护贸易政策，“当并视一国之教育及康健，尤当重视于生产力方面”，尤其是对于处于落后状态的中国而言：“当然有采取保护政策之必要，然保护之范围不可失之太宽，或失之太狭；保护之程度不可失之过高，或失之过低。庶几本国产业因保护而发达，因奖励而振兴，不仅中国幸甚，抑世界幸甚矣！”③

7月

小川市太郎著、李祚辉译述《经济学史》一书由上海太平洋书店出版。在第四章《最近代》第三节《非正统派》中，作者认为，较之德国其他“徒追慕过去之制度”而反对亚当·斯密学说之经济学者，以李斯特为代表的保护贸易学派则别开生面，“以犀利透彻

---

① 蔡庆宪编：《经济思想小史》，上海：大东书局，1929年，第68—69页。

② 姚嘉椿：《从保护贸易与自由贸易政策讨论中国今后应取之方针》，《国立中央大学商学院丛刊》第4期，第6页。

③ 姚嘉椿：《从保护贸易与自由贸易政策讨论中国今后应取之方针》，《国立中央大学商学院丛刊》第4期，第22页。

之眼光观察新时代之实际经济状况，排斥亚丹斯密氏走入极端之思想，而为经济思想上开一新生面”①，并重点概述其国民经济、经济发展五阶段说以及对近代德国经济发展和经济学理论的贡献。值得指出的是，作者尽管赞扬李斯特“主张之健全，诚不失为有价值之学说”，但也指出其学说之问题，批评其“对于社会精神生活改良之方面似不甚措意，公私方面均有拜金主义之倾向，而不能脱除昔日重商主义之臭味”，美中不足。②

8月

王云五在《市政月刊》第2卷第8号发表《提倡国货与抵制外货》一文。该文以德、美两国相关历史为例，指出李斯特“为保护关税之要求，其目的在藉此扶助本国之幼稚工商业，并抵制舶来货，以与英国相竞争”，最终达到“不仅屏舶来品于德国市场之外，且使德国货殖势力及于全世界市场上”的巨大成效，以之论证中国当时可以通过抵制外国商品在华倾销来保护国产商品、发展实业。③

9月

安倍浩著、李大年译《经济思想十二讲》一书由上海启智书局出版。该书为启智书局《社会科学丛书》第五编。上册共六讲，前五讲分别为《重商主义》《中农主义》《亚丹·斯密士的〈国富论〉》《马尔萨斯的人口论》《李嘉图的经济学原理》，第六讲则为《李士特的保护贸易论》，下分《李士特的生平及其业绩》《李士特

---

① 小川市太郎：《经济学史》，李祚辉译述，上海：太平洋书店，1929年，第193页。

② 小川市太郎：《经济学史》，李祚辉译述，上海：太平洋书店，1929年，第197—198页。

③ 王云五：《提倡国货与抵制外货》，《市政月刊》第2卷第8号，第14页。

国民经济的意义》《李士特的生产力说》《李士特的保护贸易说》《李士特与德国历史学派》五节。

10 月

胡石明著《帝国主义殖民政策概要》一书由大东书局出版。据作者自述，该书“依据大学院颁布之党义课程所编，足供一学期二又二分之一学分之讲授”，且“除供学校采用教本之外，适于民众之阅读及研究社会科学者之参考”。[①] 第四章《十九世纪中国外交失败史概论》第四节《商业权力的扩大》叙及近代西方资本主义政策之处，指出李斯特经济学说所扮演的角色：“近代资本主义的发展，已由自由竞争时期进到独占，又因欧洲各国抵抗英国资本主义的侵略，在李士特（List）提倡之下，又有新重商主义（Neo-Mercantile System）的兴起，在本国及各殖民地保护关税政策又重新抬头而为各国所采用，就是首用自由贸易之英国，在本国及殖民地亦趋向新重商主义而由特惠关税之规定。”[②]

住谷悦治著、宁敦五译《社会主义经济学说史》一书由上海昆仑书店出版。该书第一篇《经济学说史的概观》第二章《经济学说史之发展的理解》第五节《历史学派及其特性》，提出李斯特《政治经济学的国民体系》标志着历史学派的诞生。

《山东民国日报》本月 13 日刊载商务印书馆发布的《初高级商业学校教科及补充用书》：“经济原理”共 10 种，包括王开化所译《国家经济学》；“经济史及经济学史”共 6 种，包括刘秉麟著《李士特经济学说与传记》。

---

① 胡石明：《帝国主义殖民政策概要》，上海：大东书局，1929 年，第 1 页。
② 胡石明：《帝国主义殖民政策概要》，上海：大东书局，1929 年，第 66 页。

《实业杂志》第144期转载姚嘉椿在本年6月发表于《国立中央大学商学院丛刊》第4期之《从保护贸易与自由贸易政策讨论中国今后应取之方针》一文。

11月

李权时著《自由贸易与保护关税》一书由东南书店出版。该书为东南书店《经济丛书》之一种。书中，李权时认识到，当时中国工商业落后，而世界工业强国竞相实行形形色色的保护政策，“保护本国农工商业的政策自越来越套上一个文明的假面具”，因而“我们虽无论如何相信自由贸易主义为全人类的福音，但是处此四面楚歌都是保护政策的呼声与事实的重围中”①，更加倾向于保护政策。在这种思想倾向主导下，李权时不仅在卷首凡例中明确说明该书“阐述保护关税政策的理论特详，而于李斯特的生产力说节录尤不嫌其详”②，而且专门从生产力角度介绍李斯特保护主义经济学的篇幅占了全书一半以上。该书共从十八个方面解释李斯特生产力学说的内涵，分别是“生产财富之力较财富本身更为重要”“生产力不仅是劳力”“生产力说与价值说之区别”“欲养成一国之生产力必须暂时采行保护贸易政策”“欲一国之生产力联合起来必须暂时采行保护贸易政策”“欲养成一国的生产力必不能专让私人之自为保护”“保护贸易政策不能酿成国内工业之独占”“保护关税在养成一国的生产力之后其目的在增加一国之独立与势力”“工业国人民的品质较优于农业国人的品质”“发展一国的工业能供养较多之人口”“制造力与国家之天然生产力”“制造力

---

① 李权时:《自由贸易与保护关税》，上海：东南书店，1929年，第32页。

② 李权时:《自由贸易与保护关税》，上海：东南书店，1929年，第1页。

与工具力或物质的资本”“制造力与农业利益”“制造力与商业”“制造力与航业海军权力及殖民事业”“制造力与工作稳定及继续”“保护税为激动国内一切工业最有效之工具”“保护税之方策及保护税率”。

12 月

唐庆增在《经济建设》第 2 卷发表《我国大学校中经济学程问题》一文。对于当时中国大学经济系课程设置，作者提出二十二条建议；其中，第十三条为“经济学名著选读”，并指出“最佳之读本，莫如斯密斯《原富》（Adam Smith：*The Wealth of Nations*）、李斯特《国家经济学》（List：*National System of Political Economy*）、巴维克《利息正论》（Böhm Bawerk：*The Political Theory of Capital*）、马克斯《资本论》（Marx：*The Capital*）”[①]，建议经济系学生审慎读其原文，了解其意义，再加以揣摩与批评。

是年

凯尼斯著、柯伯年译《经济学方法论》一书由南强书局出版。第二章《经验法》第三节《差异法底独立的运用》、第五章《历史法》第五节《经济定理在历史研究中的功用》，引述李斯特运用“迹后法（à Posteri Method）”揭示十九世纪以前英国在商业上的优势地位实际上源自其采取的干涉政策，以李斯特《政治经济学的国民体系》中对于各国历史之叙述为例，说明“理论的先见，虽有很大的用处，然也有很大的危险”。[②]

---

① 唐庆增：《我国大学校中经济学程问题》，载《经济建设》第 2 卷，第 222 页。
② 凯尼斯：《经济学方法论》，柯伯年译，上海：南强书局，1929 年，第 146 页。

1930 年

1 月

李权时著《青年学术讲座·经济学》一书由上海黎明书局出版。据黎明书局在卷首对于该书内容所作介绍，该书是高级中学的教科书，目的是给开始接触经济学的学子提供正确的经济学知识和概念。作者在第四章《人类的交易经济行为》中指出，人类社会的国际贸易政策共经历闭关自守、极端的保护政策或重商主义、自由贸易政策、新重商主义或保护政策等四个阶段，并将李斯特作为新重商主义阶段的代表，简要介绍其保护政策的要点。

毛起鹏编著《经济学问答》一书由大东书局出版。该书为大东书局《考试必携百科问答丛书》第八种，功用是充当“中等学校补充读物”及为学生“预备应学校考试，及预备应文官考试之参考资料”。[①] 第一编《经济学底基础观》设置的第 11 个问题为“问经济学的历史是怎样发展的”，而拟定的答案首先概述以亚当·斯密为代表的自由主义经济学，其次则为李斯特之学说继之而起，云：“不过到了十九世纪中叶，有德人李斯特出而反对之，而创保护关税论或新重商论。”[②]

2 月

中国国民党中央宣传部以李斯特《国家经济学》“宣传国家主

---

① 毛起鹏编著：《经济学问答》，上海：大东书局，1930 年，第 2 页。
② 毛起鹏编著：《经济学问答》，上海：大东书局，1930 年，第 9 页。

义”为由，通令全国查禁该书及其他所谓“国家主义派刊物”。[①]

3月

寿勉成在《新生命》第3卷第3号发表《三民主义与合作运动》一文。该文在论及合作运动与民族主义之处，指出合作社与民族经济的关系非常密切，而民族生产力的培植与民族经济政策的自主是构成民族经济的两大要件。对此，作者提出“关于民族之生产力的学说，以李士特之《国家经济学》为最透彻”，并转引刘秉麟《李士特经济学说与传记》中的内容为此点之据。同时，针对中国农业和工业双双落后的现状，寿勉成呼吁：“我们要补救这种畸形的生产状态，自非采用相对的保护政策不可。保护贸易的方法，大部以进口税则为惟一关键。”[②]

武堉干著《中国国际贸易概论》一书由商务印书馆出版。该书为《国立中央大学丛书》之一种。第八章《由关税制度上观察中国国际贸易》第一节《关税政策之重要》，简述李斯特鼓吹之保护贸易主张对于德国十九世纪中叶前后关税政策和本国产业的影响。

4月

王造时在《新月》第3卷第4期发表《中国问题的物质背景》一文。在该文第五节叙及中国的工业问题之处，王造时提出人类经济发展的历史大致经过“家庭经济”“市镇经济”“国家经济”三个阶段。而在讨论中国的“国家经济”时，他首先交代其与李斯特国家经济的区别，即“李士特所谓国家经济，乃对英国经济学正统

---

① 中国国民党中央宣传部编：《中央取缔社会科学反动书刊一览》，南京：中国国民党中央宣传部，1936年，第25页。

② 寿勉成：《三民主义与合作运动》，《新生命》第3卷第3号，第4—5页。

派所鼓吹的世界经济而言，主张关于必要的产品，国家应该自给，不应如正统派所说，根据地利分工的办法，倚靠别国的产品”，而其所谓国家经济，则非关乎国家自给，而是指“国家为经济的单位而言”。①

杨汝梅著《民生主义经济学》一书由中华书局出版。据作者在《例言》中交代，该书是“在国立北京法政大学及其他数校之讲义”的基础上成书，目的是“折衷于民生主义，以期适合训政时期教材之用”。② 作者对于李斯特经济学说的历史贡献评价较高，认为其契合中国发展经济之需要。卷首开列参考书目多种，亦包括王开化译《国家经济学》，云：“此书根据当时历史上之事实，说明工商业幼稚国家实行保护关税之利益。德、美各国工业之勃兴，此说有力焉。吾国实业幼稚，为发达实业计，在今日犹当以此说对症之良药。”③ 该书第一编第二章《各种经济学派之态度》中论及历史学派之处，则以“里士特学说”为首，并将李斯特及其经济学说概括为“里士特实为一国家主义之经济学者，彼之批评正统学派，重在反驳其个人自由主义及世界主义，而以建设国家政治经济学为主旨者也”。④

因拉格门著及胡泽、许炳汉译《经济学史》一书由商务印书馆出版。该书为商务印书馆《万有文库》及《汉译世界名著》之一种。在该书第五章《近世第三期：天然自由制度》中论及德国相关

① 王造时：《中国问题的物质背景》，《新月》第3卷第4期，第25页。
② 杨汝梅：《民生主义经济学》，上海：中华书局，1930年，第1页。
③ 杨汝梅：《民生主义经济学》，上海：中华书局，1930年，第8页。
④ 杨汝梅：《民生主义经济学》，上海：中华书局，1930年，第36页。

经济学家之处，作者称赞李斯特是一个“有大智能和实行魄力的人”，并将其学说的核心立足于对国家重要性的揭示：“（国家）是各个人的安全、幸利、进步和文明的先决条件；私人的经济利益，如其他一切事物一样，应当谋求国家的维持、完备和巩固。国家有连续的声明，他的真正财富不在于他所有交换价值的数量，而在一国生产能力充分和多方面的发展。”①

6月

《社会科学讲座（第一卷）》一书由社会科学讲座社出版。书中，柯伯年在《经济史底阶级性》一文中以马克思主义为出发点，批评作为资产阶级经济学者的李斯特，将人类经济史划分为游猎、畜牧、农业、农业兼制造、农业兼制造与贸易五个时期，是将食物最重要的来源这种外部因素作为划分依据，“简直对于外面的文化史，都是不充分的”②。

谢镗在《扬州中学校刊》第51期发表《关税保护与中国》一文。③ 作者认为“李斯特是提倡保护贸易的先进，他是一切主张保护贸易思想的导师，言论的指南，一切人的崇奉，正和一切自由贸易主义者的崇奉亚丹斯密，没有两样”④，并从后发国家发展生产力的角度介绍保护主义经济政策的主要内容。至于中国为何需要采行关税保护，作者提出，“倘使我们要研究保护政策是否适宜于中

---

① 因拉格门：《经济学史》第3册，胡泽、许炳汉译，上海：商务印书馆，1930年，第27—28页。

② 柯伯年：《经济史底阶级性》，载社会科学讲座社编《社会科学讲座（第一卷）》，上海：社会科学讲座社，1930年，第169页。

③ 谢镗为扬州中学二年级甲班学生。

④ 谢镗：《关税保护与中国》，《扬州中学校刊》第51期，第11—12页。

国，那么只须拿该政策的提倡者李斯特的学说，与中国现时之情形加以比较，马上可以得到一个梗概”，而他认为当时中国境内关卡林立、工商业发展不振，因此，“中国的现在和德国的过去，的确的相同。那么保护政策的实行，毫无疑义的是必要”。[①]

8月

《四川省立嘉陵高级中学校校刊》第四期重新刊发周伦超《自由贸易说与保护贸易说之比较观》一文。

9月

王世颖著《合作事业》一书第三版由黎明书局出版。在该书第三版中，作者将寿勉成本年3月发表于《新生命》第3期第3号之《三民主义与合作运动》一文以附录形式收录于该书。该书为合作专门学校及高级中学之教科书。

章植著《土地经济学》一书由黎明书局出版。该书第五章《农地之利用》第二节《农业人口与都市人口》，讨论乡村人口与都市人口二者谁有利于国民经济发展问题之时，曾介绍李斯特对乡村人口持负面看法之言论。

10月

刘秉麟著《李士特》一书由商务印书馆出版。该书为《万有文库》第一集之一种。该书与刘秉麟于1925年出版之《李士特经济学说与传记》仅在书名上略有改易，章节架构和文字内容均无差异。

萨孟武编述《最新财政思想与财政政策》一书由新生命书局出

---

① 谢锽:《关税保护与中国》,《扬州中学校刊》第51期，第13页。

版。在该书第六篇《意国法西斯党的财政政策》中，萨孟武引述德国学者罗伯·密刻尔斯有关李斯特与法西斯主义关系的相关论述，证明“把国家视为一个经济的生产资本者，乃是十九世纪德国学者共通的思想。法西斯党改革国家的制度，也是受了这个思想的影响”①。

童致桢著、何炳松校《帝国主义史》一书由商务印书馆出版。该书为商务印书馆《万有文库》之一种。在论及西方主义发展历史的过程中，两处提及李斯特。第二章《近代帝国主义发生之原因及其与国家主义之关系》提出：“所谓帝国主义者，即由经济的国家主义或新重商主义递蜕而来者也。十九世纪中叶，德国之经济学者，于此颇多阐发。李士特即为经济的国家主义运动之领袖人物。”② 而第四章《德国之帝国主义》亦言：“十九世纪之谈帝国主义者，数不在少，但专赖理论之力，不足以激励俾士麦之心也。李士特者，有力之国家主义经济学家也，于一八一四年之著作中，有‘殖民事业者，发展制造事业、进出口商业及可贵之海军之最善方法也’之论调……普鲁士之外交官浦秋（Lother Bueher），谓李士特之殖民计划，必须实践。”③

11 月

王禹图著《工业经济学 ABC》一书由 ABC 丛书社出版。作者在该书第十一章《工业政策》第二节《国家对于工业的保护》叙

---

① 萨孟武编述：《最新财政思想与财政政策》，上海：新生命书局，1930 年，第 135 页。萨孟武在篇末注明，该文是从日本学者阿部贤一《财政政策论》第三章节译而成。
② 童致桢：《帝国主义史》，何炳松校，上海：商务印书馆，1930 年，第 20 页。
③ 童致桢：《帝国主义史》，何炳松校，上海：商务印书馆，1930 年，第 34—35 页。

及保护关税之处，概述李斯特保护贸易学说的大致内容及对十九世纪中叶以降欧洲各国贸易政策的影响。

张之杰在《三民半月刊》第5卷第3、4期发表《自由贸易与保护贸易之比较并评论》一文，认为在反对自由贸易主张的诸家当中，“以黎斯特之议论最为详到”，并概述其《政治经济学的国民体系》一书“反对亚丹·斯密派之世界主义，而以国民经济民族主义为本位”的要旨。①

12月

福田德三著、陈家瓒译《经济学原理（总论及生产篇）》一书由晓星出版社出版。在该书第三卷《劳动》第七篇《劳动制度与劳动组织》第三十章《劳动的组织》中，作者提出自亚当·斯密以后，除马克思以外，多数经济学家有关分工的理论，均未能超越亚当·斯密的主张，即使“德国的李士特虽说创过一种新学说，然而据我所见，也并不能说有进步”②。

三、成为常识（1931—1949）

1931年

1月

黄通编《经济史概论》一书由中华书局出版。该书为中华书局

---

① 张之杰：《自由贸易与保护贸易之比较并评论》，《三民半月刊》第5卷第3、4期，第56—57页。

② 福田德三：《经济学原理（总论及生产篇）》，陈家瓒译，上海：晓星出版社，1930年，第146页。

《社会科学丛书》之一种。书中，黄通在讨论经济发展阶段的划分问题之处，尽管称许李斯特国民经济发展五阶段论“最早且最有名”，且“颇善盛名，说明国民经济之发达程序者，数援用之”，肯定了其保护政策的合理性，但整体上仍持批评态度，指出此种划分方式并非李斯特首创，而是因袭自亚里士多德，而且“在学问上不见有甚大的价值”。[①] 在作者看来，李斯特的国民经济发展五阶段论之所以在学术上价值不大，主要是因为以下两点理论上的瑕疵：其一，他认为这种划分方式单纯以人类从事的生产活动命名，“非以经济生活之有机的发达而分类”，不够深入，故而只是一种“皮相的观察”；其二，即使单纯以人类从事的生产活动作为划分依据，亦不能涵盖复杂的生产活动，因此，按照只能算是“生活一样式而已的生产”来区分经济阶段：“其不完全，可知也欤?!”[②]

2月

曹鸿儒著《中国农业经济之发展》一书由三民学社出版。该书为《三民学社丛书》之一种。曹鸿儒在第三节《农业为发展其他各种产业的基础》，批评李斯特将国民经济发展分为五个阶段的观点，认为“考诸事实，则大非如此”，且“这种时代的划分，并非有截然的界限，亦不过标明那一时代某种产业为重要罢了”。[③]

汤麦斯蒙著、朱延丰等译《帝国主义与世界政治》一书由新生命书局出版。作者在该书第三章《欧洲为何担负“白人的责任”》中，论及国家主义的理论之处，首先辨析了国家主义与帝国主义的

① 黄通编：《经济史概论》，上海：中华书局，1931 年，第 2 页。
② 黄通编：《经济史概论》，上海：中华书局，1931 年，第 3 页。
③ 曹鸿儒：《中国农业经济之发展》，北平：三民学社，1931 年，第 6—7 页。

差异和关联之处，认为国家主义“就是在语言上、在‘民族’上，在文化上，或在历史的习俗上，自己视为相同的人民，应当设立一独立主权的国家”，而帝国主义则是“非欧洲的土人，要被完全不同的欧洲国家去统治”，并进一步指出：“这两个主义虽然看来正相反的，而实际后者是经过经济帝国主义，或新重商主义，而由前者脱化出来的。”① 由此，作者进一步论证了李斯特以国家为本位的经济学说与帝国主义之间的关联性：

> 在十九世纪中叶，日耳曼的经济学家，特别尽力发挥这种主义，若我们承认亚丹斯密的《原富》，为自由的英格兰立下了理论上的基础，那末，我们也应当承认里士特（Friedrich List）《政治经济的国家制度》（*National System of Political Economy*; *Das Nationale System der Politischen Oekonomie*, 1841），也为大陆国家之保护主义的政策，立下了根底。里士特于正统派，或“经典学派”的英、法经济学家主义的大前提，就是依照自然律，个人为自私而自由经营，将产生社会全体最大的幸福的论则，痛斥其非是，里氏谓国家是一个继续的，至为重要的实体，其利益必须用良好的实业调理来增进。私人的利益，必须附属于国家的需要。国家的工业、农业与商业，发展到了长成时期，有了一种协调的均衡，才可以把这种税撤废。人们都把里士特当为提倡国家主义的那些欧洲思想家中的一个。而这些主张当时正值局势的逼迫，正相适应。一般工人，要求劳

① 汤麦斯蒙：《帝国主义与世界政治》，朱延丰等译，上海：新生命书局，1931 年，第 46 页。

工法的制定；工业家，要求关税的保护；慈善家，要求社会改革的实行；这些急切的政治势力，都是主张国家政府于经济事务上，要有更大的管理权。在关税方面，在劳工法方面，在社会改革方面，经济国家主义，变成为十九世纪末的时尚了。既然说政府应该增进实业，自然帝国主义就发生了。于是国家政府，为占据首先销售自己过剩制造品的市场计，为保护自己过剩资本的投置计，为得到自己运输货物所需要的商站与煤站计，为获取原料计，便可以正式的在海外去寻找殖民地。这种逻辑，和经济的事实相结合，使帝国主义成为必需的了。①

由此可见，前揭胡汉民《三民主义的连环性》一文中对李斯特学说与帝国主义关系的阐释，实际上即袭自上引之文。

周克明著《经济学与佛学》一书由上海佛学书局出版。该书为《佛学百科丛书》之一种。第十七章《佛化民族观与国家主义之比较》，从佛学的角度出发，评价李斯特反对自由主义、国家主义主张、贸易保护政策，以及其对中国的启示。

3月

朱通九在《经济学季刊》第2卷第1期发表《经济学家的四大流派》一文。该文主要介绍古典学派、社会主义学派、历史学派、新演绎学派的代表性人物和基本观点。在论及历史学派发展之处，作者概述了李斯特的生平、保护贸易学说及后世对其评价。

---

① 汤麦斯蒙：《帝国主义与世界政治》，朱延丰等译，上海：新生命书局，1931年，第46—47页。

4月

百新书店编《图书汇报》第122号“社会科学·经济学”类下著录王开化译《国家经济学》。

刘秉麟《李士特经济学说与传记》一书由商务印书馆再版。

5月

陈绥荪、何环源编译《社会进化概论》一书由新世纪书局出版。该书第五章《经济生活与政治生活的进化》第三节《经济发达阶段说》，介绍了李斯特经济发展五阶段说，但认为：“很少实际的价值，但在以人类食物获得的形式之发展，为抽象的阶段化方面却有价值。”①

伍纯武著《社会经济学》一书由商务印书馆出版。该书为《经济丛书》之一种。《绪论》第二章《经济学的方法》第一节《资本主义经济学者的方法论》，在介绍经济学归纳法之处，认为使用“历史的和归纳的方法来研究经济学者”，始于李斯特，且自《政治经济学的国民体系》于1841年付梓之后，“历史法经济学即随之而兴”。②

6月

陈野萍等编《高等考试财务行政考试大全》一书由直美出版社出版。1931年7月15日至21日，国民政府考试院举行文官高等考试，考试分普通行政、财务行政、教育行政、外交领事、警察行政五类。考前一个月左右，直美出版社组织人员编纂和出版此书，目的是为参加财务行政考试的考生提供参考资料，指导答题技巧。该

---

① 陈绥荪、何环源编译：《社会进化概论》，上海：新世纪书局，1931年，第174页。
② 伍纯武：《社会经济学》，上海：商务印书馆，1931年，第11页。

书按照财务行政的考试科目要求，拟定试题和答案，供考生揣摩。其中，针对在第二场考试中选择回答国际贸易类问题的考生，该书拟定的一个考题为“试述关于国际贸易学说史的发展”，并同时给出答案，按照贵金说、重商主义、重农主义、自由贸易说、保护贸易说的发展线索，概述国际贸易学说的发展历程。其中，其对于保护贸易说的概括，完全以李斯特为论述重点，说：“保护贸易创始于李士特，他主张在国家幼稚的时候，应该用自由贸易，等到经济情况渐进，能够自己制造货品的时候，为防止被外国竞争所压倒起见，就要用保护政策以谋发达进步。再等到已经臻至最高程度的时候，又可以自由贸易为主义。所以国家当看本国的经济制度，应一时的急需，当以保护为唯一的主义。”①

童致桢著、何炳松校《帝国主义史》一书列入商务印书馆《新时代史地丛书》之一种再次出版。

7月

武堉干著《中国关税问题》一书由商务印书馆出版。该书为吴敬恒、蔡元培等主编《新时代史地丛书》之一种，《序言》简要引述李斯特保护贸易主张对于德国关税政策的影响。

8月

李权时编《新中华经济概论》由中华书局出版。该书为中华书

---

① 陈野萍等编：《高等考试财务行政考试大全》，上海：直美出版社，1931年，第28页。高等考试各科，均分三场进行，逐场淘汰，第一、二场为笔试，第三场为面试。具体到财务行政考试，第一场均为必答题，分国文、党义两类题目。第二场分必答、选答两类：必答科目为国民政府组织法、民刑法、行政法、经济学、财政学、会计学、货币及银行论、关税论、财政法规；选答科目为土地法、审计学、官厅会计、中国租税制度、中国田赋史、中国盐政史、中国关税沿革史、中国公债史、国际贸易、经济政策，每人任选三种。

局为高级商科职业学校“经济概论”课程印行的教科书。全书主要据李权时所著《经济学原理》删改而成，分绪论、消费论、生产论、交易论、分配论、公共经济论、世界经济论。论世界经济时，作者概述保护政策的主要内涵，并在小注中介绍了李斯特在保护政策演变历程中的重要地位，云：“保护政策起于十七世纪的重商主义。最初系一种拜金主义的保护，政府惟以保存及增加一国的金银为务，后乃汲汲于贸易的出超，奖励制造品输出，及原料品输入。十八世纪自由贸易说起，保护政策暂时失败。十九世纪初叶，德国经济学家李士特（List）起而提倡保护政策，以为这是适合于工业尚不十分发达的国家的，此说遂又风行于世。今日大多数国家乃采取此项政策。”①

书末，对于中国经济应当采取何种对外经济政策，李权时提出，尽管自由主义经济学纯就理论而言相对更为理想，但他明显受到德国历史学派经济学的影响，指出：“今日的世界经济，并不是真正的世界经济，而是许多国民经济的集合：……我国需要什么政策呢？在鸦片战争以前，我国采取闭关政策，但是现在办不到了。自鸦片之战以后，我国的关税，一向受外人控制，关税率出于各国协定，政出他人，更何策之可言，可说一无政策。最近国民政府费尽心力，关税已经自主，而关税率自民国二十年元旦起，也能自由增减。我国实业如是不发达，外货如是充斥市面，而各国仍然推行其经济侵略政策，那么，保护主义，似乎较自由主义反而适当一些罢！”②

---

① 李权时编：《新中华经济概论》，上海：中华书局，1931 年，第 179 页。
② 李权时编：《新中华经济概论》，上海：中华书局，1931 年，第 182—183 页。

余祥森著《德意志文学》一书由商务印书馆出版。该书为商务印书馆《百科小丛书》之一种。余祥森在该书《概论》中讨论十九世纪中叶前后德国文学发展的时代背景之处，指出当时德国思想界，不仅黑格尔、施特劳斯、施蒂纳等人“洗却从前幻想、浮泛之积习”和“打破旧浪漫派之宗教迷梦”，而且“经济学家（List）之工业化德国，社会主义者圣西门（St. Simon）等之社会化思想界，益使德国文学界出于浪漫、架空之幻想，而入于社会平民之中”，浪漫派文学至此发生政治化。[①]

9月

张良弼于本月1日在《京报》发表《国民经济之发展》一文。该文共介绍经济学上五种国民经济学说，第一种即为“福特理雷司脱之说”。作者概述了李斯特国民经济发展五阶段论，并批评该学说的理论缺陷：其一，“国民经济之现象，除‘生产’而外，尚有‘分配’‘交易’‘消费’等，福氏但就生产方面观察人类经济的生活之发展，于义不完”；其二，“福氏所述之五时代，为各国民于经济组织发展上必经之阶段也。然其说为理论的，究与事实不符也”，因为“德国国民尝言其历史上无渔猎时代，日本国民尝言其历史上无畜牧时代，又绝无工业，（工艺）但有农业之所谓农业时代，绝无商业，（买卖）但有农工业之所谓农工业时代，征之历史，亦无实例”[②]。

区克宣在《现代学术》第1卷第2期发表《德国历史学派经济学溯源》一文。该文主要抄撮奥班《经济学说史》第八章《德国

① 余祥森：《德意志文学》，上海：商务印书馆，1931年，第12—13页。
② 张良弼：《国民经济之发展》，《京报》1931年9月1日，第10版。

的政治经济学》的内容，以亚当·穆勒（Adam Müller）、约翰·海因里希·冯·杜能（Johann Heinrich von Thünen）、菲奥兹·冯·巴对尔（Fyauz von Pamdor）、李斯特为中心，叙述历史学派的发展历程与主张。

12 月

刘炳藜著《社会科学家与社会运动家》一书由中华书局出版。该书为《新文化丛书》之一种，收录十六世纪中叶至二十世纪初法政学家、经济学家、社会学家、教学学家、社会运动家、空想社会主义者、无政府主义者、科学社会主义者、东方民族运动领袖共 37 人。其中，经济学家八人，分别是亚当·斯密、马尔萨斯、李嘉图、李斯特、罗伯尔图、穆勒、马夏尔、庞巴维克（贲巴卫）。该书从“传略”“国民经济学说”“生产力说”“生产力与价值之比较”四个方面，概述李斯特在经济学中的地位。

是年

《私立金陵大学文学院概况》第 1 卷第 1 号公布该校经济系课程要求。1930—1931 学年，该校经济系“西方经济思想史”课程安排，在介绍以亚当·斯密、李嘉图为代表的古典学派之后，介绍与其相对立的各派经济学说，则“首论国家主义派，以李士特之国民经济学为中心”①。

吴瓯著《纺织业调查报告》一书由天津市社会局出版。该书第一篇《各纱厂概况》第六章《营业状况》，在分析天津市内各纺织厂当时经营过程中存在的问题后，引用德、美两国早期工业发展历

---

① 私立金陵大学文学院编：《私立金陵大学文学院概况》第 1 卷第 1 号，南京：私立金陵大学文学院，1931 年，第 54 页。

史勉励国人奋发自强，其中云：“（十九世纪之德意志）实业前途之暗礁，与现时中国之实业界，几同一命运。后经工商界无数之奋斗，乃有关税联盟，以废除往日之复杂税，李士特等更进而有保护关税之要求，以扶植幼稚工业而抵制舶来品。”①

1932 年

1 月

金天锡著《通俗经济思想史要》一书由神州国光社出版。该书第一章《资本主义经济学》第二节《历史学派》第一小节《李士特与贸易保护主义》，概述其反对古典经济学派自由贸易的观点，并介绍李斯特经济发展五阶段学说。

陶百川编著、蔡元培校订《高中党义（第二册）》一书由大东书局出版。该书为大东书局所编《高级中学教本》之一种，第二章《帝国主义的演进》第九节《国家主义》，有关李斯特国家学说之概述，全部袭自前揭胡汉民《三民主义的连环性》一文。

3 月

小纯于本月 22 日、29 日在《京报》栏目《新法学》发表《各国竞争获得殖民地原因之分析》一文。作者认为，西方各国热衷于拓展殖民地，缘由之一即是在学理上受到李斯特国家经济学的影响；当国民经济发展处于第四阶段时，各国为保障本国发展而实行保护政策，贸易壁垒出现，“各国为免除本国因生产过剩而发生经济恐慌，及吸收重要原料计，非居有殖民地不可。故此说实与各国

---

① 吴瓯：《纺织业调查报告》，天津：天津市社会局，1931 年，第 37 页。

竞争获取殖民地，间接有极大关系”①。

4月

朱通九、金天锡著《近代经济思想史》一书由黎明书局出版。该书为《国立暨南大学法学院丛书》之一种。全书共分四章，概述古典学派、社会主义派、历史学派与界限效用派等西方四大经济学流派的发展历程。第四章第四节《李士特与保护贸易主义》，从生平、国民经济学、美国的经济发展、经济发达的五阶段与保护政策、有限的保护主义、物质主义的非难与人口论的反对、重要著作等七个方面，总结了李斯特经济学说产生的背景与重要主张。

5月

基德、理斯特著及陈汉平、于锡来译《欧美经济学说史》一书由神州国光社出版。该书第二编《反对者》第四章《李士特与国家经济学》，为法国经济学家里斯特所撰。全章共三节，分别是《李士特思想与德国经济环境的关系》《李士特思想的渊源及其对于后世保护学说的影响》《李士特实在的创见》。在作者看来，尽管李斯特“在实际政治上和保护学说上都可以说没有显著的影响”②，也未能达到其本质目的，但对于经济学确有一项相当重要的贡献，便是“（李斯特）指出经典学派诸人的弊病，他们太喜欢从他们的学说作成普遍的结论了。将纯粹的理论用到事实，其中间的连接如何必须十分注意，时间和空间的不同也必须切实计算；经

---

① 小纯：《各国竞争获得殖民地原因之分析》，《京报》1932年3月29日，第10版。

② 基德、理斯特：《欧美经济学说史》，陈汉平、于锡来译，上海：神州国光社，1932年，第281页。

典学派完全忽略这些，这是很危险的。李士特的功绩便在说出这层真理来（尤其是关于国际贸易方面），而且恰当其时地说出来了”①。

王亚南在《读书杂志》第2卷第5期《经济讲座》栏目发表《历史学派经济学名著》一文。该文为作者对于李斯特《政治经济学的国民体系》、威廉·罗雪尔（Wilhelm Roscher）《历史方法的国民经济学讲义大纲》的书评。对于李斯特、罗雪尔二人在德国历史学派思想谱系中的地位，王亚南认为："前者着重在实际运动方面，后者则注意于系统理论之成就。就学说之'学'的观点来看，罗夏允称为该学之建立者，但李士特于学理上并非全无贡献。就时间的先后，就讨论的线索，我们讲述历史学派，是不妨把李士特作为该派之先导者。"②

作者对于《政治经济学的国民体系》一书内容的概括，主要从国民经济学的内涵、驳斥正统学派的具体论点、保护贸易主张三个层面展开，所述较为系统翔实，并提出李斯特之所以主张国民经济学和反对正统学派，"无非是要论证他的保护贸易学说的正确"③。值得注意的是，王亚南指出了李斯特经济学方法的内在矛盾之处，李斯特的国民经济发展五阶段论，不仅大部分因袭其论敌亚当·斯密的三阶段划分方式，而且"李士特的经济阶段考案，就全是应用演绎方法形成。他的出发点，原是要把我实际，着重事实，而他的

① 基德、理斯特：《欧美经济学说史》，陈汉平、于锡来译，上海：神州国光社，1932年，第284页。

② 王亚南：《历史学派经济学名著》，《读书杂志》第2卷第5期，第6页。

③ 王亚南：《历史学派经济学名著》，《读书杂志》第2卷第5期，第17页。

归着点，依旧回到抽象的、演绎的、普遍的法理上去了。这种种，只说明了一件事，即徒徒执着事实，那与徒徒驱使观念，是一样弄不清事物的原理”①。

6月

黄卓豪于本月13日、20日在《广州国民日报》发表《李士特的经济学说》一文。作者提出，以李斯特为代表的国家主义学派与个人主义学派、社会主义学派、奥地利学派为世界经济思想史上四大学派，并从国家主义观、其对于个人主义经济学派的批评、生产力说等方面概述其经济学说之大要。

披谷著、陈汉平译《财政学研究》一书由神州国光社出版。该书第二编《租税》第二十章《保护关税》，概述了李斯特保护关税政策的大致内容，以及其对于农业国家发展工业的价值。

10月

开仁编《怎样自修》一书由南强书局出版。该书第十五章《怎样自修社会科学》告诉读者，在按照自己的兴趣选择社会科学中的某一类学问作为专门研究的对象后，一方面要注意学科的历史，另一方面则要精读主要的名著。具体到经济学，该书建议读者应该按照经济学自身发展的历史，在依序阅读重农学派、古典学派和马克思主义学派的经典后，即应精读“历史学派的李斯特（List）的《国家经济学》、罗协（Roscher）的《国民经济学》”。②

杨定宇著《近代经济思想之三大派别》一书由南京书店出版。

---

① 王亚南：《历史学派经济学名著》，《读书杂志》第2卷第5期，第17页。

② 开仁编：《怎样自修》，上海：南强书局，1932年，第218—219页。

该书将李斯特与亚当·斯密、马克思并列为十八、十九世纪之间的三大经济学者。作者以王开化译本《国家经济学》一书为基础，从“国家观念”“生产力说”“保护政策”三个方面，概述李斯特经济思想之特点。

作者对于李氏有关生产力的观点，评价最高，认为李氏所谓“生产财富的能力，比较生产财富更为重要；因为具有财富生产力，不但从前所有，可以保持而增长之，就是从前的损失，也可以培植而恢复”这一点，“实在是李氏学说中最高的见解”。① 作者最后提出：“李氏的思想完全是针对当时德国的环境以及英国工业霸权的势力而发的，绝非无病呻吟。德国在当时本为工业不振的国家，自得李氏之说，而实业与政治皆逐渐进步，即美国共和党纲 Republican Party's Platform 在从前也有很长久的时期是采用李氏的进化保护主义 Evolutionary Protectionism 的，于此可见他的学说所产生的影响之深切与伟大了。”②

11 月

徐嗣同编《社会科学名著题解》一书由中华书局出版。该书为中华书局《新文化丛书》之一种。据编者在卷首《凡例》所述，该书的主要目的在于“把五光十色的社会科学各名著的思想简明地介绍给读者”，以概述内容为主，评论较少。③ 该书共为 65 部入选论著撰写提要，内容涵盖政治、法律、经济、社会等诸多领域，李斯特《政治经济学的国民体系》亦为其中一种，作者主要概括其

① 杨定宇：《近代经济思想之三大派别》，南京：南京书店，1932 年，第 27 页。
② 杨定宇：《近代经济思想之三大派别》，南京：南京书店，1932 年，第 28—29 页。
③ 徐嗣同编：《社会科学名著题解》，上海：中华书局，1932 年，第 1 页。

“国民经济学的意义”“生产力说”“保护贸易论”三个方面的主张。

12 月

福建私立集美商业学校校长陈式锐（厦门大学法学院经济学学士）撰成《李斯特经济学说上之农业与工业》一文。该文尚未见发表之记录，但据《集美商业学校第十组毕业纪念刊》云：“长约万字，对李氏之经济学说作有系统之分析与正确之批评，是研究李氏经济学者中不可多得之杰作。”①

是年

惟夫编著《投考指南》一书由联华书店出版。该书除向报考各大学之中学生介绍各学校历史沿革、学科特色、资格要求外，还附有历年各大学入学考试试题，供考生揣摩练习。其中，私立广东国民大学 1927 年经济科试题明显受到前揭马寅初演讲的影响，要求考生回答：“马克司与李士特之学说若何？试批评之？”②

1933 年

2 月

李权时著《商业教育》一书由商务印书馆出版。该书为商务印书馆《师范小丛书》之一种。第一章《经济的教育观》中，作者以李斯特生产力说为准，分析教育亦是构成生产力的间接因素之一，并引王开化译《国家经济学》中相关论点为据。

---

① 福建私立集美商业学校编：《集美商业学校第十组毕业纪念刊》，厦门：福建私立集美商业学校，1932 年，第 133 页。

② 惟夫编著：《投考指南》，北平：联华书店，1932 年，第 75 页。

朱谦之著《历史学派经济学》一书由商务印书馆出版。该书为何炳松、刘秉麟主编《社会科学丛书》之一种。在第四章《历史学派的经济发达阶段说》第四节《李士特的经济发达阶段说》中，朱谦之以《政治经济学的国民体系》英译本为据，较为详细地梳理了李斯特国民经济发展五阶段论的思想渊源、具体内涵、批评及反对之意见。

3月

王景岐在《复兴月刊》第1卷第7期发表《将来新宪法中三个主要问题》一文。王景岐提出，对于国民教育，新宪法应以培养民族意识为其中一项原则。他认为，语言文字关乎一国民族自信心和民族意识的消长，并引李斯特"语文为一国成立之要素"为据，要求将尊重本国语文列为宪法条文，抵抗列强文化侵略。①

4月

戴行轺著《中国社会科学思想史纲》一书由大东书局出版。该书为中国社会科学会主编《社会科学基础丛书》之一种。作者在第三章《经济思想》中提出，中国在鸦片战争以后即迈入资本主义社会，也随之产生了"回复封建社会经济思想""资本主义经济思想""社会主义思想"三种经济思想。戴行轺认为，马寅初作为资本主义经济思想领袖，"最服膺的是德国的李士特（Friedrich List）氏。他主张重商主义，他主张保护关税，他主张发展资本主义。这无异是想树立国家主义或大国家主义（即帝国主义）。马寅初氏作更进一步所主张的，自然是国家主义者了，他们的主张，这里可引

---

① 王景岐：《将来新宪法中三个主要问题》，《复兴月刊》第1卷第7期，第17页。

陈启天的话，他说：‘应假国家之力开发全国实业，不但为世界消费者，而同时又为生产者，则外资压迫之祸可以稍减，经济操纵之权可以收回矣……切实施行大产业国有制度，则以国家为一国唯一之大资本家故，可减少资本与劳动阶级之悬殊。’他们正似国家社会主义（State Socialists）”①。

简贯三编《袖珍社会科学辞典》一书由著者书店出版。该书附录《中国重要社会科学书籍杂志目录》“经济学”条目下，共开列中外经济学论著7种，王开化译《国家经济学》亦在其中。

5月

萁耕于本月8日在《申报》栏目《经济专刊》发表《论生产力要素分类法》一文。在讨论国家在生产中所发挥的作用之处，作者介绍四种主张“以为国家是生产的”观点，其中就包括李斯特的生产力说，“即谓国家虽不能直接生产价值，但是却能够产生一种生产力以辅助生产”。②

王严编《经济学纲要》一书由南京书店出版。该书为南京书店《中学生升学准备丛书》第九种。第一章《总论》第三节《经济学派各家的态度》，简述李斯特保护贸易、主张干涉等政策主张，并将其经济学说概括为“国家的经济学”，“以建设国家政治经济学为主旨”。③

6月

李鼎声编《现代语辞典》一书由光明书局出版。该书“历史

① 戴行韶：《中国社会科学思想史纲》，上海：大东书局，1933年，第62—63页。
② 萁耕：《论生产力要素分类法》，《申报》1933年5月8日，第16版。
③ 王严编：《经济学纲要》，上海：南京书店，1933年，第6页。

学派”“归纳学派”条下，均提及李斯特在两个学术流派中的地位，如云：“历史学派以归纳法——历史的经验的研究方法为主要的方法论，即属归纳学派，建立者为李斯特。”①

7月

达尔顿著、杜俊东译《财政学原理》由黎明书局出版。该书为黎明书局《社会科学名著译丛》之一种。第十章《租税对于生产之影响》第十一节《分散假定之试验》论及保护关税政策，尽管承认李斯特主张保护关税的理由存在一定的合理性，但批评李斯特假定保护关税政策是暂时性的举措不能成立，认为一旦实行保护关税，不仅在政治实践上极难取消，而且实施时间越长，“则其生产力之损失较之不采用时，也许要大得多”。②

杨家骆著《图书年鉴》一书由中国图书大辞典编辑馆出版。该书上册为《中国图书事业志》，下册为《新书总目提要》。书中“经济类·经济名著及其研究”类下收录王开化译《国家经济学》、刘秉麟《李士特经济学说与传记》，并附有书目提要。对于前者，作者较为详细地介绍了李斯特对于国民经济的阐释、国民经济五阶段论及保护贸易主张，并指出其经济思想中的积极影响与负面因素。从积极方面来看，作者认为，李斯特的学说不仅在实践层面“非常的惹人注意，给国民以重大的刺激和感动，使德国的产业政策上受到重要的影响”，而且在学理层面“尽力在文明程度及于经济问题之影响的历史的研究，一方面则排斥正统学派之绝对的方

① 李鼎声编：《现代语辞典》，上海：光明书局，1933年，第694页。
② 达尔顿：《财政学原理》，杜俊东译，上海：黎明书局，1933年，第120—121页。

式，同时在他方面又轻视个人直接的利益而重于国民的发达”。①李斯特学说中的不足之处，则是他“不向社会的改良方向，公私都倾向于利益主义，因而不觉带上了重商主义的臭味”②。

朱通九编著《经济概论》一书由世界书局出版。该书为世界书局《高级中学商科教本》之一种。第七篇《世界经济论》第二十九章《国际贸易政策》详细介绍了李斯特贸易保护政策学说的十个要点，并云：“统观保护政策的理论，比较自由政策的理论，似较完密，无怪现代世界各国，均行采用。”③ 该章另有《中国应采行什么政策》一节，主张中国应该排除困难和阻碍，采取保护政策：“中国为产业落后的国家，为保护幼稚工业的发育起见，应采取保护政策。但中国因条约与国势相关，最初只抽百分之五关税，实无异于自由贸易。迨北伐功成，国民政府与各国协商改订税率，由百分之五改为百分之十二.五。然此为协定关税，尚不能认为保护关税。故希望国人努力团结，励精图治，将来实行采用保护政策，以保护中国幼稚工业的发展。国人乎，盍群起而图之。”④

9月

季尼著、余楠秋等译《英国史》一书由民智书局出版。在《译者序言》当中，译者引李斯特因熟知英、德两国历史背景而不主张德国盲从英国自由主义政策，而主张采用保护政策，卒使德国工商业发达为据，阐明：“读史者知他国进化之途径，非必吾人步武其后尘；不过见他国民族奋斗之过程，可以启迪吾人者良多。”⑤

---

①② 杨家骆：《图书年鉴》下册，南京：中国图书大辞典编辑馆，1933年，第264页。
③④ 朱通九编著：《经济概论》，上海：世界书局，1933年，第290页。
⑤ 季尼：《英国史》，余楠秋等译，上海：民智书局，1933年，第1页。

沙比罗著及余楠秋、吴道存、谢德风、黄澹哉译《欧洲近代现代史》一书由世界书局出版。[1] 该书第一编《民族主义与民主政治（一八一五——八七〇）》第七章《德意志的复兴》第四节《关税同盟》，概述了李斯特在建立关税同盟中起到的作用，以及其提倡的保护政策在经济和政治层面的影响。

10 月

王绍成在《东方杂志》第 30 卷第 90 号发表《德国之政党与希特勒》一文。该文在叙及希特勒纳粹党的对内政策之处，提出希特勒主张经济民族主义，反对国际主义，“恰与百年前德国著名经济学家李士特（Friedrich List）所制之理论相同”，但“今日德国资本主义发展之阶段已登峰造极，远非李士特时代之可比”[2]，因此，这种经济民族主义基本没有实现的可能性。

郑英中、张一梦著《法西斯的经济政策——现在最大思想潮流》一书由中国政治经济学社出版。该书为《现代经济问题丛书》第一种。第四编《我国经济问题及应采用之国家经济政策》第三节《国家经济政策》，提出应将保护主义作为国家经济政策，介绍了李斯特保护主义的主张及对德国经济发展的影响，并据此提出中国应当采取的保护主义国家经济政策。

仲伯德著、张樑任译《资本主义的将来》一书由商务印书馆出版。译者在该书卷首《仲伯德在德国经济学上之地位及其学说体系（代序）》中，叙及李斯特国家主义的经济思想及其与历史学派之

---

① 据余楠秋在卷首《译者序言》中说明，该书英文原本 *Modern and Contemporary European History*，是历年来国内各大学“欧洲近百年史”课程的教材。

② 王绍成：《德国之政党与希特勒》，《东方杂志》第 30 卷第 90 号，第 40 页。

间的关联。

11 月

黄曦峰编《经济学史大纲》一书由开明书店出版。该书分《经济学前史》《经济学的成立》二部，第一部下分《上古的经济思想》《中古的经济思想》，第二部下分《古典经济学》《社会主义经济学》《历史学派及其奥斯特利亚学派》。该书第三编第一章《历史学派的体系》第二节《历史学派的萌芽》，以李斯特为中心，以恩格斯相关论述为理据，讨论德国历史学派经济学的产生。对于李氏之经济学说，黄曦峰认为："里士特的见解概括起来，可以得到以下两种结论：第一，反对古典学派以普遍的经济法则适用于有不同的历史的传统之诸国民间，经济学乃应以国家的本位、以国民为中心的研究作为出发点；第二，真正的国富不是物质的富之总计，而是接续着不断活动的生产力。这种生产力的发展，国家的保护政策则为必要的条件。"① 此外，黄曦峰特别指出："与其说里士特是一个学者，勿宁说他是一个实际家。他对于关税同盟的设立，以及其他实际的政策，有很多重要的贡献，而且他排斥演绎的、抽象的理论，重视经验，认为书斋里的知识比由实际得来的恶劣，对于古典学派以其经验的历史的立场与以攻击。"②

刘秉麟著《李士特》由商务印书馆再版，为"国难后第一版"。

12 月

野村兼太郎著、徐文波译《世界经济发展史论》一书由商务印

---

① 黄曦峰编：《经济学史大纲》，上海：开明书店，1933 年，第 400—401 页。

② 黄曦峰编：《经济学史大纲》，上海：开明书店，1933 年，第 401 页。

书馆出版。该书为商务印书馆《万有文库》之一种。第三章《工业资本时代》下《李士特的贸易保护论》一节，概述李斯特基于“国民的发展”而对自由贸易所持之反对意见。作者尽管认为李斯特的保护贸易政策是“正确的议论”，“在实际的历史的立场上虽属正确”，但也批评其“过于抽象化、概念化”。①

是年

金平欣著《对日决斗之认识与对策》一书由南京拔提书店出版。作者在该书第九章《确定救亡应取的途径》第五节《更要在经济方面谋复兴》，论及“经济复兴的根本政策”处，认为当局“以国家之权力，为适当的统制，经济必可复兴”，并以十九世纪初期之德意志及李斯特经济学说之效用为据：“有以政治上未上轨道，国家未统一，统制经济为不可能，亦不尽然。试观十九世纪初期的德意志，王侯割据，区区等于今日的两广的地域上，树立七十余国，其纷乱情形，较之中国，或且过之。然李士特辈，不以此为虑，提倡关税联盟，鼓吹联邦经济合作，此等理论，虽受当时一般王侯之反对，然卒于一八三三年成立。此后各邦，因经济关系日深，利害渐趋一致，由经济的连锁，遂进而为政治上之合作。至一八七一年，卒能成立德意志帝国的大业。此即以建设求统一可能的明证。”②

张素民讲、蔡金镁记录之《旧历史学派》发表于复旦大学经济学系会主办之《经济学期刊》第1期。张素民将李斯特视作因应德

① 野村兼太郎：《世界经济发展史论》，徐文波译，上海：商务印书馆，1933年，第96页。

② 金平欣：《对日决斗之认识与对策》，南京：拔提书店，1933年，第72页。

意志对内统一、对外关税保护的国家主义派，“此派为历史派之先驱”，尽管“旧历史派反对古典派之意见与国家主义派略同”，但是“其范围及影响则远过之”。①

1934 年

1 月

陈序经著《中国文化的出路》一书由商务印书馆出版。该书第二章《文化的根本观念》中，陈序经在论及文化的“层累”之处，将李斯特国民经济发展五阶段论归为“从经济的立脚点来分类文化层累”② 一类。

赵兰坪著《经济学大纲》一书由商务印书馆出版。该书第一篇《总论》第一章《经济学概论》第一节《经济学之研究对象》，在论及经济学研究对象为“非全世界人类之经济生活，而为一国国民之经济生活”之处，引李斯特“经济学之研究，当以国家为限”为据。③

2 月

徐逸樵编著《初中公民》《高中公民》两书由世界书局出版。两书为世界书局为初级中学、高级中学阶段“公民”课程编辑的教科书，内容分为社会、政治、经济、法律及国际关系，中间穿插中国国民党党义。两书均向学生介绍李斯特的保护贸易学说，并阐发其对当时中国经济的借鉴意义，详略有所不同。《初中公民》第三

① 张素民讲:《旧历史学派》，蔡金镁记录，《经济学期刊》第 1 期，第 10 页。
② 陈序经:《中国文化的出路》，上海: 商务印书馆，1934 年，第 25 页。
③ 赵兰坪:《经济学大纲》，上海: 商务印书馆，1934 年，第 5 页。

编《经济生活》第三章《怎样交易》叙及国际贸易政策演变历程之处，将其分为闭关自守、极端保护贸易（重商主义）、自由贸易和新保护贸易四个阶段。书中对于第四个阶段的介绍，以李斯特有关工业幼稚国家与保护政策之关系为主，评价其对后世各国贸易政策影响深远："李斯特等极力鼓吹保护贸易的必要以后，欧洲各国，不但德、奥等国家，就是英国也转到保护贸易这条路上去了。"①由此，作者将保护政策与中国现实联系起来，提醒学生："（保护政策）在工商业不振的我国，尤有实行的必要，可惜我国的关税还不能完全自主，要彻底行保护政策而不可得。我们怎样去拥护政府，废除不平等条约，使关税可以完全自主！"②《高中公民》第二册第三章《交易论》中对于李斯特保护贸易内涵的概述，基本上与《初中公民》一致，但对保护政策与中国现实的阐释，则有所不同，重点在强调中国施行保护政策存在的困难，云："自由贸易和保护政策，当然各有客观的理由，但一国于树立贸易政策之时，诚如李斯特所言，不能不考虑一国的历史和国情；不然，未有不遭大失败者。至于吾国，在目前不平等条约尚未解除之时，纵欲实行保护贸易，也几有难以实行之苦。盖关税尚不能完全自主，固为实行保护贸易的致命伤，但是纵使关税可以完全自主，而帝国主义者得在通商口岸自由设立工厂，从事于制造，保护关税又何从谈起呢？"③

① 徐逸樵编著：《初中公民》第二册，上海：世界书局，1934 年，第 34 页。

② 徐逸樵编著：《初中公民》第二册，上海：世界书局，1934 年，第 34 页。章末附有供教师和学生思考之问题中，有两个问题与此相关：一是"自由贸易可以适用于我国吗"，二是"为什么关税不能自主，不能采用保护贸易政策"（徐逸樵编著：《初中公民》第二册，上海：世界书局，1934 年，第 34—35 页）。

③ 徐逸樵编著：《高中公民》第二册，上海：世界书局，1934 年，第 58 页。

4月

4月3日，国民政府军事委员会政训处处长对第七路军政工人员作题为《今后应有的认识与努力》的训话。在谈及“成功学问事业要把握一个重心”一点时，他以亚当·斯密与李斯特二人激励受训人员，云：“如亚当·斯密，他是自由学派的经济学家，他只懂得自由主义一个字，可是这一个字就发挥而成为自由学派的经济学家。同时，李斯脱，他是保护学派的经济学家，他也只懂得保护主义一个字，但这一个字却成了他做学问的根据，由这点出发便造成许多经济上说明，成功一个大学问家。”①

国立交通大学北平铁道管理学院学生“盾”在《北平交大周刊》第23、24、25号发表《〈国家经济学〉读后》一文。该文从李斯特对于“国家经济学”的定义、生产力与价值论、分配与联合、个人自由、国家特性、农业国家与工业国家之区别、货币流通等方面总结《政治经济学的国民体系》一书的要点。作者特别申明，尽管书中存在“以为各国经济自足，然后互相联合，达到世界大同，颇为乐观，而对于因此而生之枝节问题，则陷于矛盾之中”的缺憾，但“独喜其切合事实，尤与中国现状颇多符节”。②

5月

森武夫著、陈绶荪译述《战时统制经济论》一书由国立编译馆出版。该书第一章《战争之经济的原因》第一节《最近欧洲大战之经济的原因》，叙及第一次世界大战的爆发源于工业国家间的经济争霸时，首引李斯特所言“以适于工业生产之国民，保有适当之

---

①《军事委员会政训处工作总结报告》，第274页。

② 盾：《〈国家经济学〉读后》，《北平交大周刊》第25号，第1版。

领土、国民力及智力，则在制造工业、海上运输及商业各方面，得威胁大英帝国所占之优越权”① 为据，并概述李斯特关税保护政策对德国近代国家的形成乃至英、德两国矛盾激化过程中发挥的影响。

8月

高希圣、郭真编《经济科学大词典》一书由科学研究社出版。该书“李斯特”条简要介绍了李斯特的生平、经济学贡献、代表性论著等信息。总的来看，词条纂者对李斯特的评价较为正面，指出：“他在经济学上，竭力回避空论，排斥抽象的演绎的研究，以过去和现在的事实作基础，说述前人未发的卓见，形成了历史派的先驱。他的保护贸易论，也给与了后世以甚大的影响。”② 此是目前所知李斯特首次被收录进中国专业经济学词典之中。

张君劢《德国经济学之特点》一文发表于《再生》第 2 卷第 11、12 期合刊。该文为张君劢在北平女子文理学院经济系演讲记录。演讲中，张君劢在交代德国迥然不同于英国的经济学产生的历史背景之后，认为德国近代经济学存在以下三个特点：其一，德国经济学者认为财富“不限于有形物，而兼包万物”；其二，德国经济学者“不以劳动为财货构成之惟一原因”；其三，德国经济学的理论基点“以国族为本位”，反对世界主义的自由贸易学说。③ 作者对于德国经济学第一、第三个特点的分析，主要以李斯特的相关论点为依据，认为其经济主张已经为世界经济发展史所证实。由

① 森武夫：《战时统制经济论》，陈绶荪译述，南京：国立编译馆，1934 年，第 1 页。
② 高希圣、郭真编：《经济科学大辞典》，上海：科学研究社，1934 年，第 224 页。
③ 张君劢：《德国经济学之特点》，《再生》第 2 卷第 11、12 期，第 4—5 页。

此，张君劢呼吁中国应当从穆勒、李斯特等德国历史学派学者的著作中汲取营养，探索适合本国国情的经济学说，云："处二十世纪的今日，我劝大家多看看德国学者弥勒与李斯德等学说。在弥氏（1779—1826）、李氏（1789—1846）时代，尚无所谓德意志帝国，彼辈已能在经济学说上成立自己的主张，不抄袭英国的或法国的成说。他们不甘立于英法两先进国之下，根据自己的国情创造自己的学说，不但在经济方面是如此，即政治方面、科学方面、哲学方面亦莫不如此。因此在一八七一才有俾士麦的伟业。所以一国在思想上能先自主起来，不徒模仿人家的，然后在政治上才有立国的资格。"①

胡泽编著《复兴高级中学教科书·公民（第三册）》一书由商务印书馆出版。该册为《经济概要上》，共有两处提及李斯特。一是第二章《经济进化与经济思想》在介绍"经济史的分期"问题时，罗列李斯特经济发展五阶段论，并评价说："此种分法，导源于亚里斯多德，而完成于德国经济学者李士特，颇曾风行一时，为人所重视。然其缺点有二：（一）仅据生产的方法区分，不能概括经济进化之全部；（二）农业时代已有手工业之萌芽，实业时代，农业仍占重要，故现代经济学者多不采取此分法。"② 二是第三章《经济发达之重要条件》申明"政治统一是国家一切发展的前提，而于国民经济尤有深切关系"，引英、德、美、意、日等国完成或巩固统一之历史与经济发展之表现为例，最后以李斯特观点为总

① 张君劢：《德国经济学之特点》，《再生》第 2 卷第 11、12 期，第 6 页。
② 胡泽编著：《复兴高级中学教科书·公民（第三册）》，上海：商务印书馆，1934 年，第 45 页。

结，云："德国学者李士特在他的《国家经济学》序言上，曾谓德国工商业之进步，有赖于国家的商业政策与关税同盟，所以政治的统一与经济的发展，是有重要关系的。"①

刘世超编述《湖南之海关贸易》一书由湖南经济调查所出版。该书第五章《进出口贸易之比较及现金流动》第一节《进出口贸易之性质比较》，在经过对湖南海关长沙、岳阳两地1928—1933年间进出口种类及总值的统计之后，得出以下结论：湖南进口货品以民生必需的工业制成品为主，而出口货品则以原材料为主；进口货品之中，以轻工业产品居多，重工业产品占比不到2%，出口货品以粗制原料为主，半加工品占比不到三成。因此，对于湖南的经济发展策略，他认为"吾人不能贸然用自由主义学者国际分工之说"，并引李斯特之说为据，云："诚如德儒李思特（List）所言：'未来之状态，视为国际间现实存在之事物而以世界同盟与永久和平之存在为前提，演绎其自由贸易之利益者，是将结果与原因混同者也。'"②

李权时著《金融界服务基本知识·经济学》一书由世界书局出版。该书为《金融界服务基本知识》第一种，目的是"系统地供给一般服务于金融界的人员、商科学生以及有志于研究社会经济的青年的参考"③。第二章《国际贸易学说主义的变迁》第六节《保护贸易说》，概述李斯特保护贸易主张的要旨。

① 胡泽编著：《复兴高级中学教科书·公民（第三册）》，上海：商务印书馆，1934年，第121页。

② 刘世超编述：《湖南之海关贸易》，长沙：湖南经济调查所，1934年，第401页。

③ 李权时：《金融界服务基本知识·经济学》，上海：世界书局，1934年，第1页。

10 月

黄宪章著《经济学概论》一书由现代书局出版。该书第二章《经济学的派别》第二节《以理论而分的经济学派》，将李斯特作为“国家主义经济学派”的代表人物，并将其观点概括为“反对个人主义及国际主义”“反对自由贸易，提倡保护政策”两点，认为：“李士特这种理论，竟引起各国政府疯狂似的施行保护政策税，同时又引起各国政府注意于国家企业的建设，对于私人企业的监督。可以说，一棒敲破了自由学派的‘木鱼’，另外换了一把国家经济学派的‘法剑’。”①

刘秉麟、潘源来著《世界倾销问题》一书由商务印书馆出版。该书为商务印书馆《现代问题丛书》之一种。书中，作者在第七章《倾销与各方面之关系》中讨论倾销与税则关系之处，从经济史的角度分析德、法、美三国面对英国倾销工业品，均先后采取保护关税政策以维护本国工商业发展。为论证此点，作者概述了李斯特保护贸易主张的提出与英国倾销之间的关系，以及具体的内涵，并指出李斯特的学说和主张“很为当时的铁工业及纺织工业所赞成”。②

11 月

彭津龙在《育群》③ 第 1 卷第 3、4 期发表《自由贸易与保护关税》一文。文中，彭津龙认为李斯特“主张经济的国家制度，亦为近代反对自由贸易最早之人”，并将国家主义和生产力说视作其

---

① 据作者自述，该书是其在上海法政学院教授经济学课程时所编之讲义，后在中国公学、江南学校讲授经济学时，亦曾以之为讲义。

② 刘秉麟、潘源来：《世界倾销问题》，上海：商务印书馆，1934 年，第 109 页。

③《育群》为湖南长沙育群中学校刊，创刊于 1934 年。

学说中的根本观念，而“欲自农业国家，图工商业之发达，而巩固国家之经济独立，必须运用国家权力，使幼稚之生产，在发达过渡期内不受外货竞争之影响，其方法惟采行保护关税制度而已矣”①。对于中国而言，彭津龙认为“应采行保护关税而已矣”，理由是自第一次世界大战结束后，“自由贸易政策，已成为过去历史，各国商业政策，皆为壁垒森严之保护关税矣，我国产业落后，工业幼稚，而商场凋敝，购买力弱，若不将税率提高，则门户洞开，外货源源而入，本国幼稚之商品，其惨败者几希”②，因此实现关税完全自主刻不容缓。

徐日琨于本月25日在《时事新报（上海）》发表《近代国际贸易政策之变迁》一文。作者指出，十九世纪八十年代革命发生后，工业发展相对落后的国家为了对抗外来竞争，纷纷实行保护政策，“当时李士特经济思想，遂流布全球。俾士麦用之以使德国经济地位，臻于稳固”③。

1935年

1月

马寅初著《中国经济改造》一书由商务印书馆出版。该书为商务印书馆《大学丛书》《交通大学丛书》之一种。在该书结论部分，亦即第二十七章《从世界主义方面观察本书之主张》中，马寅

① 彭津龙：《自由贸易与保护关税》，《育群》第1卷第3期，第1页。
② 彭津龙：《自由贸易与保护关税》，《育群》第1卷第4期，第4页。
③ 徐日琨：《近代国际贸易政策之变迁》，《时事新报（上海）》1934年11月25日，第11版。

初认为以亚当·斯密为代表的自由贸易论与以李斯特为代表的保护贸易论存在共通之处，且长期未能引起重视。在他看来，亚当·斯密与李斯特二人之观点是殊途同归，他们“同是主张个人企业，同是承认自由贸易为经济上最高原则”，尽管表面上“斯密氏所着眼者为世界之财富，而李氏所着眼者为国家之财富”，但“结果则均以繁荣世界，谋全人类之利益为目的。故其所取之途径不同，而目的则一”。[①] 至于自由贸易与保护贸易在中国的适用性问题，马寅初仍沿袭1922年在中国大学商学研究会发表之《马克斯学说与李士特学说二者孰宜于中国?》中的观点，认为“今日之中国，根本谈不到自由贸易，斯密氏之说，实可置之不论”，而“极端主张保护政策，以卵翼本国方在萌芽之工业，以图挣脱帝国主义者之经济锁链。故审此度彼，吾不得不对李斯特之学说，表示同情”。[②] 但与此前不同，马寅初此时认为李斯特的保护关税政策“在中国不但不足用，且不适用”[③]，应该另寻他法以代之。

姚溥荪在《独立评论》第173号发表《不复兴农村中国也可以工业化吗?》一文，作者在论及《南京条约》协定关税阻碍中国工业化进程的问题时，引李斯特保护关税政策对于德国富强之作用为据。

2月

常乃悳著《社会科学通论》一书由中华书局出版。该书为中华书局《中华百科丛书》之一种。[④] 常乃悳基于国家主义的立场，在

---

① 马寅初：《中国经济改造》，上海：商务印书馆，1935年，第693页。

② 马寅初：《中国经济改造》，上海：商务印书馆，1935年，第694—695页。

③ 马寅初：《中国经济改造》，上海：商务印书馆，1935年，第697页。

④ 据常乃悳在该书卷首《自序》，舒新城主编《中华百科丛书》之处，他原请李璜撰写《社会科学通论》，后李璜因病，转托同属中国青年党之常乃悳代为编写此书。

第六章《经济的根本动因》中批评马克思主义和自由主义的经济思想，提出包括经济欲望和经济思想及各种与经济有关的社会运动等一切经济现象，皆受民族性支配。由此出发，他进一步指出，无论是亚当·斯密，还是马克思与李斯特的经济思想，都是民族性的表现，“亚丹·斯密的重商主义思想出现于崇尚自由的英国，李斯特的国家主义经济思想与马克思主义的共产主义经济思想，出现于尚秩序、重集权的德国”①。

何廉、李锐著《财政学》一书由国立编译馆出版。该书第一编《支出》第四章《公共支出之经济性质及影响》第二节《公共支出之经济性质》，论及国家行动可以产生经济影响的诸种“生产说”，并将李斯特“生产力说”概括为：“以为国家及其行动，对于个人可以发生创造财富之生产力。既能产生生产力，则国家之支出，不能谓为不生产之消费。即不能直接谓之生产，亦可间接称之为生产消费。”②

威特弗格尔著、沈因明译《地理学批判》一书由上海辛垦书店出版。该书第三编《辩证法的物质论与经济地理学底方法论》第二章《市民的大经济学家们必然误解劳动底自然制约性》提出，李斯特的保护贸易和生产力学说，与亚当·斯密的分工理论一样，均注重社会、政治的因素，而忽视地理的影响。

3月

《申报》本月17日《教育新闻》及《时事新闻（上海）》报道，中华文化建设协会发起的读书竞进会公布选定书单、通信指导

① 常乃悳：《社会科学通论》，上海：中华书局，1935年，第99页。

② 何廉、李锐：《财政学》，南京：国立编译馆，第62—63页。

和主事人员各项信息。读书竞进会分大学、中学两组，需读课本及参考书由该会书目选定委员吴醒亚、李熙谋、竺可桢、高一涵、陈立夫、蔡元培、潘公展、刘秉麟等人选出。其中，大学组第六类为经济学著作，指定书目为基特著、王建祖译《经济学》，参考书目严复译《原富》、王开化译《国家经济学》。

任树郇在中央大学校刊《校风》第250、251期发表《李士特氏之生平及其经济学说》一文。

周伯棣于本月3日、10日、17日在《时事新报（上海）》发表《关税进化论》一文。该文在讨论从财政关税转变为育成关税之处，以李斯特之保护关税为其代表。

4月

蒋建白于本月8日在《民报》《新闻报》发表《怎样研究经济》[①] 一文。在论及如何研究经济原理和经济思想的方法之处，该文简要说明自由主义、国家主义为两大潮流，而李斯特之国家经济学与包括马克思学说在内的社会主义，是构成国家经济学的两大部分。

《四川晨报》本月14日、17日、18日及《世界日报》本月20日连续刊登中华文化建设协会读书竞进会第一期报名通知，并公布各组书目及参考书。其中，大学组第六类为经济学，规定阅读书目为季特著、楼桐荪译《经济学之基本原理》，参考书目则为王开化译《国家经济学》、严复译《原富》两种。

5月

杨荫溥于本月24日、25日在《新闻报》第14版《经济常识》

① 蒋建白此文，后收录于王新命、汪长济主编《现代读书的方法》一书，由现代编译社于1935年出版。

栏目发表《保护贸易》一文。该文介绍保护贸易学说兴起的背景、主要观点和意义。文中，杨荫溥将李斯特视作贸易保护学派的鼻祖，对德国经济学和世界经济走向影响深远："自自由贸易时代一入十九世纪之末叶，形势大变，无论何国，于其政策上均改弦易辙，莫不又偏重于保护贸易之一途。就中经济学家李士特（Friedrich List）氏主张尤力，其后德国学派勃兴，要皆遵奉李氏之论旨而阐明之、祖述之，于是世界各国到处均有蔚然可观之保护贸易论。"①

周郁年、马天放编《社会科学考试指南》一书由大达图书供应社出版。该书"专供投考考试院之高等考试，普通考试、检定试验以及各学校学期试验、毕业会考等，自修参考之用"。书中，对于"经济学考试问题详解"中之"试述经济学识变迁的崖略"，所拟答案中述及李斯特经济学说之特点及其在经济学发展过程中的位置："在十六世纪有重商主义，主张干涉论，以输出贸易为唯一生产；十八世纪有重农主义，主张放任论，以土地为唯一生产物；一七七六年，有英人斯密亚丹著《原富》，那时经济学遂为世人认为独立的科学，这可说是经济学的开始。他主张自由论，适介乎重商、重农两派之间，应为英国正统学派的学说；至十九世纪中，此有新重商主义，为德人李斯特所创，以保护关税为目的，同时还有社会主义者的小共产主义；十九世纪末期有国家社会主义等等的学说；现在二十世纪的开始，有创保护关税的政策，然而同时的经济学说可说是发达极了，有英、日、美的帝国主义，

① 杨荫溥：《保护贸易（上）》，《新闻报》1935年5月24日，第14版。

苏俄的共产主义和中国的民生主义，风起云涌，可说是盛极一时了。”①

6月

刘星乘编《经济学原理纲要》一书由四方出版社出版。该书是供“中等以上学校采作课本及个人自修之用”②。第一编《绪论》第九节《经济学说的派别》，主要依据王开化所译《国家经济学》，将李斯特的国家主义经济学主张，概括为“反对正统学派之自由贸易论，主张依国民经济发达之状况采保护贸易政策”，将之归入“改良派”之中，并将其与自由主义派、社会主义派并列为“经济学成立后经济学说之三大派别”。③

谢俊在广东国民大学《民钟季刊》第1卷第2期发表《李士特之生平及其学说》一文。作者从李斯特的国家经济学、哲学及方法方面展开，总体上肯定其“为经济思想史上开一新局面”，且以“新时代为其研究之对象，必须以如何之方法始能适应新时代进步之需要为其主要问题”，但也批评他“忽略社会精神生活问题之改良，在公私方面皆有倾向拜金主义之趋势，仍不脱重商主义之臭味”。④

张君劢著《民族复兴之学术基础》一书由再生社出版。在该书《绪言》中，作者认为民族情感、民族思想、民族意志的融合是开

---

① 周郁年、马天放编：《社会科学考试指南》，上海：大达图书供应社，1935年，第6—7页。

② 刘星乘编：《经济学原理纲要》，开封：四方出版社，1935年，第1页。

③ 刘星乘编：《经济学原理纲要》，开封，四方出版社，1935年，第26页。

④ 谢俊：《李士特之生平及其学说》，《民钟季刊》第1卷第2期，第124页。

展所谓“民族建国运动”的前提要件，而文艺和学说是促成融合的重要媒介。为证明此点，张君劢引德国近代历史为据，称歌德、席勒之文学与费希特、黑格尔、李斯特之哲学和经济学，已在德国统一年影响广泛，“有此二者以灌溉之，以培植之，则民族之知情意凝合为一，而政治家建国之业自易于成就，所谓水到渠成，正此之谓”①。由此出发，作者进一步批评当时“民族建国运动”仅注重从政治方面发力，忽视学术方面对于国家民族观念的发扬，并以康德、黑格尔、李斯特等之于德国的历史贡献激励国人，云：“今后吾国哲学界诚有如康德辈之大创作，社会科学与自然科学界，诚有如黑格尔、李斯德、洪蒲尔辈之大创作，文艺界诚有如但丁、歌德辈之大创作，有此种种，则全国思想有所折衷，人民情绪欣欣向荣，国论出于一致，民族建国之大业，何患其不能实现?”②

7 月

张辉著《上海市地价研究》一书由正中书局出版。该书为《中央政治学校地政学院毕业论文集》第二种。作者在第一章《绪言》第一节《研究目的》中，引用李斯特“国家福利进退之测验，未有较以土地价值之涨落为标准更明确者。国家之灾患，亦未有较以土地价值发生摇动后，发生恐慌时更剧烈者”③ 为据，说明研究都市土地问题的学术价值和现实意义。

8 月

陈光国在大夏大学《经济丛刊》第 4 期发表《李士特之经济思

① 张君劢：《民族复兴之学术基础》，北平：再生社，1935 年，第 6 页。
② 张君劢：《民族复兴之学术基础》，北平：再生社，1935 年，第 9—10 页。
③ 张辉：《上海市地价研究》，南京：正中书局，1935 年，第 1 页。

想》一文。该文主要参考刘秉麟《李士特经济学说与传记》、朱谦之《历史学派经济学》、詹文浒《经济思想史》、唐庆增《西洋经济思想史》等书，从国家观念、保护主义、生产力说、经济发展阶段论等方面评价李斯特的经济思想，基本以肯定为主，略有批评。

杨荫溥主编、朱羲农校订《经济常识（第二集）》一书由经济书局出版。书中，何伯雄在其所撰《保护贸易》一章中，概述李斯特提出保护贸易的历史背景、李斯特在保护贸易学说发展过程中的历史地位、保护贸易的具体政策主张，认为："德国学派勃兴，要皆遵奉李氏之论旨，而阐明之，祖述之，于是世界各国，到处均有蔚然可观之保护贸易论。"①

10月

陈稼轩主编《实用商业辞典》一书由商务印书馆出版。该书"经济学"条目将李斯特归为经济学的浪漫主义派，云："此派发源于欧洲之浪漫主义，以为国家者乃一有机体，个人为其分子也，故主张发展其全部之经济。该派以为人众之间有一不可分离之关系，脱离该团体之个人不可独立。其代表有密勒、李士特二经济学家。"②

林光澂在《商务印书馆出版周刊》新第128、129号《读书指导》栏目发表《〈国家主义经济学〉的读法——中国文化建设协会主办读书竞进会选定大学组书目之一》一文。作者认为，以李斯特为代表的国家主义经济学与个人主义经济学、社会主义经济学并列

---

① 杨荫溥主编：《经济常识（第二集）》，朱羲农校订，上海：经济书局，1935年，第175页。

② 陈稼轩主编：《实用商业辞典》，上海：商务印书馆，1935年，第891页。

为当时世界三大经济学派别，而“在这个统制政策和经济斗争的潮流弥漫全世界的时候，李士特的国家经济学尤应特别研究”①。该文主要论述李斯特的身世、所处时代环境、经济思想渊源及《国家经济学》的内容主旨、体裁、特点。作者特别指出，“历史的观念”“国家的思想”“生产力”的学说是李斯特经济思想“三个伟大的贡献”，《国家经济学》第二编第11、12、14、15、17、18、26章是“李氏学说的要点”。② 至于阅读《国家经济学》的方法，作者认为应当运用精读、深思、批评三种手段，并特别提醒读者：“至于我们中国现在的环境怎样，国际的局势是怎样，李士特的学说有那几点我们中国是可以采取的，这更是我们读者所要切实研究的问题。”③

11月

陈宪章在《文明之路》第21期发表《自由贸易与保护关税》一文。文中，陈宪章不仅将李斯特保护主义视作保护关税政策的重要根源，而且提出当时中国不应该采用自由贸易政策，而应采用“李斯特之保护贸易政策”，理由是“今日之中国，已成为外货倾销之场所。高筑关税壁垒，犹不足以抵制于万一，若再主张自由贸易是自愿为外货之尾闾，而国内气息奄奄，脆弱不振之工业，将因此而促其夭亡。故应采用李斯特之保护贸易政策，先把中国之工业

---

① 林光澂:《〈国家主义经济学〉的读法——中国文化建设协会主办读书竞进会选定大学组书目之一（上）》,《商务印书馆出版周刊》新第128号，第1页。

② 林光澂:《〈国家主义经济学〉的读法——中国文化建设协会主办读书竞进会选定大学组书目之一（上）》,《商务印书馆出版周刊》新第128号，第7页。

③ 林光澂:《〈国家主义经济学〉的读法——中国文化建设协会主办读书竞进会选定大学组书目之一（下）》,《商务印书馆出版周刊》新第129号，第8页。

弄发达起来，到了相当的程度，如外人实在实行自由贸易时才去谈自由贸易，这是一个经济进程中健全之步骤”。①

12月

金兆梓编《高中外国史（下册）》一书由中华书局出版。该书为中华书局《新课程标准适用教科书》之一种。末章《结论》第一节《世纪潮流之趋势》，论及现代世界自由放任主义与保护干涉主义两种经济方针，且在注释部分，以李斯特作为保护干涉主义之代表进行介绍，告诉高中学生：“保护干涉主义思想之代表，为德国经济学家李斯特（Friedrich List），李氏以为经济落后国家若采取自由放任政策，必因敌不过先进国之竞争而蒙受不利，故主张采取保护政策亦强固其产业基础，待基础奠定以后，则仍主张排除保护干涉而代以自由贸易，故究其极，还是主张自由贸易主义。”②

1936年

1月

陈陟、张翼人编《世界各国成功人传》一书由上海经纬书局出版。该书为经纬书局《青年必读书》之一种。第八编《经济学家》共收录八人，包括亚当·斯密、马尔萨斯、李嘉图、李斯特、罗波尔图、穆勒、马夏尔、贲巴卫。具体到李斯特，主要集中在其生平与社会影响层面，对于其经济学说，着墨不多。

斯莫拉著、郑学稼译《重商制度及其历史意义》一书由商务印书馆出版。该书为商务印书馆《汉译世界名著》之一种。郑学稼在

---

① 陈宪章:《自由贸易与保护关税》,《文明之路》第21期，第30页。

② 金兆梓编:《高中外国史（下册）》，上海：中华书局，1935年，第282页。

该书卷末《译后记》中将李斯特作为旧历史学派的创始者和代表性人物，认为其驳斥自由贸易学说、提倡保护关税，为德意志资本主义和民族工业发展做出历史性的贡献；同时，指出其论著“尚缺乏精密的理论基础”[①]，留待新历史学派完成。

2月

莫瓦拉著、王造时译《近代欧洲外交史（一八一五年至一九一四年）》一书由商务印书馆出版。该书为商务印书馆《汉译世界名著》之一种。第二十一章《普鲁士的兴起》第一节《关税同盟》中，作者提出1815年以降三四十年间，较之历史学家和政治学家，经济学家对德国公共议题发挥的影响最大，而李斯特则为保护主义派的领袖人物，其《政治经济学的国民体系》一书“到现代还值得一读”[②]，并简述以其为代表的保护主义主张在德国关税同盟建立过程中发挥的作用。

3月

鲁深[③]在《商职月刊》第1卷第1期发表《读〈原富〉和〈国家经济学〉的偶感》一文。较之亚当·斯密，作者更为欣赏李斯特的保护贸易主张、生产力学说，并与中国当时国困民穷的现实进行结合。但该文同时指出其在社会政策和个人利益方面的理论缺漏，强调“我国近日社会不景气，农工商业尽属经济恐慌，岂仅是恃《原富》和《国家经济学》的解释也哉”，并说：“以经济学原理施

---

① 斯莫拉：《重商制度及其历史意义》，郑学稼译，上海：商务印书馆，1936年，第125页。

② 莫瓦拉：《近代欧洲外交史（一八一五年至一九一四年）》，王造时译，上海：商务印书馆，1936年，第274页。

③ 鲁深为天津公立商科职业学校学生。

行政策者，亦应知空间、时间之不同，绝非崇拜西化，即谓之经济学家也。”①

唐庆增著《中国经济思想史》一书由商务印书馆出版。该书为商务印书馆《大学丛书》之一种。唐庆增在该书第五编《墨家》第一章《墨子之经济思想》中，认为墨子的经济思想“富有实用的精神”，若能将其学说付诸实践，则超出柏拉图思想中之“虚无缥缈，徒凭空想”者不少；由此出发，他阐释经济思想的唯一功效“即在解决实际问题”，并称许李斯特与亚当·斯密一样，其保护贸易论“志在解决德国之关税纠纷，俱能实行”。②

竹内谦二著、陈敦常译《商业政策发展史》一书由商务印书馆出版。该书第二部《新保护主义政策——反动新重商主义》第二章《里士特之贸易保护论》，下分《里士特之支配的思想——国民主义》《国民生产力之发展》《为生产力发展之保护商税》。

宗拔著、王毓瑚译《经济学解》一书由商务印书馆出版。该书为商务印书馆《万有文库》之一种。第二篇《理解经济学》第十章《精神科学的经济学之前史》第一节《反动派经济学》下，将李斯特相关论点归入“以唯物主义（Materialismus）、货殖主义（Chrematismus）、市侩性质（rechenhaftigkeit）为口实”反对古典经济学派一类之中，批评李斯特“以为依亚丹斯密之意义，养猪者之生产率，当大于育人者，实乃荒谬之谈”“以唯物主义为口实以攻

① 鲁深：《读〈原富〉和〈国家经济学〉的偶感》，《商职月刊》第1卷第1期，第88—89页。

② 唐庆增：《中国经济思想史》，上海：商务印书馆，1936年，第175页。

击古典派，实出于误会，不足道也”。[①]

4月

谷源田著《统制贸易与中国》一书由南开大学经济研究所出版。该书为《政治经济学报》单行本。谷源田在该书第一节《为什么要统制贸易》，论及李斯特主张的“保护主义”，并从经济思想的角度指出：“‘统制贸易’是‘国家经济主义’的政策之一，也可以说是‘保护主义’的极度化。所以‘统制贸易’和‘保护贸易’的理论大致相同，所不同的只是程度的深浅而已。”[②]

章乃器在《中山文化教育馆季刊》1936年夏季号发表《经济论争中的两条战线》一文。文章从民族主义立场出发，批判自由主义的经济政策实际上是帝国主义的经济战线，借此在经济上对中国进行侵略和剥削，提出：“（不）主张撤废关税壁垒而高倡贸易自由，我们主张用更彻底的管理贸易和统制消费的手段，来对付外货的倾销和外厂的压迫。”[③] 文末，章乃器特别以李斯特对于德国的历史贡献为据，大声呼吁：“从古典学派到了德国就被修改为历史学派的事实，我们就可以见到：当时的李士特氏怎样的能够为德国民族打算。他窥破了当时英国在自由主义的掩护之下，向德国掠夺，因为主张新兴的德国应该赶快关起门来自卫。李士特之所以能为李士特，并不是偶然的。一个自私自利而忘记了大众利益的人，一个做了敌人的工具而忘记了民族利益的人，是不可能取得历史上

① 宗拔：《经济学解》，王毓瑚译，上海：商务印书馆，1936年，第180页。

② 谷源田：《统制贸易与中国》，天津：南开大学经济研究所，1936年，第1—2页。

③ 章乃器《经济论争中的两条战线》一文发表于《中山文化教育馆季刊》1936年夏季号，第501页。

的地位的。我们的御用学者，也应该知所取舍，而快点改途易辙吧?”①

朱偰著《中国租税问题（中国财政问题第三编）》一书由商务印书馆出版。作者在该书第一编《中国租税问题之现状》第三章《关税》第四节《财政关税抑保护关税?》中，批评国民政府当时以“增加税收”为目的的关税政策，提出应当按照李斯特之学说，实行保护关税政策，促进民族工业之发展，云：“中国今日工业发展情形，尚极幼稚；与十九世纪初期欧洲大陆上保育关税学说之要求保护关税，以保育幼稚工业，其阶段正复相当。凡李斯特当时列举之理由，主张德国当行保护关税者，亦完全适宜于今日之中国。”②

5月

洪勋编著《国防与外交》一书由正中书局出版。该书为《国防教育丛书》之一种。第三章《十九世纪中国外交失败史概论》第一节《不平等条约》“协定关税”部分，叙及李斯特关税保护政策在德国经济发展中起到的积极作用，云：“畴昔各国之有关税，全为充实国库而设，现在各国则以保护关税作前驱，而以国库收入副之……普鲁士国家经济学家李士特（List）竭力鼓吹保护关税政策，一八三三年日耳曼联邦遂有关税联盟（Zollverein）之组织（奥国未加入）内部分之关税一律撤销。数十年后，德国之工

---

① 章乃器《经济论争中的两条战线》一文发表于《中山文化教育馆季刊》1936年夏季号，第502页。

② 朱偰：《中国租税问题（中国财政问题第三编）》，上海：商务印书馆，1936年，第291页。

业竟可与英国对抗，因此一跃而为强国之一，是皆保护之功也。”①

温格尔著、宋家修译《二十世纪的经济学说》由商务印书馆出版。该书第二篇《德语诸国经济学的发展》第二章《建立体系之企图》第三节《苏泰顺之静态论和动态论》，论及李斯特之于弗里德里希·楞兹（Friedrich Lonz）反对个人主义经济思想的影响，认为：“楞兹则受李士特（Friedrich List）的影响，所以他是把经济学当作国家主义的婢仆。他的体系的中心是国家经济，而强调国家经济之历史的、文化的、政治的方面，以为如此，便避免了理论态度和历史态度的对立。他所提供与我们的，不是机械的价值论和价格论，却是李士特之有机的生产理论，并且从政治整体的原理去说明一切经济关系、国民经济之最后目标，就是要满足国民的全部欲望。”②

6月

丁洪范于本月17日在《大公报（天津）》发表《保护关税在经济原则上的辩护》一文。作者对于保护关税学说进行的经济学解释，尽管深受李斯特的影响，但也在文中指出：“各家虽赞许保护幼稚产业，但其释理之处却嫌忽或含糊。即辩护保护关税之健李斯特氏在其大著《国家经济学》一书中，亦欠明确指出其根本理由。”③

---

① 洪勋编著：《国防与外交》，南京：正中书局，1936年，第46—47页。

② 温格尔：《二十世纪的经济学说》，宋家修译，上海：商务印书馆，1936年，第79—80页。

③ 丁洪范：《保护关税在经济原则上的辩护》，《大公报（天津）》1936年6月17日，第11版。

7月

丁洪范《生产力平衡原则雏议并论中国的国际贸易》由南开大学经济研究所刊行，为《政治经济学报》单行本。第三节《国际贸易生产力平衡定律的拟议》和第五节《自由贸易学说的错误及其修正》，多次引李斯特相关学说为据，均给予正面肯定。其核心观点是以李斯特的生产力学说为基础，阐述“国际交换的生产力在长时期应趋使于平衡”，并在前言当中提出：“生产力学说倡于德国经济学者李士特氏（Friedrich List），祖述者有美人客莱（H. C. Carey）等。其说应用于经济落后国家，如现在之中国，最属相宜。李氏本其生产力学说力辟施密士及删及（J. B. Say）等正统派诸氏的价值交易论之非，并排击自由贸易而主张保护贸易。”①

《私立金陵大学农科研究所农业经济部章程》由金陵大学农科研究所农业经济部出版。该章程规定该校农科研究所农业经济部所属农业经济农场管理学门、农村金融农业合作学门、农村社会学门的研究生，除修读各学门专业课程之外，还需要修读 14 门“各学门必须预修或补修之基本学程”。其中，“西洋经济思想史”授课内容为：“对西洋经济思想史，择其切要者作有系统之研究。首述重商学派与重农学派之原理，次述正统学派之学说，注重亚丹斯密、马尔基斯、李嘉图、拉塞宜尼及穆勒约翰五人之著述，次究各派对于正统学派之批评，首论国家主义派，以李士特之国民经济学为中心，次述历史学派专注重方法之讨论，复次述乐观主义派巴斯

① 丁洪范：《生产力平衡原则雏议并论中国的国际贸易》，天津：南开大学经济研究所，1936 年，第 2 页。

的开雷之学说。最后论社会主义者对正统学派之批评。”①

郑学稼著《日本财阀史论》一书由生活书店出版。在该书《绪论》中，郑学稼认为，从历史来看，资本主义高度发达的国家高举自由贸易旗帜，而资本主义相对不发达的国家则“尊奉李士特的保护关税”，保护本国处于起步阶段的产业，而诸如三菱财阀之类独霸本国某一类产业的财阀之所以出现，则仰仗于保护关税的作用。②

8 月

寿勉成编著《高中公民（二）·经济概要》由正中书局出版。该书为正中书局遵照教育部修正课程标准编写的《建国教科书》之一种。全书共分七章，分别概述中国经济社会的特质、农业、工业、商业、金融、财政、经济和经济改造的历史与现状。第四章《中国的商业》第四节《中国商业概况及其问题》，从入超和走私两个方面分析中国商业发展面临的困境，节后附录思考题中有“自由贸易之利弊若何”及“问我国国际贸易入超值形态及其对策”③，而所开列的参考书单中则有王开化译《国家经济学》一书。

9 月

黄汉著《管子经济思想》一书由商务印书馆出版。该书为商务印书馆《百科小丛书》之一种。第六章《工业政策》第一节《工

---

① 私立金陵大学农科研究所农业经济部编:《私立金陵大学农科研究所农业经济部章程》，南京：私立金陵大学农科研究所农业经济部，1936 年，第 16—17 页。

② 郑学稼:《日本财阀史论》，上海：生活书店，1936 年，第 45 页。

③ 寿勉成编著:《高中公民（二）·经济概要》，南京：正中书局，1936 年，第 116 页。

业之重要及奖励》，将《管子》某些经济主张与李斯特进行比附，提出管子对于工商业的重视，“其理论颇似德人李士特（List）”，而奖励工业品制造、商业干涉政策、政府主导对外商业，“虽然其事近于理想，而其理则甚精，故其聪明才智，当较李士特而上之”。[①]

10 月

加田哲二著、徐汉臣译《德国社会经济史》一书由商务印书馆出版。作者在该书第十一章《交通的发展》中，提出李斯特于1831年所提出的德国铁路发展计划，实际上“确立德国铁道网理论”，但其有关铁路国有的主张，并未被德国接受。[②] 较之铁路发展这种相对较为专业的领域，作者在第十四章《统一国家形成和俾士麦》中涉及李斯特的讨论，更能凸显其在德国历史发展过程中的积极作用。在作者看来，普法战争结束后，德国的经济政策，“第一是俾士麦底军国主义的和平政策——保护政策、币制改革、镇压社会党、社会保险；第二是李斯特的资产阶级经济论和保护政策等等，都能收得巨大的成功”[③]。

11 月

陈寿衡在《浙江省建设月刊》第10卷第5期（国防经济建设专号）发表《国防建设与航运》一文。该文引李斯特批评中国只注重内河航运而忽视航海事业的相关言论，指出“中国民族大半缺

---

① 黄汉：《管子经济思想》，上海：商务印书馆，1936年，第94页。
② 加田哲二：《德国社会经济史》，徐汉臣译，上海：商务印书馆，1936年，第196页。
③ 加田哲二：《德国社会经济史》，徐汉臣译，上海：商务印书馆，1936年，第266页。

乏海洋冒险性”①。针对中国的国防经济建设，作者就航运事业提出各项政策建议后，在结语部分引李斯特观点进行总结：“夫国防之力量，在乎保持国家固有之元气，与乎保障国家各种事业之发展。然李士特有言曰：‘然而航业不过一国实业权力之一部耳，此一部欲臻于发达，非其他各部俱臻于发达不为功。航业，内外贸易，甚至于农业，仅能于工业发达到高度繁荣之状态，始能存发皇之象，古今各国，莫不皆然。’又曰：‘英国所以能以占有广大之殖民地者，乃受其优越之制造力也。苟欧洲其他国家亦欲参与开辟荒疆之利益，化野蛮之国而使之至于文明，必须自发展其本国制造力始，自发展其海上商业始，自发展其海军势力始。’由此观之，则航业对于国防虽属重要，而航业本身之发达，有赖其他社会政治经济之力量之共同发展，吾人不可不察也。”②

布葛来、纳富尔编及高达观译述《社会学原理》一书由商务印书馆出版。作者在该书第四章《经济的社会》第四节《各团体之经济任务》中，谈及“经济观点上的国家”，引述李斯特两部经济学著作。

12 月

王子坚编《各科学习研究法》一书由上海经纬书局出版。该书为“中学补充读物”。书中收录蒋建白撰《怎样研究经济》一文，认为可从经济原理、经济思想两方面研究经济问题；其将经济思想

① 陈寿衡：《国防建设与航运》，《浙江省建设月刊》第 10 卷第 5 期（国防经济建设专号），第 60 页。

② 陈寿衡：《国防建设与航运》，《浙江省建设月刊》第 10 卷第 5 期（国防经济建设专号），第 71 页。

分为“自由主义”“国家主义”两类，并将李斯特的国家经济学与社会均归入“国家主义”类下。

1937 年

1 月

陈陟、张翼人编《世界各国成功人传》一书由经纬书局出版。该书所含西方古今成功之士，共分哲学家、文学家、科学家、音乐家、画家、雕刻家、军人、政治家、经济学家、探险家、宗教家、实业家、社会学家等十三类。其中经济学家八人，李斯特亦列其中；其传记内容，聚焦于概述其生平活动及论著，未涉及具体经济主张。

军事委员会办公厅第四处编《经济动员论》一书由南京军用图书社出版。作者在该书第三节《预测之战争》中，引述王开化译《国家经济学》中所论 1806 年拿破仑宣布欧洲大陆对英经济封锁，证明“排货所给予排货国之经济利益，则厥功甚伟”[1]。

2 月

周宪文于本月 1 日在《新闻报·时代商人副刊》栏目《学说介绍》发表《李斯德之保护贸易论》一文。该文以李斯特国民经济五阶段论为主，强调其保护贸易的主张“系相对的，非绝对的”，且“当时李氏之有此种理论，其受书本之影响者较少，出于本身之见闻者实多”。[2]

---

① 军事委员会办公厅第四处编：《经济动员论》，南京：军用图书社，第 28 页。

② 周宪文：《李斯德之保护贸易论》，《新闻报·时代商人副刊》1937 年 2 月 1 日，第 20 版。

朱伯康（1907—2005）[①] 著《从静止的中国到动荡的中国：兼论思想制度与人物》一书由香港现代中国出版社出版。在该书第五章《中国所需的思想》中，朱伯康认为亚当·斯密、李嘉图及李斯特、马克思分别代表了经济学中“三种体系不同的思想（功利的自由放任主义、民族主义、社会主义）”。[②] 而他在第六章《中国所需的制度》中提出，在经济方面，“英国的自由主义的道路，中国是无福享受。用私人企业、自由竞争的方式以发展产业，中国大概是走不通了”，而应当吸纳以李斯特学说为代表的民族主义道路，“民族主义的道路，在今日的中国，是应该走的，而且绝对走得通”，呼吁抗战胜利以后“建立保护关税，取缔外人在中国的企业，以保护民族工业，发展民族工业，以逐渐工业化”。[③]

3月

蒋静一编《唯生论文选》一书由政治通讯社出版。书中，蒋静一在其《唯生经济学之基础知识》一文中，论及历史学派特点之处，以李斯特和罗雪尔二人为开宗立派之人物。

刘煦南在大夏大学经济学会主办之《经济丛刊》第 7 期发表

---

① 朱伯康，浙江台州人。1930 年毕业于上海劳动大学经济系，后参加十九路军抗日活动，任第 78 师政治部主任，1934 年起，留学德国，1937 年获法兰克福大学经济学博士学位。回国后，任中山大学、浙江大学、中央大学、复旦大学等校经济学教授，为 1949 年后复旦大学经济系首任系主任。除《从静止的中国到动荡的中国：兼论思想制度与人物》外，尚著有《经济建设论》《经济学纲要》《中国经济史纲》《十九路军抗日血战史料》《中国经济通史》等书。

② 朱伯康：《从静止的中国到动荡的中国：兼论思想制度与人物》，香港：现代中国出版社，1937 年，第 34 页。

③ 朱伯康：《从静止的中国到动荡的中国：兼论思想制度与人物》，香港：现代中国出版社，1937 年，第 51 页。

《历史学派的经济思想史要》一文。该文从保护贸易学说的层面，概述了李斯特的国民经济发展五阶段论及其对德国历史发展的积极影响。

4月

胡祥麟、陈世材编《非常时期之交通》一书由中华书局出版。该书为中国新论社《非常时期丛书》之一种。作者在书中论及铁路在非常时期起到的作用之处，介绍李斯特对于铁路经济价值的重视，以及其在德国铁路事业中发挥的重要作用："德国之重要铁路系统，多系出自李氏规划。"①

孙杰人编《工业经济概论》一书由中华书局出版。该书为中华书局《现代经济丛书》之一种。唐庆增在为该书所作序言中指出，一个国家的经济发展存在一定的步骤和阶段，而按照李斯特国民经济发展五阶段论："目下我国实犹停滞于李氏所举第三及第四时代，农业日渐衰落，工业方在萌芽，经济基础摇荡莫定，如是而欲与欧美先进国家相争逐，宁有幸存之理耶？"②

卫恕编《青年问题与修养》一书由北新书局出版。该书为北新书局《青年丛书》第一种。作者感于当时"意、德、日诸国对于本国青年之拼命的训练作战"等现象，特为"我国在学的或失学的青年男女"编写此书。③ 书中，第六节《社会科学的学习法》指出，学习经济学要"随着各派学说发展的先后而精读其主要的名著"，并建议读者在逐次精读重农学派、自由主义学派、社会主义

① 胡祥麟、陈世材编：《非常时期之交通》，上海：中华书局，1937年，第11页。
② 唐庆增：《唐序》，载孙杰人编《工业经济概论》，北平：中华书局，1937年，第1页。
③ 卫恕编：《青年问题与修养》，上海：北新书局，1937年，第1页。

学派的代表性著作后，“次读历史学派的李斯特（List）的《国家经济学》”。[①]

张一凡、潘文安主编《财政金融大辞典》一书由世界书局出版。该书“历史学派”条目下，以李斯特倡导保护关税的历史背景为例，论证历史学派所主张之经济的历史事实是经济学说的源头，“历史示明经济的定理”。[②]

5月

谷口吉彦著、陈寿琦译《国际经济的理论与问题》一书由商务印书馆出版。该书为何炳松、刘秉麟主编《社会科学小丛书》之一种。第二篇《国际间的商品移动》第一章《国际分工的成立》、第七章《关税问题的变化》第二节《从育成关税到加特尔关税》，论及李斯特保护贸易学说产生的背景与基本内容、育成关税的目的。

现代知识编译社编《现代知识大辞典》一书由现代知识出版社出版。该书“归纳学派”“历史学派”条下提及李斯特的内容，均沿袭自前揭《现代语辞典》中的相应内容。

毕吉娄著、齐植璐译《经济学史纲要》一书由中华书局出版。该书为中华书局《现代经济丛书》之一种。全书分《引言》《斯密亚丹以前之经济学说》《古典派经济学》《社会主义的潮流》《现代经济学说之主潮》五章。第五章中，作者将李斯特归为“崇实学派（realist）”下之“国民经济学派”。作者将国民经济学派定义为“以重新决定国家在经济范围中之地位而自矢的一派”[③]，并概述李

① 卫恕编：《青年问题与修养》，上海：北新书局，1937年，第109页。
② 张一凡、潘文安主编：《财政金融大辞典》，上海：世界书局，1937年，第141页。
③ 毕吉娄：《经济学史纲要》，齐植璐译，上海：中华书局，1937年，第102页。

斯特有关保护政策、国家干涉政策与自由贸易的主张。作者虽然认为李斯特是“国民经济学派中最重要的伟大人物”“德意志的一位热烈的爱国者和有力的传教者”，但总体评价不高，提出：“李士特对于依赖‘历史事实（facts of history）’的一点，曾反复申言，并轻视当时流行的学说，而冠之以‘哲学’的称号，但是他的成就仍没有像我们紧接着就要讨论的那些学者（笔者按，罗协、希尔德布兰、克尼斯）那样深远。”①

6 月

何擎天编著《德国政略论》一书由上海国际研究社出版。该书第五节《德国最近之殖民》在讨论德国二十世纪三十年代殖民问题时，回顾了李斯特有关殖民政策的论述对于十九世纪四十年代以降德国历史走向的影响。作者认为“（李斯特）详述菲列滨之汤姆司相丁满所宣传之殖民政策，大有神圣联盟之观念，而且历史上大有光荣之纪念。此种殖民思想之宣传，全是振作当时德国国家强盛之表现，这是表示殖民政策为国家与国家有神圣联盟之精神”，并进一步指出，李斯特所言“国家有良政策，须先有良政府，而后有良国家、有良国民，对于殖民地之建设思想和义务权利，务须两相容纳，然后可以达到殖民之目的”，影响到希特勒对于德国民族性、独立热的认知。②

金天锡编著《经济思想发展史》一书由正中书局出版。该书为正中书局《社会科学丛书》之一种。在该书第一编第三章《历史学派》第二节《缪勒与李士特》中，金天锡主要依据王开化译

---

① 毕吉娄：《经济学史纲要》，齐植璐译，上海：中华书局，1937 年，第 106 页。
② 何擎天编著：《德国政略论》，上海：国际研究社，1937 年，第 35 页。

《国家经济学》及刘秉麟《李士特经济学说与传记》，概述李斯特的生平、国家观念、生产力说以及其对于亚当·斯密自由贸易的批评。在他看来，李斯特以国家为本位的历史观点以及反对古典学派的经济学方法和经济政策，“完全摆脱一时的个人的立场，而欲站在永久的社会的立场。因此，他被认为德国历史学派的先驱者与国家经济学派的始祖”[①]。尽管金天锡认为李斯特的经济学说适合德意志当时的发展要求，推动了德国经济的发展，但也指出李斯特的经济学“过于偏重政策，所以有人谓其具有树立新重商主义的倾向”[②]。

周宪文主编《经济学辞典》一书由中华书局出版。该辞典“李斯特”条目，内容包括李斯特生平概要、经济学主张和代表性著作，云：“李斯特（Friedrich List，1789—1846），德国经济学者，生于拉特林根（Reutlingen），为一皮匠子。二十八岁时，国家官吏考试合格后，任浮泰姆堡（Württemberg）会计检察官。未几，被聘为杜平根（Tubingen）大学经济学教授。尝以当时德国内国关税之征收为工商业发达之莫大阻碍，乃竭力主张撤废内国关税，四出游说，努力十余载，始于一八三四年成立德国全国关税同盟。其间曾一度渡美，目击美土工业之勃兴，返国后提倡保护关税主义，对英国自由贸易论者 R. Cobden 之主张，痛下针砭，为保护贸易主义之首倡者。一八四一年，著 *Das Nationale System der Politischen Oekonomie* 一书，以历史之见地论述国民经济之发展与组织，为德国历史学派经济学之第一人。一八四六年，因患不眠症，以手枪自

①② 金天锡编著:《经济思想发展史》，南京：正中书局，1937年，第215页。

杀。其主要著作，除上述一书外，尚有 *Das Nationale Transportsystem*, *1838*；*Die Politisch-Öko-nomische Nationaleinheit der Deutschen*, *1846* 等，均为世界名著。”① 评价较为正面。

7月

刘絜敖（1908—1995）② 著《经济学方法论》一书由商务印书馆出版。该书为商务印书馆《大学丛书（教本）》之一种。卷首有刘秉麟序。全书分《导论》《理论与历史》《价值判断》《理念范型》《认识对象》《理解方法》《静态与动态》《数理方法》《社会法律方法》《现象学的方法》《结论—方法论之认识论的倾向》等章。第二章第三节《历史学派之方法论——历史方法之发展》，以“历史学派的先驱者李士特的方法论”为首，概述《政治经济学的国民体系》一书的历史主义立场，认为：“李氏是从经济政策尤其是从对外贸易的立场以反对古典学派之经济学的，他的国民经济的方法因适即为历史方法之先驱，故吾人宜特别加以重视。”

罗素著及王聿修、王纯修译《自由与组织（1814—1914）》一书由进步学社出版。该书为《进步学社丛书》第二种。作者在论及与自由主义相对立之保护主义及经济族国主义时，两处提及李斯特，论述之角度均不正面。一是英国自由贸易原则在现实世界中遭受到的挫败，云：“德国的经济学家李士特（List）最先（在一八

① 周宪文主编：《经济学辞典》，上海：中华书局，1937 年，第 274 页。

② 刘絜敖，1928 年，入日本早稻田大学政治经济系，1932 年，赴德国柏林大学经济系，1935 年获经济学博士学位回国后，历任暨南大学、复旦大学、光华大学、交通大学、上海财经大学经济学教授。著有《经济学的理论方法与历史方法》《经济学体系之新区分》《美国经济学的新发展》《经济学方法论》《比例代表法概说》《货币商品说论评》等书。

四一年）给了保护主义（Protectionism）一个理论的辩护。这就是有名的‘雏形工业’论。例如钢业，某一国家或许天然很适合发展一个大规模的钢工业，但因有外国的竞争，开办的费用无人敢出，除非有政府的帮助。在李士特写著时以及稍后的时期，德意志正是这种情形。但经验告诉我们，只要采用了保护政策就不能再撤销，甚至到这雏形工业已巨大地长成时。”①

另一处则是讲李斯特学说是引起世界大战的德国的经济民族主义的历史渊源之一：“经济的族国主义不是一个新学说。在十七世纪和十八世纪的前七十年中，它被认为是当然的事……韩密顿（Alexander Hamilton）在亚当斯密士时代仍保持着较旧的看法，他的《制造业报告》使得美国的工业界奉行一种国家式的经济。李士特（Friedrich List）在一八二五到一八三二年之间住在美国，他吸收了韩密顿的学说，并在他的一八四一年出版的《国家经济学》（*National System of Political Economy*）中，把它教与德意志人。当时，克布登派的潮流是很强的。甚至李士特亦仅主张保护‘幼稚的工业’，同时相信最后是自由贸易。但当俾士麦将自由主义击败，使族国主义胜利的时候，李士特被人想起来，并且发见他供给了一种理论上的论证，正合一八七〇年后的德意志人所愿作的。他之所以重要，是因他从国家的立足点观察经济。”②

8月

傅英伟著《近代经济战争论》一书由南京兴华图书馆出版。该

---

① 罗素：《自由与组织（1814—1914）》，王聿修、王纯修译，北平：进步学社，1937年，第135—136页。

② 罗素：《自由与组织（1814—1914）》，王聿修、王纯修译，北平：进步学社，1937年，第351页。

书第十四章《平时经济战之重要性》第七节《关税》中，作者以李斯特保护关税学说在欧洲各国的影响与实践为例，说明“关税亦成经济战中重要之方法矣”[①]。

1938 年

4 月

陈炤发表《发扬东方文化问题之检讨》一文。文中，作者注意到当时文化界存在“今日正研究李士特（李，德人经济学家，倡保护政策者），明日又为共产党之信徒，晨朝崇拜太戈尔，入暮即随敬服萧伯纳之种种现象”[②]。

5 月

叶青著《抗战中底问题》一书由抗战出版社出版。该书第六篇《关于统制政策》，认为近代以来存在两种国家发展模式：一种是“民族独立，政治统一，生产依着自然生长而逐渐趋于发达”的奉行自由主义和个人主义的国家，以英国最为典型；另一种则是“民族未独立，政治未统一，生产要遵循某种目的的意识性而迅速趋于发达”的奉行民族主义的国家，以德国为代表，而亚当·斯密、洛克与李斯特、黑格尔分别是这两种国家发展模式在经济和政治层面的代表人物。[③] 叶青认为统制政策是“后一个类型底国家整个实践经验之归纳”，且中国“无疑的是属于德国一个类型”；因此，在

---

① 傅英伟：《近代经济战争论》，南京：兴华图书馆，1937 年，第 67 页。

② 陈炤：《发扬东方文化问题之检讨》，载《庚戌言论偶存（第一集）》，天津，1941 年，第 8 页。

③ 叶青：《抗战中底问题》，汉口：抗战出版社，1938 年，第 19 页。

抗战的时代大背景下，中国政府在经济上实行统制政策具备相当的合理性：“生存需要它，发展亦需要它。主张自由主义的人把中国当成了英国。事实上，中国是中国，属于德国一类。它应该产生李士特和黑格尔一流人来高调保护政策和国民经济，并给国家以神圣的地位。”①

8月

柯尔著及王博今、王渔邨译《世界经济机构总体系》一书由中华书局出版。该书为中华书局《现代经济丛书》之一种。第八章《对外贸易与财政制度》第七节《外国贸易的理论》，以李斯特为代表介绍国家经济学对于国际贸易的态度，但其重点不在于分析李斯特与亚当·斯密之异，而是强调李斯特对斯密学说的继承之处。

郑学稼在《中央警官学校校刊》第2卷第3号发表《我们应学习历史学派》一文。作者批评自从经济学传入中国以来，流行一时的各式各样的经济学说基本上没有“为我国家、我民族贡献多少的珍贵意见”，也没有“发生何种积极的作用”，症结即在于国人“从没有为自身的需求，而探究政治学”。② 在抗战的时代大背景下，作者呼吁中国经济学界“应站在民族本位的立场，要求适合于目前及不久将来客观环境所迫需的政治经济学”，明确提出“我们要学习历史学派”的主张。③ 文中，作者从经济学说要适应本国国情的角度，论述了李斯特保护主义学说与当时德意志政治、经济实

① 叶青：《抗战中底问题》，汉口：抗战出版社，1938年，第19—21页。

② 郑学稼：《我们应学习历史学派》，《中央警官学校校刊》第2卷第3号，第39页。

③ 郑学稼：《我们应学习历史学派》，《中央警官学校校刊》第2卷第3号，第39—42页。

际情况间的有机联系，提出："我们和近代的德国，在整个历史发展，对于统一之点有些相似。因之，我们和她（德国）在开始，对于政治经济学却是外来的学问。德国经过民族独立之后，用保护政策，发展资本主义生产力，我们也有如此的需要。德国当时经济政策的提供者，是历史学派。"①

周子若在《中国之路》第 1 卷第 1、2 期发表《保护主义的理论》一文。该文在第三部分讨论"幼稚工业的保护或教育关税论"之处，主要归纳了李斯特保护贸易的前提条件、发展阶段、经济领域、目的，等等。总体而言，作者认为尚处于后发阶段的中国确有采行保护贸易的必要，"现代世界是国与国、民族与民族间激烈竞争的时代，有时确实须牺牲若干经济的利益，以换取国家民族的安全"②，并以李斯特相关主张为准，逐一指出中国采行保护主义经济学所要具备的前提条件。例如，对于在保护贸易中占据重要地位的关税保护，作者提出："现代农工业的发展，以合理的政治制度为前提，如无合理的政治制度，任何高度的关税均是无用。李士特的保护论，以政治、文化达到一定水准之后为出发点，且将政治制度，以及道德、文化的力量，列入生产力之林。关于这个条件，中国尚待最大的努力。"③

陈独秀等著《所谓国际两大阵线》一书由独立出版社出版。该书为《战时综合丛书》第二辑之一种。书中，收录郑学稼著《论和平与侵略两大集团》一文。该文在叙及德、意、日三大法西斯国家的早期发展之处，引用李斯特《政治经济学的国民体系》对于德

---

① 郑学稼：《我们应学习历史学派》，《中央警官学校校刊》第 2 卷第 3 号，第 42 页。

②③ 周子若：《保护主义的理论（下）》，《中国之路》第 1 卷第 2 期，第 7 页。

国十九世纪初期分裂状态所做的分析。

12月

《时事新报（重庆）》本月1日发表社评《教育学术会议闭幕以后》。文中，作者认为教育要以服务抗战建国为目的，要重视社会科学大会的作用，指出："（中国）社会科学家之能如菲希特，如李士特，也是我们的理想。"①

1939年

1月

刘振东编著《美国抗战建国史》一书由正中书局出版。该书为中央政治学校主编《战时问题丛刊》之一种。书中，作者在讨论美国独立战争的正面影响和国家建设问题时，认为美国首任财政部部长汉密尔顿的《关于制造业问题的报告》眼光远大，其中提出的保护政策，"不惟植美国保护关税之基，为后此美国经济发展之保障，且为德国李士特国家经济学派之先导"②。

2月

刘秉麟著《经济学》一书由商务印书馆出版。该书原为前揭之商务印书馆新学制高级中学教科书《经济学》，经修订后，作为职业学校教科书，重新出版。该书第一编《绪论》第四章《经济学的派别》下之《李士特与历史学派》，承袭刘氏于1928年出版之《经济学》。

---

①《教育学术会议闭幕以后》，《时事新报（重庆）》1938年12月1日，第2版。

② 刘振东编著：《美国抗战建国史》，重庆：正中书局，1939年，第28页。

4月

中华计政学会编《二十二年高等考试会计人员试题解答》一书由商务印书馆出版。该书内容为国民政府考试院于1933年10月举行之第二届文官高等考试经济、法律、政治类试题及答案。其中，“经济学”共有三道试题，第三道试题为“试各就本人所见，论述过去经济学说之一般的缺点及今后应有的改革”。[①] 针对题目提出的问题，中国计政学会会员、军需学校教官金天锡与暨南大学经济系主任朱通九撰写了两份答案，供后来考生参考揣摩。金天锡在其独自完成的第一份答案中，明显对英国正统学派和奥地利学派持批评态度，而倾向于历史学派之主张。在陈述正统学派和奥地利学派的缺点后，金天锡以李斯特“谓在国家经济之为智者，在私人经济或为愚矣；在私人经济之为智者，在国家经济或为愚矣”一点，证明其所谓社会与个人实相冲突，“社会虽为个人之集合，惟有利于个人者，未必有利于社会”。[②]在此基础上，他进一步批评自由放任政策和“理论之绝对主义”，提出研究经济“应以历史之记载与统计之数据为根据，而用归纳方法”，重视经济理论的“历史性与地方性”，并引李斯特国民经济发展五阶段论与保护政策之关联，论证“事实与理论，并非一成不变者”[③]。

5月

黄旭初著《中国建设与广西建设》一书由桂林建设书店出版。

---

①② 中华计政学会编:《二十二年高等考试会计人员试题解答》，上海：商务印书馆，1939年，第184页。

③ 中华计政学会编:《二十二年高等考试会计人员试题解答》，上海：商务印书馆，1939年，第187—188页。

该书为民团周刊社主编《建设文库·甲种丛编》第一种。第二章《中国革命的原理》第二节《三民主义的科学性》，在叙及十九世纪以后国家主义之处，涉及李斯特国家主义经济主张在国家主义转向帝国主义过程中扮演的角色，观点和文字多袭用前揭胡汉民《三民主义的连环性》一文。

1940 年

1 月

萧冠英在《广东省政府公报（元旦特刊）》发表《战后中国工业建设问题》一文。该文在追溯运用国家力量建立重工业体系、变革旧有工业结构之处，以苏联工业化过程为例，认为苏联重工业发展政策，是“李士特（F. List）名言的最好的注脚”，并云：“中国要想提早完成工业化的过程唯一的途径，只有仿效苏俄的前例，在战后用国家的全力来建立一个重工业系统。”①

张毓珊著《经济思想史》一书由商务印书馆出版。② 在该书第十一章《李士特》中，张毓珊依据李斯特《政治经济学的国民体系》英译本，参之以其他英文和德文经济思想史论著，相对详细地梳理了李斯特的生平及其有关国民经济发展五阶段论、生产力说、保护关税的理论，以及其与重商主义理论之间的区别。在他看来，尽管李斯特的经济思想存在颇多可议之处，诸如欧洲经济社会的发

---

① 萧冠英：《战后中国工业建设问题》，《广东省政府公报（元旦特刊）》，韶关：广东省政府秘书处编译室，1940 年，第 124 页。

② 据卷首序，1937 年 7 月，张毓珊已完成初稿，时任教于国立上海商学院。1947 年，商务印书馆再版该书。

展“商业资本之发达，实先于工业”，不符合其国民经济发展五阶段论的划分标准；又如，李斯特认为后发国家需要实行保护政策以扶植幼稚工业，待其发展程度可与外国竞争，则应取消保护政策，而“其含义果若何，一国工业之发展，至若何程度始脱离幼稚状态，而能与外国相竞争，似难有明确之界限”。① 但是，张毓珊还是从经济学学理发展的角度，给予李斯特“出于实际经验之体察”“不若一般正统学派的经济学说之过分偏于抽象”的经济思想以极高的评价：其一，从经济学方法论层面而言，李斯特不仅是“最先用比较历史的方法，以阐明经济学说”，而且其主张的商业政策，也比古典学派的绝对主义“更有弹性”，“商业政策之采行，应顾全一国政治之环境及其经济发展之阶段”；其二，从经济学的立场角度而言，较之古典学派忽视国家在经济方面的重要性，李斯特则弥补了这一严重的理论缺憾：“建立一种新的立场，即国家的立场……国家不仅是政治和道德的组织，同时是一个经济的组织；一国人民在精神方面能够团结，则国家政治的力量便能伸张；一国在经济方面能够统一，亦能增进国民的生产力，增加全国的繁荣。”②

2 月

中国经济学社编《战时经济问题》一书由商务印书馆出版。书中，李立侠在《中国战时贸易政策之演进》一文中提出，贸易政策在历史上经历过自由贸易、保护贸易、统制贸易和国营贸易四个阶段，而中国在抗战建国的时代背景下应该实行国营贸易。他在论及

---

① 张毓珊：《经济思想史》，长沙：商务印书馆，1940 年，第 167 页。
② 张毓珊：《经济思想史》，长沙：商务印书馆，1940 年，第 167—168 页。

保护贸易之处，首以李斯特的国家主义和生产力说概括保护贸易的产生和内涵，认为这是德国由农业国转型为工业国的当然之举，也在广大后发国家产生了实质影响："李士特的学说，在德国获得胜利之后，即盛行于美国，同时落后的工业国家，为保护其幼稚工业，也竞相采用保护主义的贸易政策。"①

3月

虞侃著《自学的理论与实际》一书由长风书店出版。该书为《青年丛书》之一种。第八章《自学种种》第三节《自学社会科学》中，针对想要涉猎经济学著作的读者，作者建议其在阅读重农学派、古典学派、社会主义学派的相关名著后，应阅读历史学派的著作，包括李斯特《国家经济学》。

4月

周硕彀在《时代评论》第3卷第49、50期合刊发表《战后的经济制度与经济建设》一文。文中，作者提出抗战胜利后，自由放任和共产主义的经济制度均不适应中国，主张以民生主义为中心，实行"国家为中心的，计划和统制生产"的政策。周硕彀在分析自由放任政策的弊端时，认为李斯特批评自由放任政策只从个人主义和世界主义两端出发，而"恰恰泯灭了国家民族的差别"，"说得非常透彻"，并引其具体主张为据。②

7月

毕格罗著及王造时、谢诒徵译述《社会科学史纲·经济学》一

---

① 李立侠：《中国战时贸易政策之演进》，载中国经济学社编《战时经济问题》，长沙：商务印书馆，1940年，第207页。

② 周硕彀：《战后的经济制度与经济建设》，《时代评论》第3卷第49、50期，第33页。

书由商务印书馆出版。作者在该书第五章《现代经济学之若干主潮》论及国家主义派之处，称许李斯特是“最伟大之代表”“一热诚的德意志爱国者兼有力的宣传家”，指出其学说特色在于“集中其注意于具有充分重要性之本国国情而扶助彼等之发展”，而亚当·斯密所追求的世界主义需要建立在每个国家均已充分发达的前提之下。①

祝世康著《民生主义的真义》一书由重庆中山文化教育馆出版。该书为《抗战特刊》第四种。第三章《民生主义与资本主义》第二节《资本主义经济学理的检讨》，概述了李斯特反对古典经济理论、排斥个人主义，主张保护贸易的国家主义经济观点。

8月

吕调阳著《民生主义经济学》一书由桂林立体出版社出版。书中，作者在谈及民主国家的生产作用、孙中山及国民政府废除厘金与关税问题时，曾引李斯特的相关主张为依据。

余醒民、周硕彀等著《战时经济建设与新中国经济制度》一书由香港时代批评社出版。该书为《时代丛书经济组》第一种。作者在第二章《战后的经济制度与经济建设》第二节《需要适合国情的经济制度》，提出自由放任的经济制度已经落伍于时代，并不“是自然的，最好的制度；是绝对的，不能毁灭的制度”，并引李斯特对自由主义经济学说的三点批评作为依据，认为其“对此说说得非常透彻”，进而主张：“我们战后的经济制度，自然不能以此为取

① 毕格罗：《社会科学史纲·经济学》，王造时、谢诒徵译述，长沙：商务印书馆，1940年，第494—495页。

法，再蹈欧美人的覆辙，演出极端严重的错误，尤其是我们乃积弱国家，经济方面，着着落后，比较经济的先进国，相差不可以道里计；若还要拘泥于自由放任，听任先进国的侵略必会更加沉溺，沦于无底，至于万劫不复。”①

10月

张毓珊②著《国际贸易原理》一书由商务印书馆出版。该书第五章《国际贸易政策之理论》，认为李斯特属于“虽然承认国际分工的利益，但在实际的贸易政策方面，他们却主张在若干情形下，一国应采取保护政策”的“折衷保护贸易主义”一派，并着重介绍了李斯特在国内贸易方面主张自由竞争，在国际贸易方面要求采取保护贸易，并以自由贸易为最高理想的经济思想。③ 同时，作者也指出李斯特此种经济思想中不够圆融清晰之处，提出：“折衷保护贸易主义，因亦颇有可非议之处，如李士特主张一国应保护其幼稚工业，但幼稚工业与非幼稚工业之界域何在？……从事工业生产者，亦不愿承认其生产事业已臻于完备，不必再有国家之保护。”④

1941 年

2月

吕调阳于本月 15 日、16 日、18 日在《扫荡报（桂林）》上

① 余醒民、周硕豭等：《战时经济建设与新中国经济制度》，香港：时代批评社，1940 年，第 29—30 页。

② 张毓珊，时任国立上海商学院经济学教授。

③ 张毓珊：《国际贸易原理》，上海：商务印书馆，1940 年，第 114 页。

④ 张毓珊：《国际贸易原理》，上海：商务印书馆，1940 年，第 121 页。

发表《再谈“怎样研究经济学”——谨向千家驹教授及桂林青年朋友们进一言》一文。针对广西大学教授千家驹于 1941 年 1 月发表于《中学生》第 37 期的《怎样研究经济学》，将英国古典主义经济学等同于“资产阶级经济学”的全部，以及研究经济“要以社会主义为依规”[①] 的观点，作者指出，“古典学派的经济学，虽自称是有世界性，但在事实上，出了英国地域以外的任何地域，都是行不通”，并重点介绍了李斯特的保护主义经济主张及其在德国、美国的影响和实践，力图说明：“一切经济理论，都只能适用于某种特殊的场合，非可应用于世界……研究古典学派的经济学理，便也要研究历史学派的经济学理，以明了其特殊性与实用性。”[②]

8 月

《扫荡报（桂林）》本月 3 日刊发代邮启事，读者中若有人持有李斯特《国家经济学》一书且愿意出让者，可将出让条件寄信至桂林邮箱 215 号。

9 月

朱谦之著《孔德的历史哲学》一书由商务印书馆出版。该书为商务印书馆《社会科学小丛书》之一种。朱谦之在谈及孔德历史哲学的影响之处，指出李斯特在《政治经济学的国民体系》一书中阐发的国民经济阶段说，“也是受孔德社会史观的影响无疑”，并详细

---

① 千家驹：《怎样研究经济学》，《中学生》第 37 期，第 16 页。

② 吕调阳：《再谈“怎样研究经济学”——谨向千家驹教授及桂林青年朋友们进一言》，《扫荡报（桂林）》1941 年 2 月 15 日，第 4 版。

分析了其与孔德经济发展三阶段论的关联。[①]

是年

刘不同著《民生主义之租税制度》一书由青年书店出版。在该书第五章《根据平均地权节制资本之原则对于中国今后租税制度之刍议》中，刘不同引用孙中山与李斯特有关保护关税之主张，呼吁中国采取关税保护措施，促进工业发展。

1942 年

10 月

刘文钧于本月 30 日在《中央日报扫荡报联合版》发表《对于“中国工业化”应有的认识》一文。作者引李斯特所言“无国家统一及国家权力之扶助，个人企业终难成功”[②] 为据，力言中国工业化不应该忽略国家的扶植能力。

是年

陈兆琨[③]在《北京大学论文集》发表《读马尔萨斯〈人口论〉感言》一文。作者在该文第四节《论民族生存竞争应重国家主义及社会环境》中，引述李斯特反对英国亚当·斯密的自由贸易学说之缘由，呼吁国人注意马尔萨斯的节制生育学说对于民族生存发展的负面作用。

---

① 朱谦之:《孔德的历史哲学》，上海：商务印书馆，1941 年，第 81 页。

② 刘文钧:《对于“中国工业化”应有的认识》，《中央日报扫荡报联合版》1942 年 10 月 30 日，第 6 版。值得注意的是，该文认为抗战胜利后，百年国耻一洗，应该实行关税政策。

③ 陈兆琨，哥伦比亚大学经济学博士，北京大学法学院教授。

1943 年

1 月

高犁夫在《甘肃贸易》第 2、3 期合刊发表《读〈国家经济学〉后之释义及观感》一文。作者在概述李斯特生平及王开化译《国家经济学》各章主旨大意之后，强调其学说产生的时代背景以及相对于古典经济学说的进步之处。该文指出，李斯特的经济思想有三大贡献：一是运用历史主义的研究方法，“有了历史观念而后经济学上才知道采用归纳方法，以事实对证学理”；二是国家观念与国家思想，“有国家观念及国家思想，然后才知道经济学上个人的福利是与国家福利问题相并立的”；三是生产力学说，“有生产力学说而后在经济学上才知道国家资本之重要和除却物质之财富外，还有精神的财富。同时为培养未来的生产力起见，还不妨牺牲现时的交换价值”。[①] 值得注意的是，在第二次世界大战的时代背景下，作者将李斯特的国家主义经济学与德国纳粹联系起来，提出：“其国家经济学中之‘武力’‘殖民’部分，也无形中替帝国主义者所助倡也。或者也可以说，今日之纳粹经济政策未免不有受其遗毒而致肆虐。”[②]

朱伯康在《新经济》第 8 卷第 7 期发表《自由贸易与保护关税》一文。针对 1943 年 1 月中国与美、英两国签订《中美关于取消美国在华治外法权及处理有关问题之条约》和《中英关于取消英国在华治外法权及其有关特权条约》，不平等条约得以废除，朱伯

---

①② 高犁夫：《读〈国家经济学〉后之释义及观感》，《甘肃贸易》第 2、3 期合刊，第 105 页。

康敏锐地觉察到“此次约文充分表现缔约国双方关于通商、航海、设领、旅行及内地居住，有同等之权力，此在国际公法及惯例上原为平等之待遇，但在经济上，对于我国为一极大之负担”。① 在他看来，之所以如此，根源即在于中国与美、英等工业先进国家间的经济发展水平并不在同一水平：“中国经济资本贫弱，航行大洋之船舶竟无一艘，即本国海岸商埠及内河间航行之船只亦十之七八属外人所有，而外籍在华经商之个人及公司，其资本恒较优于我国商人，如是而言自由贸易或双方平等，在程度上实有区别，且其实际利害相差甚大。”②对此，朱伯康从经济学理的层面评析自由贸易和保护贸易两种学说的内涵及适用情况，指出李斯特经济学说的中心论点在于“认为每一民族各有在经济上脱离其他民族而自由独立及发展之权利，而经济之自由发展，乃为其民族独立之基础。此基础之巩固，在于能发展各民族自己之生产力，使不受其他民族之摧残”，而其最为人熟知的保护关税，不仅是“培养本国民族生产力之必要步骤”，而且在思想和实践层面影响深远。③ 两相对比之下，朱伯康认为中国需要认识到工业先进国家主张自由贸易的目的，提醒国人：“所谓贸易自由，以不妨害中国经济建设及发展之自由为界限，即先帮助中国经济建设使能自由发展，到达实际平等之程度时，然后国际贸易的真正自由，方能互收其益，不致牺牲一方而造成另一方之繁荣的所谓‘偏面利益’。”④

①② 朱伯康：《自由贸易与保护关税》，《新经济》第 8 卷第 7 期，第 121 页。
③ 朱伯康：《自由贸易与保护关税》，《新经济》第 8 卷第 7 期，第 122 页。
④ 朱伯康：《自由贸易与保护关税》，《新经济》第 8 卷第 7 期，第 123 页。

2 月

王铉于本月 13 日在《时事新报（重庆）》发表《世界的将来——根据经济立场的一个看法》一文。该文从西方经济史出发，展望第二次世界大战结束后世界的和平持续与世界经济走向。在论及纳粹德国有关欧洲经济构想之处，作者指出："鉴于拿破仑反抗英国封锁大陆政策的错误，李士特在其《国家主义经济学》一书中曾强调重建一个欧洲集团——以德奥匈荷组成一个关税同盟——以抗英国，这就是希特勒计划的历史渊源。"①

蒋介石在《总裁言论》第四辑发表《中国经济学说》一文。这篇以蒋介石名义发表的文章，批评当时社会上流行的经济学说"只是一意袭取西洋的成说"，而对于"中国固有的经济学说，就是经济的道理，亦未必能了解，更未必能接受"。② 尽管该文对近代经济学持负面评价，认为无论哪一学派"总以人的欲望为出发点"，但对西方经济学发展线索的描述大致无误。其中，论及自由主义兴起以后经济学发展之处，则云："到了十九世纪中叶，德国的经济思想便自成一个系统，李斯特的《国家经济学》反对亚丹斯密的个人主义，而主张国家；反对亚丹斯密的放任政策，而倾向于保护政策。"③ 第四节《民生主义之经济原理》中，作者指出第二次工业革命以来，自由主义已经失灵，自由放任的经济政策并不适合中国社会，提出："中国久在不平等条约束缚之下，工业落后，不

---

① 王铉:《世界的将来——根据经济立场的一个看法》,《时事新报（重庆）》1943 年 2 月 13 日，第 2 版。

② 蒋中正:《中国经济学说》,《总裁言论》第 4 辑，第 1—2 页。

③ 蒋中正:《中国经济学说》,《总裁言论》第 4 辑，第 7 页。

能够与发达的各国竞争，故在国际贸易方面必须采取保护政策。”①

梁式文著《财政学大纲》一书由广州大学出版组出版。该书第四章《生产的经费与不生产的经费》中，作者介绍了李斯特的“生产说”，强调李斯特所提出的国家及其行动虽不直接作用于经济生产，但生产创造财富之能力，是“和消费说互相反对，是德国资本主义发展的要求和英国资本主义发展的要求互相反对的缘故”。②

3 月

张仲琅著《经济原理》一书由四川省印刷局出版。该书第二编《本论》“前言”部分，认为经济学的本体应该分为经济历史、经济原理、经济政策、经济政策四大门类，且引用李斯特通过比较德、英两国所处不同之历史阶段进而提出保护贸易政策为例，解释何为经济历史。

6 月

侯厚培、侯厚吉编《商业通论》一书由黎明书局出版。该书第十一章《商业政策》第二节《商业政策的发达》，围绕“国家保护政策”，简述李斯特贸易保护政策的背景、主张观点和影响。

7 月

宋则行在《经济建设季刊》第 2 卷第 1 期发表《自由贸易理论与保护贸易政策：论战后我国贸易政策的抉择原则》一文。文中在论述幼稚工业的抚育与保护政策之处，主要以《政治经济学的国民体系》中有关保护政策的合理性及其限度为准，并且认为：“以抚

---

① 蒋中正：《中国经济学说》，《总裁言论》第 4 辑，第 14 页。
② 梁式文：《财政学大纲》，韶关：广州大学出版组，1943 年，第 100 页。

育幼稚工业为目的之保护政策，实际上不过是自由贸易理论的修正，允为极合理的主张。”①

10 月

王亚南著《经济科学论丛》一书由中华正气出版社出版。该书共收录十篇已经发表的文章。在《政治经济学及其应用》一文中，作者在论及“德国经济学者是怎样形成他们的经济理论”时，将李斯特视为“历史学派的前导者”，“更把过去渐要沉淀下去的‘国家至上论’，很具体很实际的应用到经济学方面……他由历史方法反对英国经济学者之普遍主义、演绎主义，所达出的结论——即德国经济未发展到足与英国抗衡的程度，不能采取自由贸易政策，而必须采行保护政策的结论，都为其后继者装饰在经济史料和学说史之‘博学的美装’里面，以一个经济学派的姿态呈现出来”。②

至于“变现为民族生存斗争武器的经济理论”问题，作者亦言：“当一个国家或一个民族，对外处于劣势的时候，求解放的经济理论便被强调着。反之，当他处于优势的时候，又必然要采用另一套理论……李士特及其后继者的保护主义学说，在科学的评价上，尽管远不如自由主义经济思想之系统而深入，但在作为战斗武器的实践意义上，却显然是自由主义思想之致命的死对头。”③

11 月

伍启元于本月 25 日、26 日、27 日在《正义报（昆明）》发表

---

① 宋则行：《自由贸易理论与保护贸易政策：论战后我国贸易政策的抉择原则》，《经济建设季刊》第 2 卷第 1 期，第 30 页。

② 王亚南：《经济科学论丛》，赣州：中华正气出版社，1943 年，第 83 页。

③ 王亚南：《经济科学论丛》，赣州：中华正气出版社，1943 年，第 84 页。

《经济建设的双重意义》一文。该文从技术革命、社会革命、建设文化三个层面申述中国在抗战胜利后经济建设所应注意的方向。在作者看来，战后的经济建设不仅仅是一场技术革命和社会革命，也是一场新文化革命："在现代世界中，只有进取的、向前的、合理的和科学化的文化，才能保存民族的生命，才能迎合潮流的新方向。"[①] 为论证只有实现工业化的国家才能具备此种文化，作者表示，"关于这一点，我们大体上同意德儒李士特在《国家经济学》中所作的分析"，并概述书中涉及工业化国家的民众具有"进取的精神、企图竞胜的精神、企图自由的精神和合理的及科学的精神"。[②]

张与九[③]著《经济学原论》一书由商务印书馆出版。该书第二编《价值与价格》第六章《商业与价格》论及国际贸易处，介绍自由贸易、保护贸易之分别。作者高度肯定李斯特生产力说及保护政策的合理性，认为自由贸易原则尽管"不失为跻世界于永久和平之道"，但是就各国国民经济而言，则未必然，因为"各国之经济阶段不齐，如悉采自由贸易政策，将见经济落后之国家，尽为经济进步及海军力富强之国家所征服，否则亦将成半殖民地"。[④]

是年

吴希庸（1911—1968）[⑤] 著《西洋经济思想史》一书刊行。该

---

①② 伍启元：《经济建设的双重意义》，《正义报（昆明）》1943 年 11 月 27 日，第 3 版。

③ 张与九，时任四川大学经济学教授。

④ 张与九：《经济学原论》，上海：商务印书馆，1943 年，第 132 页。

⑤ 吴希庸，辽宁辽阳人。毕业于东北大学化学系，后赴法国南锡大学，获经济学博士学位。回国后，任东北大学经济系教授、系主任、安东省教育厅厅长等职。1949 年后，任教于北京铁道学院。除了《西洋经济思想史》，尚著有《人口思想史》《民众教育演讲须知》《铁路史话》。《西洋经济思想史》一书应为当时油印讲义。

书第四篇《现实主义的反动》第三章《李士特》中，作者从“生涯与著作”“《经济学之国民体系》的纲领与主题”“国民联合与世界联合”“各经济阶段及其比较”“保护关税”“生产力说”“发展生产力的国民条件”“国际贸易真功效”“我们的批评”等九个方面，详细总结了李斯特经济学说的主旨与特点。值得注意的是，吴希庸指出，新文化运动以来的近代中国，李斯特的经济学说已经变成一种日用而不知的知识资源：

> 自从中国“启蒙运动”开始以来，我们岂不都自觉地成为李士特主义者了吗！我们一致要求关税自主保护我们幼稚的工业。我们无论发表什么宣言、什么政纲，常常反复的提倡工业化，我们早已切实感觉吃了只有农业的亏。除了极少数至死不悟的人，谁还相信可以“以农立国”呢？谁不在想抵抗帝国主义商品的侵略呢？我们宁愿服从价高质劣的国货，想用这个可怜的方法为本国工业制造机会，牺牲目前，期望将来，这不是对于“生产力说”表示信心吗？总之，近二十余年来，我们在经济方面的言论和行动无一不能在李氏大著中找到理论的根据！
>
> 不仅此也！从世纪开始以来，世界各国不是一致在努力造成一个新的重商主义时代吗？这不是李士特主义又是什么？今日的经济学者胆敢明目张胆的主张保护关税恐怕没有一个，然而“关税壁垒”却天天在筑着。可见，世界一天不实现不同，李士特主义便要到处风行。①

---

① 吴希庸：《西洋经济思想史》，1943 年，第 70—71 页。

此说颇可反映李斯特经济学说在近代中国传播之一斑。

徐令誉编述《经济学讲授大纲》由陆军大学出版。该书第一编《总论》第二章《各种经济学派》论及历史学派之发展，以李斯特主张保护贸易政策之理由为始，并对其历史影响给予正面评价，云："凡近于自由贸易政策之国家，卒受英国工业所压迫，证明里氏之见解不得不采取其保护贸易政策。其影响所及，致现时世界各国除英国外，仍莫不奉行斯说，未有更改。"①

1944 年

2 月

保罗·爱因直喜著、顾崇寿译《战后和平的保障》一书由独立出版社出版。该书为中山文化教育馆战后世界建设研究会《战后世界建设研究丛书》之一种。作者在第七章《纳粹底重建军备计划》中指出，战前数年德国纳粹大力推行的"应尽可能以求自给自足"的国防经济政策并非独创，而是渊源有自，"早在十九世纪，德国底主要经济学家李士特（Friedrich List）已经明言经济的自给自足应当是德国的目标……德国应当在国内生产所有的国防的主要货品，是必要的事"。② 此外，作者亦指出，尽管德国在经济上并不存在实现自给自足的可能性，各种战略物资的对外依赖程度更深，大异李斯特之时代，但"纳粹政府仍能以最大的努力，在变迁的情

① 徐令誉：《经济学讲授大纲》，重庆：陆军大学，1943 年，第 21 页。

② 保罗·爱因直喜：《战后和平的保障》，顾崇寿译，重庆：独立出版社，1944 年，第 74—75 页。

况下，采取李氏底学说”①。

张道行著《战后世界和平问题》一书由国民图书出版社出版。该书为国民图书出版社《国际编译社国际问题丛书》之一种。张道行在第五章《战后国际经济秩序的建立问题》谈及中国在第二次世界大战结束后经济建设的途径之处，主张在对外贸易中实行保护关税政策，理由则是“李士特之说虽似陈旧，然中国目前之实业基础正如当时之德国，以是彼之学说仍适用于今日之中国。国际自由交换制度以贸易国实业发达程度相平等为前提，惟平等始能言自由，言互惠，故中国实业在未与先进国立于平等地位以前，保护政策不能放弃”②。

4月

褚葆一在《国立中央大学社会科学季刊》第1卷第2期发表《保护贸易新论据：不完整竞争与保护政策》一文。作者认为当时的经济理论尚未对大多数关税自主国家所采取的保护贸易政策提出一个圆满的解释，其中，“德国李斯脱的保护贸易论，虽然现在没有一个经济学家能够加以完全的否定，然而他也仅仅只能指出幼稚工业需要保护的理由。现在多数实行保护政策的国家，其工业的发展早已超出‘幼稚’的阶段，所以李斯脱的理论，到了这里也无能为力了”③。

---

① 保罗·爱因直喜：《战后和平的保障》，顾崇寿译，重庆：独立出版社，1944年，第75页。

② 张道行：《战后世界和平问题》，重庆：国民图书出版社，1944年，第84页。

③ 褚葆一：《保护贸易新论据：不完整竞争与保护政策》，《国立中央大学社会科学季刊》第1卷第2期，第78页。

5月

王延超编著《财政学概论》一书由上海立信会计图书用品社刊行。该书为《立信商业丛书》之一种。书中，作者在第二篇《支出论》第三章《支出的经济性质及影响》中批评李斯特有关国家及其行动能够对个人发挥一种无形的能力，并使其创造财富的生产力说，“虽能说明公共支出的生产性质，但未免太过笼统”①。

6月

孔君佐著《明日之世界》一书由中央书报发行所出版。书中，作者在回顾所谓“全体主义”在德国的产生和演进之处，认为李斯特经济学说亦为其中一个关键因素，提出“德国历史学派之李斯特也是主张经济制度以发展全社会福利为目的，后来就成为德国挣脱凡尔赛体系，复兴锦上添花之全体主义的论据”②，很明显将之与德国法西斯经济政策挂起钩来。

刘大钧著《工业化与中国经济建设》一书由商务印书馆出版。该书为《国民经济研究所丙种丛书第一编》之一种。第四章《战前我国工业》第二节《以往促进工业发展之因素》，总结了1929年国民政府“裁厘加税”之后调整税率诸项措施对于中国工业发展起到的积极作用，进而感慨：“故李斯特（List）与开里（Carey）诸学者主张提高关税，以保护国内新兴之工业，实为工业后进国家所当奉为圭臬者也。”③

---

① 王延超编著:《财政学概论》，上海：立信会计图书用品社，1944年，第49页。
② 孔君佐:《明日之世界》，南京：中央书报发行所，1944年，第135页。
③ 刘大钧:《工业化与中国经济建设》，重庆：商务印书馆，1944年，第48页。

7月

李家斌在《新知识月刊》第1卷第3期发表《李士特之工业建国论的研究》一文。该文从经济背景的事实与理论、农业国家不易富强的原因、农业与工业经济之资本累积比较、工业生产力优越的原因、工业与国防等层面，讨论李斯特工业发展学说与“其所处的时代背景之如何地类似今日的中国”①。面对当时轰轰烈烈讨论“工业建国”的浪潮，作者提出：“若根据现代的眼光以批判一百年前的李士特，则其思想当有许多未全之处。但若念及今日的中国经济，与百年前的美德经济，多有相同之处，则李士特的思想虽有未全之点，亦值得吾人加以充分的研究。须知李士特的‘工业建国’学说之一般结论，直至今日，仍是准确的。”②

8月

无冏在《新学生》③ 本年第7—8月号《每月人物·七八月出生的学术文化界巨人》栏目发表《德国历史学派的经济学家——李士特》一文。该文将李斯特视作德国历史学派的创始人，并从比较的角度，概述其经济学方法、主张与古典经济学派的差异。作者对李斯特及整个德国历史学派的评价不高，认为“他们底所谓‘历史’确实不是历史，他们的旧派及其后起的新派对于历史上的诸经济阶段说却有好几起，他们的划分标准是从什么交换、分配、供给、需要以及获得方法着手的，都是些徒劳而无功的东西”，即便是受到后人重视的

---

① 李家斌:《李士特之工业建国论的研究》,《新知识月刊》第1卷第3期，第7页。

② 李家斌:《李士特之工业建国论的研究》,《新知识月刊》第1卷第3期，第15页。

③《新学生》由中华正气出版社出版，发行人为蒋经国，地址在江西赣县生佛坛前48号，“为辅导青年学生进修之刊物”。

工业建国论和关税保护论，他也认为适用于当时农业占比较少的德国："以之移植于今日的中国，那是种估计模仿的经济学者底手法。衡量一下今日的世界经济底发展状况以及今日的中国底本质与现象环境，哪一端和李士特时代的德国相比？我们倘若想抄李士特的药方来医治中国这样复杂的病症，徒见其昧于时代的大势而已。"①

12 月

沈志远著《近代经济学说史大纲》由国讯书店出版。该书为国讯书店《国讯学术丛书》之一种。第八章《历史学派》第一节《时代·概说》简述李斯特国家主义经济学说与当时德国经济发展客观需求之间的关系，认为李斯特国家干涉主义和保护政策的理论为德国历史学派的成立提供了依据，历史学派"是带着浓厚的国家主义色彩的经济学派"。②

朱伯康著《经济建设论》一书由青年出版社出版。该书为《青年丛书》之一种。朱伯康在第八章《经济建设中保护关税问题》第二节《保护关税之目的及其措施》中，引用李斯特保护贸易政策在德国经济发展中的贡献，作为"保护关税，实为经济落后之民族所必要"③ 的重要依据。

1945 年

1 月

严仁赓在《思想与时代》第 39 期发表《从理论上事实上分析

① 无冏：《德国历史学派的经济学家——李士特》，《新学生》1944 年第 7—8 月号，第 46 页。

② 沈志远：《近代经济学说史大纲》，重庆：国讯书店，1944 年，第 265—266 页。

③ 朱伯康：《经济建设论》，重庆：青年出版社，1944 年，第 117 页。

贸易保护政策》一文。文中，面对一二百年来自由贸易学说在理论上占据绝对优势，而保护贸易学说被批评得几乎体无完肤的状况，作者认为："那时被称为保护贸易派的德儒李司特（F. List）也不能算绝对的保护主义者。"因为在他看来，"他的基本论点和自由派大师的斯密亚当也相差很有限。李、斯两氏都从客观的立场主张自由贸易，也都认为只在本国工业幼稚需要保护时，才可以设立关税；不同者只是斯密亚当侧重以自由学说辟重商主义之谬，而李司特则在说明关税在某种特殊情形以下（保护幼稚工业）的必要性。着重点两人各趋一端而已"①。

7月

简贯三编著《工业化与社会建设》一书由中华书局出版。该书为中山文化教育馆《社会科学丛书》之一种，第四章《中国工业化的条件及途径》第十二节《工业建设的先决条件》"国内的统一安定"部分，论及中国工业化所需国内之统一，并非单纯的政治统一，援李斯特所言德国工业化之阻碍为据。

1946 年

1月

时光源著《二次大战教程》一书由青年日报社出版。书中论及殖民地问题在第二次世界大战爆发中起到的作用之处，认为李斯特《政治经济学的国民体系》一书与德国的殖民意识存在关联："到了十八世纪，德国的殖民意念渐渐地滋长起来，有一位名叫李斯脱

---

① 严仁赓:《从理论上事实上分析贸易保护政策》,《思想与时代》第 39 期，第 20 页。

的著了一本《国家经济学》，阐明殖民地的重要性。”①

2月

傅筑夫于本月15日在《世界日报》发表《名词上的辨正——计划经济与经济计划》一文。针对抗战胜利后，国内在经济建设方针上——尤其是政府官员和多数国民党——强调采取计划经济的重要性，作者反对国民党方面提出的计划经济主张，呼吁政府“对于整个的经济建设应有远大的经济计划”。在论述自由主义经济政策是打破传统经济束缚、解放生产力的一个有利的工具之处，作者引李斯特有关生产力的解说为证：“生产力能不能培植发展，乃是一国经济能不能繁荣发达的一个主要关键，李士特在他的国家体系经济学中所强调的正是这一点。”②

6月

宜勤于本月30日在《复兴日报》栏目《星期论文》发表《自由贸易与保护政策》一文。作者有感于当时财政部坚持“各民主国家皆采取自由贸易政策，处此潮流之中，我国决不能采用关税壁垒”③，介绍和评析自由贸易与保护贸易两类学说的基本主张，提及李斯特为保护贸易的倡导者。

7月

春生于本月22日在《复兴日报》发表《由李士特的学说谈到我国的建设问题》一文。该文从保护贸易学说的角度概述李斯特国

---

① 时光源：《二次大战教程》，开封：青年日报社，1946年，第31页。
② 傅筑夫：《名词上的辨正——计划经济与经济计划》，《世界日报》1946年2月15日，第1版。
③ 宜勤：《自由贸易与保护政策》，《复兴日报》1946年6月30日，第1版。

家经济、生产力说的理论内涵，并以之为基点，思考处于工业落后阶段的中国应该采行的工业发展策略，“在我们目前的环境，李士特氏之方策，未尝不可以提供参考”；至于具体如何区处，则包括实施有条件的特惠国待遇、进口定额分配、以物易物等手段。①

《前进报》14 日发表社论《挽救民族工业的危机》。该文引述李斯特保护贸易主张在德国民族工业发展中起到的积极作用、生产力理论，呼吁政府在当时的经济建设中“引为借镜”，发展民族工业，实现经济自主，进而保障政治自主。

9 月

萧金芳著《欧洲联邦问题》一书由中国文化服务社出版。该书为中国文化服务社《青年文库》之一种。该书第三编《欧洲关税联盟之沿革》第一章《关税同盟之实例》、第二章《关税同盟之方案》，均论及李斯特在德国关税同盟创立过程中发挥的作用，以及其成立欧洲关税同盟的构想。

12 月

王亚南著《社会科学新论》一书由福州经济科学出版社出版。该书第一部《社会科学认识论》第三节《论社会科学的应用》，论及“经济理论在民族生存斗争上的应用”这一问题时，曾以英、德两国近代历史发展为例证；其中涉及德国部分，引李斯特对于自由主义经济思想之批评为据。

朱伯康著《经济学纲要》一书由中国文化服务社出版。该书共分《导论》《生产》《交换（货物流通）》《分配》《消费》五编。

---

① 春生：《由李士特的学说谈到我国的建设问题》，《复兴日报》1946 年 7 月 22 日，第 4 版。

附录“学说史”部分，概述了从“重商主义”到“现代经济学之新倾向”等经济学的七个发展阶段，其中包括“李士特之民族主义经济制度”。朱伯康重点介绍了李斯特以民族思想反对英国古典经济学派的出发点和目的、既反对自由贸易但以自由贸易为根本追求的历史精神、生产力学说的独特内涵。

该书对李斯特评价极高，“李士特（Friedrich List，1789—1846）在经济学上之贡献，有不可磨灭之伟大功绩，一切落后民族、新兴民族，或正图独立强盛之民族均不忘其成绩，其学说将永为各民族自求经济独立发展之南针。他的巨著《经济学之民族制度》（*Das Nationale System der Politischen Oekonomie*，1841）在经济思想上另辟新天地，创立新学派，为后来之历史学派奠定基础。他是一位最有创造性的经济思想家”，最后呼吁国人：“李士特的经济学，实有裨益于我国，愿大家注意多研究。”[①]

《大刚报》本月20日报道武汉大学代理校长刘秉麟主持“总理纪念周”，发表《德国历史学派的经济研究方法》演讲。该报载，刘秉麟认为历史学派的精神所在，即是“将经济史与经济思想史打成一片，亦即学理与事实之融合”的特点，并从这一角度出发介绍李斯特倡导反对斯密自由主义经济学说，力主保护关税、铁路统一等适合工业不发达国家的背景和理由。演讲中，刘秉麟从历史学派的立场出发，提倡分析经济问题“必须先问吾国之背景假设是否与西洋尽同”，批评“今人一味标榜美国经济学术，不顾吾国事实，真是张冠李戴”。[②]

---

① 朱伯康：《经济学纲要》，重庆：中国文化服务社，1946年，第297—299页。

② 启示：《刘秉麟教授主讲历史学派经济研究法》，《大刚报》1946年12月20日，第3版。

1947 年

1 月

鄢洪林在《财政评论》第 16 卷第 1 期发表《保护贸易政策之理论根据》一文。作者质疑贸易保护政策对于世界经济繁荣有百害而无一益的观点，提出“在自私的国家主义下所行之保护政策与在利他的大同主义下所行之保护政策，实大有其趣”，并引李斯特《政治经济学的国民体系》中国民经济发展五阶段论及保护关税的学说为据，指出：“凡是发展在农业时代或农工时代之国，皆以此种学说为根据而施行保护政策，德国即其最著者。”①

2 月

王道根于本月 1 日在《青年中国》上发表《近代欧洲经济思想之发展》一文。该文将李斯特及其“标榜国家主义，反对自由贸易学说，主张保护政策”② 作为历史学派的代表，并以之解释历史学派较之一般的经济原理，更为重视特殊的经济史实。

7 月

陈德规著《战后中国经济问题》一书由唯真出版社出版。③ 在《论计划的自由贸易》一文中，作者认为李斯特提出的落后国家必须采取保护关税的主张，推动了内战结束后的美国和普法战争后的德国的经济发展，指出：“不论是从理论抑或是实际那一方面说，今日的

---

① 鄢洪林：《保护贸易政策之理论根据》，《财政评论》第 16 卷第 1 期，第 69—70 页。

② 王道根：《近代欧洲经济思想之发展》，《青年中国》1947 年 2 月 1 日，第 4 版。

③ 据该书《序言》及文末作者自注，该文撰成于 1936 年 8 月 15 日，后发表于《民意》杂志。

中国在在都有毅然实施全面的保护政策，抑或计划贸易的必要。”[①]

11 月

常燕生著《生物史观浅说》一书由中国人文研究所出版。该书为中国人文研究所《国家主义丛书》之一种。作者在该书第七章《生物史观与经济》中指出：“自从李斯特的《国家经济学》发表以后，国家逐渐觉悟经济的活动是应该属于国家全体的，因此有种种保护本国经济利益的政策出现。”[②]

李仁柳著《战后经济建设论》一书由上海中国文化服务社出版。该书为中国文化服务社《青年文库》之一种。第二章《我国战后经济建设的途径》第一节《产业各部门务求均衡发展》指出，“农业和工业，辅车相依，关系非常密切，决不能偏废，也不宜有轻重之分”，并引李斯特“一国工业与农业的发展，端赖于二者的相互结合，结合欲密，则发展愈快”为据，并说李斯特此说为“至理名言”。[③]

是年

许涤新著《经济论衡》一书由耕耘出版社出版。该书为耕耘出版社《新知识丛书》第三种。书中，许涤新在《全体主义是什么东西?》[④] 一文中批判维也纳大学经济学教授奥特马·斯班（Othmar

---

① 陈德规：《战后中国经济问题》，福州：唯真出版社，1947 年，第 90 页。

② 常燕生：《生物史观浅说》，上海：中国人文研究所，1947 年，第 77 页。

③ 李仁柳：《战后经济建设论》，上海：中国文化服务社出版，1947 年，第 26 页。

④ 1949 年 12 月，该书出版第四版，书名改为《最近经济思想的批判》。据许涤新在该版卷首《四版序言》中自述，《全体主义是什么东西?》一文原于抗战期间发表于《群众》，目的是反对陶希圣在其替蒋介石捉刀的《中国经济学说》一书中蕴含的“法西斯蒂的全体主义”，并以之“巩固他的独裁统治”。（许涤新：《最近经济思想的批判》，上海：耕耘出版社，1949 年，第 2 页）

Spann）鼓吹的全体主义反对自由主义和马克思主义，是足以左右希特勒上台前的青年的哲学思想。在追溯此种思想的历史渊源时，他认为斯班深受李斯特的影响；因为在他看来，李斯特的经济思想“是国家主义的，是观念论的，是主张干涉政策的”，而这些“又是史班的全体主义的重要原素”。①

1948 年

1 月

张又悭（1910—1943）② 著《西洋经济史》一书由中国文化服务社出版。该书为中国文化服务社《青年文库》之一种。作者在《绪论》中论及经济发展阶段之处，首及李斯特国民经济发展五阶段说，批评李斯特的这种划分方式并不符合历史事实：“农作无疑是常常和畜牧连在一起的，商业则在本国工业未得到重要意义之前，已早开始发展，且其发展又足以帮助其工业生产之扩大。”③

2 月

彭迪先著《经济思想史》一书由四川大学经济系出版。据作者自序，该书是在其于 1938—1948 年间在西北联合大学、武汉大学、

---

① 许涤新：《全体主义是什么东西?》，载《经济论衡》，上海：耕耘出版社，1947 年，第 61 页。

② 据《西洋经济史》卷首关吉玉《悼张又悭教授》、张孟闻《三弟又悭事略》、朱伯康《张著〈西洋经济史〉出版弁言》：张又悭，又名又新，浙江宁波人。曾先后就读于早稻田大学、德国歌德学院、耶拿大学等校，习经济学，专攻国际贸易，获博士学位，博士论文为《世界大战后中国对外贸易发展之趋向》。1934 年回国，任教于光华大学、交通大学、中山大学、中央政治学校、中正大学等校，教授经济学；抗战期间，任财政部贸易委员会外汇处专员，兼浙赣皖苏四省稽核查稽组主任、财政部田赋管理委员会驻赣省督导。著有《经济学讲义》《国际贸易》《西洋经济史》。

③ 张又悭：《西洋经济史》，上海：中国文化服务社，1948 年，第 7 页。

四川大学等校讲授经济思想史讲稿基础之上整理而成。第五篇《近世第三期——历史学派的经济思想》第二章《历史学派的先驱者》第二节《李士特》，较为详细地评述了李斯特经济学说的长处和缺陷。

4月

郭诚德著《立体的纯经济史分期的方法论》一书刊行。在该书第二十一章《进步的纯经济阶段与落后的纯经济阶段的发展法则》中，作者提出，其所谓“进步的纯经济阶段”的发展法则是自由主义，“是人民推动政府，是纯经济（本区域纯经济）推动政治”，而所谓“落后的纯经济阶段”的发展法则，则是“政府推动人民，是政治推动纯经济（或者说是别国或别区域的进步的纯经济推动本国或本区域落后的政治）”。[①] 作者将近代以来的英国和德国分别视作这两种发展法则的代表，而“亚当斯密的《原富》是接触时进步的纯经济阶段的自由主义纯经济政策理论的代表著作，李斯特的《国家经济学》是接触时落后的纯经济阶段的国家主义纯经济政策理论的代表著作”[②]。

7月

张启源在《聚星》第2卷第1期发表《自由贸易与保护关系之探讨》一文。作者认为，世界各国关税理论与关税事实相违背，表面上崇尚自由贸易，而实际上都带有重商主义之色彩，希望尽量输出，减少输入。出于此，张启源从学理层面对自由贸易和保护关税进行评析。文中，作者详细介绍了李斯特保护关税学说的内涵、构

---

①② 郭诚德：《立体的纯经济史分期的方法论》，1948年，第58页。

成施行保护幼稚工业的要点、后世对于保护关税学说的误解，以及实行其保护幼稚工业理论的困难，内容较为翔实扼要。

张东荪著《民主主义与社会主义》一书由观察社出版。该书为《观察丛书》第一种。张东荪在该书第 26 节《计划经济的出现》中提出："计划经济的思想并不是出于马克思，反而可以说是出于德国李斯特一派号称为国族主义的经济学。"①

8 月

夏炎德著《中国近百年经济思想》一书由商务印书馆出版。该书附录二《中国近三十年来经济学之进步》中评价马寅初经济学成就，着重分析了李斯特经济学说在其《马克斯学说与李士特学说二者孰宜于中国?》《中国经济改造》等论著中的体现，总体上对马寅初的相关论点持批评态度，说："（马寅初）认为自由主义与社会主义派均不宜于中国，中国宜采取德、奥学者所提倡之'全体主义'（Universalism），故颂扬亚当慕勒（Adam Müller）、李士特与斯班（Othmar Spann），于后者之学说摭述更详，且谓中国历史上亦有全体主义。此种附会之说，实属牵强万分。"②

11 月

赵迺抟③编著《欧美经济学史》一书由正中书局出版。据作者自序，该书是供大学经济学系"教材之用"。全书共六编、三十三章节，除第一编为《重商主义与重农主义》外，其余五编以国家为单位，分别介绍英国、美国、德国、奥地利、法国等五国经济学发

---

① 张东荪：《民主主义与社会主义》，上海：观察社，1948 年，第 47 页。

② 夏炎德：《中国近百年经济思想》，上海：商务印书馆，1948 年，第 172—173 页。

③ 赵迺抟，北京大学经济研究所教授。

展之脉络。作者在第四编《德国经济思想》中，将李斯特归为国家主义派，并与穆勒一同作为德国国家主义派经济学的代表人物。第四编第二节《李士特的经济学说》，除介绍李斯特生平外，主要从“经济史”“经济理论”“经济体系”“经济政策”概述《政治经济学的国民体系》一书之要点，并以之作为李斯特经济学说的主要特色。

对于李斯特经济学说，作者有肯定，亦有批评，认为该书：“讨论国际贸易、政府在商业上之职务以及德国关税联盟诸问题。此书主要的目的，即在推翻英国学派所主张之自由贸易的原理。他最大的愿望，即欲指示各国如何才能打倒英吉利在商业上的霸权。李氏之所以提出国际贸易的问题作为全书之中心者，正因为国际贸易在政治经济学中有重大之意义。一国之繁荣，甚而至于一国之生存，或须为一个错误的商业政策所牺牲。尤其在李氏的当年更为重要，对于此问题应予以密切之注意。盖彼时社会之发展，有突飞猛进之势，稍一不慎，则差之毫厘即谬以千里，更较前世纪易陷于危险之境。盖在往昔时代，保守停滞的国家与向前迈进的国家，此二者间相差之距离，绝无今日之甚……李氏在其绪论中，提示在政治经济学的问题中，应注意科学与实践（Science and Practice）的区别。他以为过去双方均有错误，不过最大的错误，还是理想家的偏见太深。美国的古典派，脱离了现实的世界，悬拟了若干假定，而这些假定，不但过去不存在，现在不存在，即将来之能否存在亦成问题。他们以为整个世界，生存于和平与和谐之气氛中，未免过于乐观。他们忽略了国家精神或国魂之差异……李氏所主张国家主义的经济体系，以提倡‘保护’为职志，颇能迎合当时之社会心理而适合当时德国之特殊情形。李氏之书充满了从历史上与经验上得到的例证。说明颇为透彻。惟此书的逻辑不甚严格，重复与矛盾之处甚多，文字是一种报章体裁，似乎离‘科学的著作’的标准尚远。”①

朱谦之著《文化社会学》一书由中国社会学社广东分社出版。该书第六章《经济的文化概念》第十节《经济思想史的四时期》，指出李斯特并不是真正意义上的历史学派的创始者，对该学派最有贡献者其实另有其人。而在第六章《经济的文化概念》中，则引马克斯·韦伯（Max Weber）对李斯特所作相关批评，主张讨论经济文化，应该舍弃原始和畜牧状态，“只从农业时代讲起”。②

江文敏著《经济学讲授大纲》一书由陆军大学出版。书中论及历史学派及李斯特之内容，在文字上与前揭徐令誉编述《经济学讲授大纲》并无出入。

1949 年

2 月

胡今编《计划经济通论》一书由中华书局出版。该书第一章《计划经济的原理》第一节《计划经济的由来》，引用英国经济学家 E. H. 卡尔（E. H. Carr）有关李斯特与计划经济关系的相关论述，梳理计划经济概念的提出与最初实践。

7 月

王亚南著《政治经济学史大纲》一书由中华书局出版。该书为中华书局《大学用书》之一种。在该书第四篇《辩护的经济理论

---

① 赵迺抟编著：《欧美经济学史》，南京：正中书局，1948 年，第 394—396 页。
② 朱谦之：《文化社会学》，广州：中国社会学社广东分社，1948 年，第 148 页。

体系》第二章《历史学派的经济学说》第二节《旧历史学派》中，王亚南概述李斯特“以为经济学是基于经验的科学，对经济现象加以历史的经验的叙述，便是经济学的任务”这一观点及其相关实践，并评价李斯特学说“在表面上，虽然像是把自然与理想调和起来，但在他所提倡的经验科学的经济学本身的每一个毛孔中，却已被注入理想主义的血液”。①

8月

涂西畴著《产业革命》一书由中华书局出版。该书为中华书局《大众文化丛书》之一种。作者在第二章《各先进国家产业革命是怎样经历过来的》中论及德国完成产业革命过程之处，认为李斯特“内倡统一，外倡保护关税的大声疾呼”，是当时德意志新兴资产阶级对于内部受封建因素束缚，外部受英国商品大量输入的现实的客观反应，极大地促进了德意志资本主义的发展。②

---

① 王亚南：《政治经济学史大纲》，上海：中华书局，1949 年，第 357 页。

② 涂西畴：《产业革命》，上海：中华书局，1949 年，第 52—53 页。

第三篇　附录：近代李斯特经济学说研究选萃

外国贸易论

陈焕章

序　　论

近世世界列国之政策，一言以蔽之，曰国家本位主义是已。夫其所谓教育者，奖励国民以对外者也；所谓外交者，纵横捭阖以固一己之地位者也；所谓军备者，维持相当之兵力恃为最后之一手段者也。而下至凡百庶政，几无不与此大主义息相通。呜呼！黄金世界既无涌现之日，则竞争均势之局虽长，此终古可焉。吾以是因果，观察列国经济政策之变迁，曰亚丹斯密世界主义、个人主义之说所以见摈于当世，而李斯德氏国民经济之论所以独称于列国者，又岂无故哉！国民经济者，近世国家主义日益发达，知经济上之利害亦不可不以国民为标准，而国际分工虽为消费者个人之利益，然一国需要之物仰给于他国，决非国家长治久安之计，故宁牺牲一部分消费者之利益，使一切物品一国自生产之，以谋国民全体之利益。故国民经济之政策，不注重世界与个人，而以国民为本位者也。以是之故，经济独立问题遂骚于列国，而谋农工商三业之发达，最为学者、政治家之所注意。而操此中消息盈虚之关键，外之抵抗入口之货，内之奖励本国产业者维何？曰贸易政策是已。

所谓经济之独立者，何也？一国之食品、原料与制造品并足以自给，而不受制于他人之谓也。美国开国以后，奖励农业不遗余力，而自一千八百六十七年以来，实行保护政策。德意志于一千八百七十九年，俾士麦实行商业政策，而近年来又竭力保护农业。澳洲、加拿大固新进国而富农产者也，而近来保护工业不止。英国固以商工业立国者也，而近来彼国政治家竭力主张与殖民地行特惠关税制。盖皆将以谋一国之食品、原料与制造品并足以独立而不仰给于人，即为一国经济上之独立计也。盖自前世纪以来，交通机关日益便利，昔者因政治之分立而可以行经济之分立，今者不然。世界列国由政治上观之，虽分若数十国，而经济上之关系，则天下犹一家也。一国之变迁，全世界为之动摇；全世界之风潮，数十国咸相警备。而当此横风怒潮之中，雄于经济界者则胜，啬于经济界者则败。胜败云者，家国存亡之所系，而一国民经济界上之位置所由以定也。今即以例言之，使一国以农业立国而不能产制造品，则全世界以交通利便之故，万国之货源源而来，不几时固已充塞我之市场矣。虽曰我以农业品换工业品，足以相偿，而农业品之不敌工业品，固章章明甚也。因是日剥月削，势不永为债务国不已；且一旦有事，平日所依赖外国之军用品若战舰、炮弹等，至此不能输入，则其灭亡可立而待也。反之，以商工立国而农业品不能独立者，亦莫不然。若英国者，食品、原料一仰给于外国。即以食品言，一年本国产者十六亿磅，余自外国输入者则十七亿磅有余，而英国幸有此广大之殖民地，故平日尚不受制于人。然一旦与他国启衅，殖民地之交通为他国所断绝，则本国人民不数月间固已尽成饿莩。至是而欲保政治之独立，其可得乎！呜呼！经济界混合之关系既若是其可危，则一国纵不能使之超然立于此盘涡之外，终不可不讲求所以防卫对抗之策，是即近世经济独立问题之所由起也。

如上所言，则一国欲谋政治上之独立，不可不先求经济上之独立；欲谋经济上之独立，则不可不谋农工商三者之并兴。虽然，于近世农业不能独立者，犹可自立，工业而不能独立，则未有不败亡者，何也？凡社会经济之组织，必始由渔猎而进于牧畜，由牧畜而农业，而农工业，而农工商业。故为世界之文明国者，无不进于工业之一阶级，而其所以必进于工业者，则以工业品之获利多，而足以制胜农业品故也。盖农业品之要素，土地而已，然以其为报酬递灭法所支配，故生产费虽加，而土地之生产力不能应于所投之劳力资本而增加。反之工业则不然，随劳力资本之增加得以无限生产，且生产愈多，资本愈轻，因之获利愈厚，而大足以吸尽人国之脂膏。故世界工业之发达，由工业国言之，实攫取世界市场，开拓殖民地之一利器；而由农业国言之，则漏卮大开，断丧国家元气之一大坦途也。故农业或工业不能独立者，其前途最终之危险。姑置勿论，而于平和上之竞争言之，则工业国之农业虽不能独立，而由工业上所得之利益，大足以补偿之而有余；而在农业国，则常立于被供给之地位，而莫由自振。故以英与中国较，当遭遇战争，其前途同不免于败亡固不可知，然于今日之情势观之，则工业不能独立之国，其危殆愈可知矣。窃观吾国今日之大势，欲求经济上之独立，不可不先振兴商工业。商工业独立问题，实我国之生死问题也。而欲谋商工业之独立，不可不知此中利害关系与夫所以奖励保护之者何如，是在贸易政策。

日俄战争起，世界之视线咸集于炮弹、血肉之竞争。今者东亚已告平和，美德互惠条约将及告成，英俄协商、日法协商已在进行。数年来各国间相互纷扰之问题，尽行解决，此后乃将注全力于极东商业，而区区三岛之日本，自日俄战争以后，已入世界第一等国之列，以近年来输出入贸易而论，则已进于商工业国，而足与各强国相角逐矣。而当此极东之共通竞争市场，为世界之所注目者，其将何以堪之？呜呼！作外国贸易论。

全论共分四章，首章述外国贸易之概念，以示贸易政策之所由来。

（一）外国贸易之概念

次述贸易政策，古代如胜尼基及意大利之自由都府等，固未尝不无特别之商业政策。又十七世纪之重商政策（Mercantilistic System），固一时风靡全世界者，惟自十八世纪以来新学说出，此等政策于世界毫无影响，故略之。现世界各国所行之贸易政策，不出自由与保护两途，而实我辈以后欲改良贸易政策之所不可不本之学说。故此二者，实本论之主人翁也。

（二）自由贸易及保护贸易

定一政策，而实行时不可不有其方法。若关税等，其最著者也，故将种种实行之手段，一述其概略。

（三）贸易政策之手段

于一国贸易政策上所不可不知者，以上三者而已。惟外国贸易日益发达，国际间之交涉日益复杂，因之国际间相互定一定之通商条约，规定国际间贸易事情，故通商条约常有左右一国贸易政策之势力，于外国贸易上实占重要之位置，兹特附论之。

（四）通商条约

本论止就学说上及一般之事实上立论，至于中国之贸易事情及通商条约等，待本论完结，别论之。

第一章　外国贸易（International Trade）之概念

一、外国贸易之起因。外国贸易者，国与国间物产交换之谓也。交换之起因有二：

（一）物产之有无。世界万国以风土气候之不同而生产有异，一国中所需之物，有能生产者，有不能生产者，不能生产者不得不仰给于外国，是有无相通之理与个人之分业无殊。

（二）生产费之比较。交换之起因，不仅在物产之有无，又在生产费之差异。而所谓生产费之差异，不特指二国间一般之生产费之高低之差异，实在两国间诸物品生产费高低之比例之差异也。譬若甲国两物品之生产费虽均较乙国为廉，而若一品与乙国相较有四倍之利，一品止有二倍之利，则甲国但生产有四倍利益之品，二倍利益者仰给于乙国，若是则二国均沾其利，二国间贸易之繁盛即由于此。今将其理由详述之。假若：

中国以或定额之劳力资本产	石炭四吨
	生系四捆
英国以同额之劳力资本产	石炭二吨
	生系一捆

如上例所言，英国之生系与石炭之交换比例为一捆与二吨，于中国则为四捆与四吨之比例，则中国二者之生产并优于英国，以不明此

理者言之，必曰二者中国尽可自产，不必与英国通商矣，虽然，是决不然。中国之生产石炭较之英国有二倍之利，生产生系较之英国有四倍之利，故若并力专从事于生产生系，则可多得二倍之利益；即并全力于生产生系，则可得八捆，以四捆送之英国，而英国二者之交换比例为一与二，则四捆生系可得石炭八吨。果如是，则二者之贸易于英国，既无所损，而中国可多得石炭四吨；况实际交易上，中国必再让去一二吨，使英国亦享其利，以谋贸易之永续。由是观之，外国贸易诚两国交便两利之业也。故若甲国二品之生产虽均优于乙国，必弃其利之小者，而就其大者；乙国二品之生产虽共劣于甲国，亦必择其稍优者为之。外国贸易之大部分，实源于是，非徒起于物产有无、生产难易之一二单纯原因也。

今以一实例言之。西历一千八百五十年澳洲发见金矿时，采金之利益甚高，矿工一日可得工银五元。因是农工业者，无不趋之若鹜，而本国所用之材木，仰给于瑞典、挪威，食品仰给于欧美。虽然澳洲多未开之地，森林茂盛，而土地之膏腴又非欧洲可比，较之美国亦不为下，则此等物品不产之本国，而反远求于他国者，果何故耶？是无他，曰采金所获之利远优于耕作伐木故也。嗣后金矿渐尽，采金之利渐减，而农工业亦渐兴矣。后美国、加洲发见金矿时之情况，与此亦不稍异，则比较生产费之说可以证矣。若二国生产费之高低在同比例时，譬若甲国两物品为四与二之比例，乙国为二与一之比例，则决不能生贸易。又此理在内国贸易中无之，以同在一国中，劳力、资本易于迁移，故假若甲地有利，则乙地之生产事业势必尽移于是。

二、外国贸易之利益。自来学者于外国贸易之利，不一其说。旧经济学派绝对主张输入之利，以为输入可以得己之所欲，增进消费者之幸福，故直以输入为外国贸易之目的。输入超过输出之价格，为外国贸易上所得之利益。反之，一般保护论者，则绝对认输出为贸易之真利，曰输入者所以妨害国民产业发达之进路者也。输出多，则多受外国之代价，可以增富；输入多，则流出金银，必致贫乏，故以制限输入为贸易政策之大本。虽然，输出、输入各有其利，决非可以绝对的评论者也。盖一国贸易之目的，不仅在输入，而输出入之间，又非可计以金银故也。今将输出、输入之利分别言之。

输入之利益别为三：

（一）国民之幸福。即上所述贸易之第一原因。世界各国，以风土气候之不同，一国中必有不能生产之物，若瑞士无炭，法国无铜，美国无茶，欧洲无热带果实等是也。此等不能生产之物，能由外国输入，则可以丰国民之消费，增进国民之幸福。

（二）劳力之节约。即贸易之第二原因之理。夫生产之难者，若能仰给于外国，则可以节国民之劳力，与夫全国事业界之资本以集中于最多利益之物。若是则劳力少而成功多，而国富之增殖益易，且以此而二国间之生产事业，日以繁盛，物价自廉，消费者实享其利。换言之，即一般国民之利也。

（三）剧变之调和。凡一国遇事变之际，若战争、天灾等事，一国之生产力剧然减退。当此而无输入品以调和之，则国民所受之惨苦，乌可胜计。不特此也。一国之人口日以加多，食品、原料之需要日增，因是耕作者日增其劳力、资本，以求生产之多。虽然地利有限，决非无尽者也，耕作之收获，非永与资本、劳力成正比例，而至一定之程度，则收获有增无减，即前所谓报酬递减法是也。此实一国农业上最恐怖之现象。而调和之使不遽见此现象者，厥惟外国农产物之输入。

次述输出贸易之利：

（一）富源之开发，生产力之增进。一国往往以特别地理上之关系，物产丰饶，供本国而有余。而此有余者，非求贩路于外，则既不足以开拓一国之富源，所生产者亦终归于无用而已。若澳洲之羊毛，西班牙之酒，美国诸州之铜铁，若无市场于外，则此一部分者将何所用。故欲尽一国之富源，增进其生产力，不可不求输出贸易之日盛。

（二）工业之发展。分工之发达及生产业规模之大小，与市场之广狭有密切之关系者也。斯密亚丹《原富》中论分工与市场之广狭之关系之一例曰，苏格兰一年间不能销千数之针，因之造针皆附入他种铁业中，而专门制针者竟无一人。盖贸易盛，贩路广，则分之有利；不然，则有损无益。若此千数之针，以专门造针者，固一日间已得造之，而苏格兰每年之销数尚不满千，则此专门业者一年间三百六十四日将游荡无业矣。此实最浅显之一例，观此亦可以知市场不广，决非可以谋分工之发达也。至生产业规模之大小之关系，则更不待言而自明，美国近年工业之发达可以证矣。

（三）剧变之调和。此与前输入之利同。凡一国之产业界，不可不求稳和之现象。生产不足固非国民之福，而生产过剩亦决非国民之利。盖农产物之变动最非人智人力所能左右，虽曰过剩可以贱物价，然此现象决非可年年永续者。逮一旦生产减少，物价腾贵，则于物价下落时代群起之事业势不至倾倒不已，而外国输入品将充斥我之市场矣，至是则国民之活动不能不生一大顿挫。故输出者，实调和生产过剩之一要件也。

三、外国贸易之弊害。有利必有害，事理之通则也。外国贸易之利益已如上所述，而其为害亦约略可举。近世列国犹未脱国家主义时代，故此贸易上之弊害与政治上相冲突之点，近世经济学者于贸易政策上所最精心研究者，今试述之。

（一）产物种数之减少。国际分业之理，与个人之分业同。原始时代之人民，自生产而自消费之，行同鲁敏孙之漂流孤岛，一切不求于人。自后人智渐进，始起交易，而生社会的分业，于是人人各生产其最有利益之品，以易己之所欲。国家亦莫不然，始闭关而终于开港，于是国际分业起，本国独生产其最有利益之品，而其利之少者则仰给于外国。换言之，即一物之生产条件非优等者，决无由振兴之，而劣等者受外国之竞争，不得不为所倾倒。因是生产物之种数日益减少，为一国产业之基础者殆无几种，即所谓但能为偏方单调之发达而已。而一旦此数种产业中或生变动时，则产业家失其资本，劳动者失其职业，而全体之经济组织为之动摇。其尤甚者，因是而累及政治上之独立。

（二）外国变动之反响。输出贸易者，自国之生产物卖于外国之谓也。输入贸易者，输入外国之生产物也。故卖买交易，尽在领土以外，为本国之力之所不及。因是外国市场之变动，忽反响及于内国之经济界。若英国之棉花饥馑（Cotton Famine），其一例也。棉花饥馑者，当前世纪南北美战争时，英国仰给于美洲之棉花，一时中绝，全国机织工场倒闭者不计其数，劳动失业者数千万，实英国经济界最恐慌之一大事也。

四、贸易之平衡（Balance of Trade）。贸易平衡之语，普通指输出入之差额而言也。虽然，于统计上观之，输出入相等之国，竟不一觏，非输入超过，即输出超过，二者必居其一。又更为一般所怀疑者，即输出入与金银之关系是也。盖今日之贸易，以金银决算，以常理言之，必曰商品输入超过时，则金银必输出超过商品之输出超过时。反是，虽商品之差额与金银之差额决不一致，征之事实可知。即若美国自一千八百九十三年以来年输出超过，今揭其自一千八百九十八年至一千九百〇二年之贸易表如下：

年	输出百万弗	输入百万弗
一八九八	一、二三二	六一六
一八九九	一、二二七	六九七
一九〇〇	一、三九四	八五〇
一九〇一	一、四八八	八二三
一九〇二	一、三八二	九〇三
总　数	六、七二二	三、八八九

依右表观之，五年间输出超过额共二十八亿三千三百万弗，一年间平均额约得五亿六千六百万弗。虽然，其金银之输出入额则何如，今揭其表如下：

年	输出百万弗	输入百万弗
一八九八	七一	一五一
一八九九	八四	一二〇

续 表

年	输出百万弗	输入百万弗
一九〇〇	一〇五	八〇
一九〇一	一一七	一〇二
一九〇二	九八	八〇
总　数	四七五	五三三

则五年间输入超过共五千八百万，一年平均数约共一千一百万。以此与前商品之差额相较，其相去奚啻天壤。故决不得以输出之多，而即谓可得如许之金银也。今再以输入超过之法国言之，其自一八九七年至一九〇一年之贸易额如下：

年	输出百万弗	输入百万弗
一八九七	七二〇	七九一
一八九八	七〇二	八九五
一八九九	八三一	九〇四
一九〇〇	八二三	九四〇
一九〇一	八三三	九四三
总　数	三、九〇八	四、四七三

则法国每年买入较之卖出，多五亿六千五百万，一年间平均额共一亿一千三百万。以不明贸易之理者言之，必曰法国每年必输出

如许之金银，若年年如是永续，法国之金银必流出殆尽矣。虽然，法国每年之通货通货者，即市场流通之金银也则有增无减，今观其金银输出入表可知。

年	输出百万弗	输入百万弗
一八九七	六五	九四
一八九八	一〇〇	七八
一八九九	七六	一〇一
一九〇〇	六七	一二一
一九〇一	五七	一〇五
总　数	三六五	四九九

可知五年间共增一亿三千四百万，即每年平均额当约得二千七百万弗之金银。

试再一观英国之贸易，则愈足惊人者。英国之金银通货止有六亿弗，而每年之输入超过平均额共十二亿弗，如是则英国即将所有之通货尽输出，而尚不足一年间之贸易，已足使英国之经济界陷于死地矣。虽然，于事实上观之，则绝然成反对之现象。英国之通货，固依然有增无减，是实最不可思议之现象，而一般留心外国贸易者最怀疑之点也。然则其重要之关键，果何在耶？曰贸易之平衡，不定于输出入之差额，而定国际货借之差额也。国际贷借之差额者，即一国或立于债主之地位，或立于债务者之地位，其间债权与债务之差额之谓也。盖外国贸易上之通则有二：

一、输出贸易必引起输入贸易，故一方面行盛大之输出贸易，一方面亦必有同额之反动品输入。此非绝对的言，惟必生此倾向而已。

二、所得于外国之利益，必引起输入贸易。故譬若英国得我国国债之利息十万，决不即取十万金银以回，大部分必购我国之生产品。此等之利益金，经济学上常谓之曰无形之输出品（Invisible Exports）。盖实与兴输出无异故也。

故无论输出超过或输入超过，必有他物以对应之。若英、法之年输入超过，而本国之金货反有增无减者，实以所得于外国之利益，多以他人之钱购他人之货而尚有余，决非英、法年年购无偿之物品也。美国之年有巨额之输出超过，而所得之金银甚少者，实以外国人所得于美国之利益多，各以其所得之利益购美国之生产品；因之，美国一部分之输出品实为其偿还债务之具，亦决非美国之年供给他人以无偿之物品也。故若知国际贷借之关系，则知贸易之无不平衡，而贷借之关系，除输出入贸易之外，即前所谓所得于外国之利益。其种类甚多，今取其主要者述之：

（一）输出品之运送费。是包括运费及保险料二者而言之也。凡货物之运送料，必取给于输入国，故输出国自当运送货物之任，则于原价之外更可得运送费之利益。若以海运业之盛大，更能为他国代运货物，则其获利之多，更不待言，若英国是也。英国每年所得之运送费共有九千万磅，其额之巨，盖可知矣。虽然，此费用以货物既出口岸后，在途中所起之费故并不入输出价格之内，是以为输出入贸易外一特别之关系。

（二）外国投资之利金。旧开国而为资金丰厚者，往以贮蓄之大部分，投于海外之新开国，若买公债票、公司债票、股票，开公司，买地等是也。因此所得之利益及地租等，即取金银或购商品以回。若英国年年自外国及殖民地所收得之利益，其数实一亿磅有余。法国投资于欧洲大陆之数，约共十一亿余磅，每年之收入约共五百万磅内外。外国之投资于美国之额共有三十亿余弗，因之每年付出之利金约共一亿二千万弗。故投资之利金，实为贷借关系中重要之一项。观此，则前美国之输出虽多，仍不能多得金银，而英、法之通货有增无减之说，更可以证矣。

惟此所当注意者一事，即在他国发行外债时，若外国债金未交清时，则发行国仍立于债主之地位，至交完后则为负债国，每年不能不付出定额之正货。

（三）在留外国人之消费金。前世纪意大利一大藏大臣曾以国库穷乏，竭力改良游玩娱乐之地，以招徕外人，吸收资金。盖外国之漫游者或居留者所费之金额，大半取之本国，故常有外国富豪漫游之国，则吸收之资金，其数实不赀也。若瑞士每年所得于外国游历者共四千万弗，美人之费于外国旅行之金额，每年共五千万弗，故决非可以无足轻重目之也。惟此资金均随身携带，或邮汇，并不入输入之统计，故亦为贸易以外之条项。

其主要者，不过如上所述，余尚多，惟以关系甚小略之。

故贸易上之差额，虽不平均，实有此等无形之关系以调剂之。英国之年年十二亿弗之输入超过，而金银日以增加者，职以此也。要之所谓贸易之平衡者，不在输出入之价格，而在贷借之相等。学者研究外国贸易，决非可以毕悉各国贸易数字上之差异为已尽其能事也。

呜呼！今论贸易上之平衡，最足为我国痛者，则前所述之三特别条件既不一具，而金融界之大权几尽落外人之手，航外国之商船，竟无一艘，留外洋学生，其数实一万余，国债数千万，则一年间立于负债地位之金额，其数奚啻数千万。而吾国学者乃曰吾国输出贸易额不为不巨，足以相抗，未足为吾国虑也。虽然，使一考此中消长之关系，乃知此输出贸易之大部分，直以偿还债务而已，岂能得贸易之真利乎？而若英，若美，若日，固以吾国之钱购吾国之物品，真无异享无偿之物品也。呜呼！国家财政至此，有不破产不贫乏者，是理之所必无，而兴业殖产之大方针，今尚不知税驾何所。此所以吾辈研究贸易问题，而不能不为吾国家前途一痛哭也。

五、平衡之维持。凡产业幼稚之国，全国之产业不至全为外国所倾倒，而输出与输入常遥遥相应，永保贸易之平衡，不生绝对的输入超过者。虽曰输出贸易，亦外国之利。然固别有他原因以转移之也，其原因凡二：

（一）汇水之涨落。凡输入国支付物价时，若运送金银既生费用，又多危险，故双方各买汇划票以决算。汇划者，买得他人受取现金之权利，以偿还自己之负债也。譬若在伦敦之甲，对于在上海之乙有一万圆之负债，又在上海之丙对于在伦敦之丁有一万圆之负债，若运送现金，则甲、丙不能不出运送费，而甲、丙因担负运送金之故，后日或卖物品于乙、丁时，必特高其价，以复其前之损失。究之乙、丁，虽为债主，亦不得不负担一分之损失，终非相互之利。因之乙出一向甲索款之票，丁亦出一向丙索款之票，而丙即买乙之支出票，甲即买丁之支出票，如是丙对于甲得一万圆之债权，甲对于丙亦得一万圆之债权，二者相消，则四人间之债务关系可不用现金而清偿。惟是乙、丙或甲、丁之投合乃绝难之事，因之银行业者立于二者之间，为卖买之媒介。以上乙与丁所出之票，即谓之汇划票。而此汇票需给相平均时，即若上海之丙对于伦敦之丁有一万圆之债权，而在上海之乙对于伦敦之甲适有一万圆之负债，如是则在上海之甲与乙之需给适相平均，伦敦之需给亦适相平。此时，若丙卖票于银行，或乙买之于银行，均照票上所写之一万圆计算，此之谓平价之汇划。若上海之丙对于伦敦之丁有一万圆之债权，而在上海之乙对于伦敦之甲乃有十万圆之负债，则伦敦划银于上海之汇票需要超过供给。此时，若丙卖票于银行时，可得一万圆以上，而乙去买之，亦不得不出一万圆以上，此之谓拂逆之汇划。反之，供给超过需要时，即若丙对于丁有十万圆之债权，乙对于甲止有一万圆之负债，则丙卖出时不能满十万圆，而乙往银行买一万圆汇票时反可少出数元，此之谓正顺之汇划。汇水者，即此涨落之价格也。在输入超过之时，即汇票之需要多于供给，因之汇水大涨。对于外国有债权者，可得其利；负债者，不得不受损失，即输出商之利，而输入商之不利也。因是为输出商者竭力输出物品，以得外国划银之汇票，卖之以多得利益。反之，输入商以负债之不利，而制限其输入，如是则输出入复归于平衡。

（二）物价之高低。货币贱则物价贵，货币贵则物价贱，经济上之通理也。譬若本以货币四元可买米一石，今若四元止能买半石，则值米一石之货币四元，今但有半石之价格矣。是非货币价格之下落乎？由米一方面言之，则一石米本值四元，今乃半石值四元，即一石有八元之价格矣。是非米价之腾贵乎？若澳洲发见金矿后，金价大落，因之矿工银每日可得五元，医生一回之诊金达五元，即金价贱而劳力贵也。又日本明治十二三年时，以纸币滥发之结果，纸币价格大为下落，而米价突涨至十圆以上，至十七年末，纸币消却之举渐见成效，而米价亦即减至四五圆矣。故货币下落，则物价必贵，货币腾贵，则物价必贱。故以是察两国之贸易，若输入超过时，金银日以流出，中央银行之存金日以减少，金利腾贵，融通不能自由，物价即由之而下落。于是输入国以本国物价低廉之故，不再输入外国货品，而外国以他国物价下落之故争相购买，于是输出增而输入减，输出入复归于平衡。故贸易之变迁，犹潮流之上下，必有来有复决，非以绝对的方向进行者也。

六、贸易表之解释。解释输出入统计表时，有不可不注意者一事，即全世界之输入常超过输出之一事是也。盖一国之输出入，与他国之输出入常立于相对之地位，则全世界之输出与输入当在同额，是盖必然之理也。虽然，于事实上观之，则常输入超过输出。即若一九〇一年全世界贸易统计表，输入为一百〇三亿弗，而输出乃为八十八亿弗，则此十五亿之差违究何自来？曰即输出品之运送费也。盖现在各国除美国之外，各国均将输来时之运费、保险金等计入输入价格之内，而一方输出时，以是为途中所起之费用，并不算入输出价格中，因是虽为同额之贸易，而输入价格终不能不大于输出之价格矣。

第二章　自由贸易（Free Trade）及保护贸易（Protection Trade）

一、外国贸易政策之发生。国民内部之交易，谓之内国贸易；一国民与他国民之交易，谓之外国贸易。国家对于贸易，或干涉，或放任之，此其方针，名曰贸易政策。近世各国于内国贸易种种制限，殆皆废灭。譬若法国于十七世纪尽废内地关税，合全国为唯一之关税区域。德国于一八三四年诸联邦亦废内地关税，结全德意志关税同盟。而独于外国贸易则大不然，束缚之，制限之。政治家、经济家之议论纷纭，其方法利害之研究，遂为近世经济政策上之一大问题。此无他，曰外国贸易与内国贸易其中有根本的差异存焉。外国贸易与内国贸易之定义固已如上所述，其区别固非甚难事，然经济学者于“国民”二字之意义，其解释不一。旧经济学派以劳力及资本自由流通之团体为经济上之国民，若亚丹斯密（Adam Smith）氏《原富》中尝用资本及劳力移动之各社会或邻邑之语以代国民，理嘉图（Ricardo）以资本及劳力之移动与否为区别内外贸易之标准，弥勒约翰（John Miller）虽无一定之解释，而其立论大旨与此不异，白奇脱（Bagehot）以劳力及资本自由流通之生产者之一群为经济上之国民。要之，彼等视政治上之国民与经济上之国民为二物，以劳力及资本自由流通之一事为成经济上国民之要素者也。因是其区别内外贸易曰，劳力、资本自由流通之团体内之交易谓之内国贸易，劳力、资本不能自由流通之团体间之交易谓之外国贸易。旧派之说，自比较生产费出，其误谬固不待言。盖彼等以比较生产费原则为外国贸易成立之重要原因，而劳力、资本自由流通之处则不行比较生产费之原则，即若在近邻之地一方之事业有利他方之劳力、资本，相率归之，其间交易上所支配之原则，乃绝对的生产费，而非比较的生产费，故彼等即以劳力、资本之流通与否以区别内外贸易。然劳力、资本虽在同国之内，不能必其流通，而在异国之间，亦未始不可以流通，故其说与近世内地交通不便之国，与夫交通机关日益发达之世界，适成反对之现象。若在吾国，一省与他省不能相通，而于近邻各国则资本、劳力流通之自由，远胜内地。英、法、美虽属异国，而巴黎之金利低落，则法人之资金输入伦敦，纽约之金融逼迫，则伦敦之资金输入纽约，交通之速，不异内国。若以旧经济学派言之，则必谓福建与台湾之交易为内国贸易，四川与直隶之交易为外国贸易，英、法、美之交易为内国贸易。自国中交通不便之都府间之交易为外国贸易，如是则一国中而有外国贸易，国际间而有内国贸易，内外贸易既无区别，则外国贸易政策发生之原因，果安在耶？莱斯李（Leslie）评理嘉图、弥勒之说，曰交通机关尚未发达，国内、国外资本，劳力之流通极受制限之时代，或可以言，而今日者，实其说无一点价值之时代也，洵哉！总之旧经济学派学说之误点，在独于经济上构成一特异之观念，而抛弃政治上所谓国民之观念。若英伦与爱尔兰交易之为内国贸易，固尽人而知之，而大经济家倍斯脱蒲尔（Bastable）乃有英伦与爱尔兰交易，宁谓为外国贸易为适当之论。果如倍氏之说，则英国之贸易政策必不能发生，盖章章也。虽然，倍氏之所以为是说，实以认劳力、资本流通之团体为经济上之国民之结果而不得不然者也。然更就他方面观之，则倍氏于政治上统治之关系，实丝毫不加措意。何也？政治上之所谓国民者，立于“一定之领土之统治组织”下之社会是也，而此社会以种种历史、习惯、法律等之不同，各有其特别之关系，因而各个之国民经济团体随之而生。故此团体实以政治上之国民基础而成立，即一国国民在政治上为政治团体，而同时在经济上亦为一经济团体，二者实相一致，非政治团体外复有所谓特别之经济团体也。外国贸易者，即此相异之国民团体间之交易，而外国贸易之根本的异于内国贸易与夫外国贸易政策之所以发生者，实以政治上国民团体之不同贸易之所及于一国民发展上之影响之有异故也。大抵当此自由竞争之世界，适者存，不适者亡，天演之公例。而于国民之内部言之，则虽以竞争而速不适者之灭亡，然有适者代之以兴，以增进国民经济之发展，不足为全体国民之害，而于外国贸易因有外国品之输入，内国生产者以竞争而陷于死地，则一国重要之产业为之衰颓，而其国势不至淘汰不已。故其所以不得不加制限于外国贸易者，实以为一国之生存计，而不得不然者也。换言之，外国贸易政策者，实与国民团体之存在相伴而发生者也。更换言之，即由国家主义而发生者也。夫于将来之国家意思上或生变化，固未可知，于今日而欲研究贸易政策，评论保护、自由二者之得失，则我必以国家主义为贸易政策之根本观念矣。

二、外国贸易政策之学说之变迁。事实与思想相为因果者也，思想造事实，而事实亦造思想。历观古今大政治家、大学问家之立言，无不异其时、异其地而异其说。查尔斯之时代也，有霍布士之书；路易十四世之时代也，有卢骚、孟德斯鸠之书。经济之学说，亦莫不然。哥尔秘（Colbert）之为相也，适当法王路易十四世国帑空虚、财政紊乱之时代，乃思多积金银，以恢复法国之财政，因力倡保护干涉之说，而重商主义于是乎生。重商主义之行也，各国人民均不堪其保护干涉之害，而英、法之受毒愈甚，于是法有法郎沙开涅（François Quesnay），英有斯密亚丹辈出，极论重商主义之弊，而倡自由贸易之论。自由贸易主义风靡全欧也，德意志帝国适当拿破仑命封锁大陆之后，帝国之统一未成，国力衰微，于其时，英国生产品之输入，竟有压倒全国商工业之势，弗勒得力李斯德

(Friedrich List) 氏不忍坐视祖国之衰亡，乃起反对自由主义，立保护贸易之论，以谋全帝国之统一，抗英国之优势。由是观之，学说之变迁，殆无不根本于一时代之事实而随以转移。历史学派大家加尔克尼斯（Karl Knies）曰："经济学之理论，不论其所说之方面若何，要无不本于各国各时代之历史，故理论与历史实有密切之关系，时代异，邦国异，则其学说之生长亦不得不异。"洵非虚语也。故吾辈今者研究外国贸易政策，不可不先明当时学说发生时代之情况，与夫近代世界历国之大势，然后学说之真理可得，而折衷至当之论其可以出矣。今将其学说变迁之梗概依次述之。

第一节　重商主义

外国贸易政策，何以自十六世纪之重商主义始？抑近世纪以前，无复有所谓贸易政策乎？曰然，此以近世纪以前，国家主义尚未发生故也。自上古时代政治思想之幼稚固无论，即经济组织亦尚在自生产自消费之孤立的家内经济时代，故其不能发生贸易政策，固不待言。而中世纪自德意志人种迁移至宗教改革之千百五十余年间，则又历史中所谓黑暗时代也，因蛮人种之侵入，制造、工业、通商、贸易之事尽归颓废。当时相前后弥漫全欧之大主义，惟所谓皇帝与教皇之宇宙主义是已。皇帝思以帝权统辖全世界，图政治之统一（800—1250），教王思以教权支配全地球，图宗教之统一（1250—1500）。故当时全欧人心惟知服从皇帝与教主而已，不知为独立也，并不知为国家也。夫国际分立既未形成，则安所往而有经济之竞争哉！虽曰当时北德之汉沙（Hansa）同盟汉沙同盟者，当时封建制度渐衰，政治的都府变为纯然商业的都府，各都府以相互保护其商业，乃组织一同盟。汉沙之意本为同盟及意大利之自由都府，亦未尝无贸易政策，然其性质绝异。是盖但将以独占一市之商权而已，非若近世贸易政策之将以调和国民经济之利害，故中世纪亦实无贸易政策之时代。迨中世纪末，教王统一之理想已归失败，国家主义之思想忽焉沸腾，即历史上所谓国家的组织（System of States）之发展时代。于是各国各采中央集权之制，离教王而独立，而英吉利、西班牙、法兰西、葡萄牙等之国际竞争之局自是始矣。且彼其时于一方复有新大陆、新航路之发见，各地富源之开发，交通界进步之结果，各国之外国贸易忽大繁盛。于是各国政治家以为对于以巨额之外国贸易，不可不思以人力左右之，以适应于一国民经济之利害，因是外国贸易政策遂为国民经济上一大问题。惟以当时经济思想尚极幼稚，经济社会尚未发达故，乃有重商主义之出现。

重商主义者，斯密亚丹所命名，而自近世纪初至重农学派发生时，各国所行之贸易政策也。其目的在富国，以期国民经济团体之巩固，其经济的根本思想，则所谓贵金说（Bullion Theory）是也。贵金说者，金银等之贵金属为国家唯一之富，谓多积金银可以致国之富强，故政策之主眼，唯在蓄积金银。虽然，金银者唯富之一部分而已，金属以外可以为国富者尚不一而足，决不得谓金银即富。此适足以见当时思想之幼稚耳。然考其当时之情况，则知其说之由来且能耸动一世者，亦非无故。金银价值之可贵，固不必言，而其重要原因，则又在当时金银需用之增加。盖自近世纪初新大陆发见之后，年输入欧洲以巨额之金银，欧洲之经济组织忽自实物经济（Barter Economy）即物物交易时代，一跃而入货币经济（Money Economy）时代。且外国贸易日益繁盛，而支付上不得不用货币，又以当时均为新造之国家，汲汲于扩张军备，改良政治，故蓄积金银实为当时政治家最苦心焦虑之事。是则货币即富之思想所以风靡一世也。至若语其吸收金银之政策，则初亦不过极幼稚之金银输出禁止策，至后渐进于干涉外国贸易，于是有所谓贸易平衡说起。

贸易平衡说（Balance of Trade Theory）者，谓物品输入超过输出，则流出金银；反是，则输入金银。故欲得金银，不可不使输出超过输入，超过者即贸易权衡政策之目的也。贸易权衡政策之所以谋输出超过之方有三：

（一）与以奖励金，以奖励输出，设关税制度以制限输入。

（二）一方许自由输入原料品，而制限输入制造品，他方制限输出原料品，而奖励输出制造品。盖制造品之价格高于原料品，若能多得廉价之原料品，而加以精制之后输出外国，则可多获利故也。

（三）此条中凡分三事：一，改良内国之交通机关；二，废内国关税；三，保护或奖励商工业。以是三者，谋商工业之进步，盖非是不足以达上之二目的故也。

以上三者，实重商政策之主眼。惟于此复有不可不注意者一事，即当时各国以此主义为殖民政策，而近世所以称世界政策为新重商主义者，实原于是。试略言之。据西兰（Seely）氏之《旧殖民地制度》（*The Colonial System*）中云，当时各国殖民事业，纯然谋本国有形上之利益而已，非将以普及先进国之文化也，其对于殖民地之限大略如下：

一、输入殖民地之货物，或自殖民地输出之货物，均不得不用本国船舶。

二、殖民地货物之输出，大抵限于本国。

三、使本国产物，在殖民地市场中一部或全部立于独占之地位，而与之相竞争之外国货物，则制限其输入。因是殖民地货物之输入本国者，亦与以特别之便宜，以为报酬。

四、禁止殖民地与本国竞争之制造品，若李斯德所谓当时英国恐美国殖民地之制铁业与本国竞争，特禁止之，使制一钉而不得者是也。

总之，其经营殖民地，将以求原料品供给之丰饶，制造品市场之广大而已，而近世为政治界、经济界一大问题之世界政策(World Policy)，亦不过曰占取殖民地，以谋制造品贩路及原料、食料品供给之安全。故二者实具同一之精神者也。不观美国之门罗主义一变而为帝国主义，内地国一变而为殖民国。掠夺西班牙领土，占取世界烟糖之主产地，骎骎乎逞野心于加拿大、中南美洲、东亚者，曰惟以是故。英国年来朝野治家极思与殖民地联络，以建一大帝国，而裴尔福、张伯伦愈以帝国联合关税改革为其独一无二之政策者，曰惟以是故。虽世界政策与重商主义不同之点固属甚多，而其惟谋自国之安全，使对于他国构成一巩固独立之大经济团体，则无稍异。是则新重商主义之名所由来也。

重商政策之风靡全欧也，实亘十六七二世纪之久，固人人视为富强之要道，趋之唯恐不及。而最极端实行之者，尤推法相哥尔秘，故或称此为哥尔秘主义（Colbertism）。虽然，以极端重商政策之结果，一国之农产物既不能输出，而复许输入以自由，农业者不堪其损害，国力日以衰疲。其愈甚者，若法国是也。后此革命军中，唯闻曰与我以面包，与我以面包，其农民之贫因若是者，皆哥尔秘主义为之。不特此也，国际间各以主张极端之利益，往往启政治上之争端，其间各国以是而用兵者实亘五十余年之久，而一方殖民地以不愿长立于农业者之地位，反对之声渐起，是亦正穷通变久之时矣。于是于其时有二说之兴，一为重农学派（Physiocratic School），一为旧学派（Orthodox School）之自贸易说。

第二节　自由贸易主义

重农学派之首创者，法郎沙开涅（1694—1774）也。旧经济学派之鼻祖，亚丹斯密（1723—1793）也。二者之贸易说，虽分若二派，然亚氏之说大半本自开涅，即亚氏于一七六四年游欧洲大陆时，留法国与开涅等相讨论者一年，大有所得，乃于一七六六年归国后，静思十年，于一七七六年乃有经济学上唯一之大著《原富》出。其书之成也，致谢辞于开涅，中有“书之成皆公力也”之语见玛可里特《经济论》，则知亚氏之得力于开涅者，实不浅也。唯亚氏之说较之开涅，尤为详备，故自由贸易论之先驱，世推开涅，至若使自由贸易论在经济学上成为独立一派之学说者，则其功不得不推亚氏也。开涅之自由说，一以自然法为主，谓自由者，自然必至之理法，一国家而循乎此自然之理法，则国以富以昌；不然，则国与民共受其弊。其立论甚多，兹不多赘。亚氏先打破重商主义之根本观念，而后述自由贸易之必要，其驳贵金说之说曰：

> 富者，非自货币而成，实自有交换价值之物品而成者也。货币者，不过将以购买此等物品而有其价值耳。其形成为一国之资本者，直不过其一小部分，决不得谓货币即富。且金银者，依需用之多少而异其用。商品多，则流通金银之需要自增；商品少，则需要自减。彼等以为金银无腐蚀之患，适合于

富之蓄积，因漫然积无用之金银于内国，不亦愚之甚耶。至若谓积金银以备战争一朝之用，则又可不必。何也？凡商品不论何时可化为金银，若商品多，则不患无金银，不必预为之虑也。

亚氏之驳贵金说，大略如是，而其自由贸易说之根本观念，则有三：

一、国民之自利心。曰人各有自利之心，因自利心之驱迫，则其判别利害，自必优于他人，而其活动也，自必求所以生利之道，而国家之富，即由个人之富积合而成。故若一任个人之自由行动，则不患不足以致国家之富，决无须政府之干涉也。

二、社会之利益。曰外国贸易者，以一方之剩余物易他方之剩余物。故无用之剩余物，亦能与以价值而交易之，双方因可各得其利。且国际间以天然力及人为力之差异，各有其特别之长，若行国际分业而各尽其长，则可增进劳力之效果，增多世界之生产物，其有裨于全社会实非浅鲜也。外国贸易既非一面之利，而为社会全般之福利，故自由贸易者，实两利俱益之道也。

三、消费者之利益。曰消费者，生产之唯一目的也。故欲谋生产者之利，不可不先注意于消费者之利。生产者之利，唯以能增进消费者之利益为限度，而近世之商业政策，往往加制限于输出入，或奖励输出，牺牲消费者以利生产者，实与生产之目的相背驰者也。

总之亚氏以有价值之物品为国家之富，并以世界与个人为着眼点，是其立论之大旨也。虽然，凡氏之说，不过攻击重商主义之误谬，说自由贸易之一般之利益而已，尚未能用学理以说明之。自理嘉图、弥勒出，自由贸易之说始集大成，而为经济上一有力之学说矣。

理嘉图（1772—1823）者，主张绝对之自由贸易者也。其立论以比较的生产费说即上贸易第二原因所述为前提，而学理的说明贸易之原理，因推及于自由贸易之必要，即所谓外国贸易者，发生于比较的生产费之差异，故欲全外国贸易之利益，不可不扩张国际分业，即不可不行自由贸易。其说实为后世自由贸易论者之一大论据也。

弥勒（1806—1873）出，而自由贸易之说益备。其主张自由说之论据，大抵与理嘉图不异，惟又补以国际需要平均之学说。国际需要平均原则（Law of the Equation of International Demand）者，谓国际交换价格于比较的生产费制限内，常由需给平均之原则而决定者也。譬若前所引之例，中国以同额之劳、资产石炭四吨、生丝四捆，英国以同额之劳、资产石炭二吨、生丝一捆。如是，则中国可以生丝与英国石炭相交易。虽然，使此时中国以生丝四捆易英国石炭八吨，则中国独占其利；使仍易石炭四吨，则毫不得贸易之利。惟使交易之比例为四捆与六吨，则可各享二吨之利。然此四吨与八吨间之交易比例决不一定，常依需要与供给之关系而相上下者也。若中国之生丝供给多，则价落，而英国受其惠；不然，则价昂，而中国享其利，但决不出比较的生产费之制限。盖若中国而要求英国以八吨以上之利，则英国可以自产故也。故弥勒之论外国贸易之利，与理嘉图稍异。理氏以比较生产费为根据，因谓贸易国双方常各有其利，而弥勒则谓双方之利益依需要之强弱而定，不能常相平均。故贸易之原理，得弥氏说而益臻完备者也。

自由贸易论之要点，不外增加个人之利益，增进世界生产力之效果，以后继起之创自由说者，总不出乎此三家之说，故略之。

亚丹斯密之论自由贸易也，曰今日而望英国以行自由贸易，是何异求乌托邦之实现，益深疑其实行之难也。虽然，不期经四五十年之后，不特倾信其学理者渐多，即实行之大政治家亦辈出矣。当伦敦商人之自由贸易请愿书于一八二〇年始提出于议会也，得理嘉图等予议会中之助力，复以大政治家哥白顿（Cobden）、勃兰脱（Bright）等热诚运动，至一八四六年撤尔（Peel）执政，保护制废止之事渐次告成，及格兰斯顿为相，尽改旧制。于是数百年来之保护政策，遂告终极，而其对于外国，则哥白顿于一八六〇年又改订英法条约，为国际自由贸易主义条约之先驱。自此，自由贸易主义之风潮遂波动全欧而风靡一世，故一八六〇年间，不得不谓为欧洲经济界之黄金时代也。

第三节　保护贸易

自由贸易论盛倡于英国之际，试一考二大陆国之美、德，则情态迥殊。美国当独立战争时，外国商品无由输入，因是本国工业稍见发达，而自一七八七年独立告成以后，新定之宪法未备，全国无统一之贸易制度，英国商品无限流入，全国制造业尽为倾倒，一时工业界之衰颓，达于极度。而德之状况，亦莫不然。拿破仑命封锁大陆之际，英国商品之输入一时断绝，德国工业之发达稍见萌芽，然平和克复，英国商品再以翻山倒海之势来相竞争，而内国联邦复各有其特别之关税区域以相限制，因是初长之萌芽又被摧倒，一时怨叹之声四方群起。是所以来自由贸易之反动，而保护贸易说所以独兴于美、德也。推所由来，其发端实始于美之财政家亚历山大哈弥儿顿（Alexander Hamilton，1757—1804）之一七九一年之《制造业报告书》（Report of Manufactures），更取哈氏之说昌明而广大之者，则有德之李斯德（1798—1846）、美之开兰（Carey，1793—1879），下至近世，则有拍敦（Simon N. Patten）及掰敦（George Gunton）二氏。惟保护之说几经变迁，而义亦日趋广大，其初谓加一时之制限税于外国之输入品，以保护本国之幼稚工业，及其根基已固，则可渐废其税。至李斯德出，谓使一国之产业而尚未全入工业阶级之时代，则不可不保持其制限税，故其所说保护之范围，视哈氏稍广一层。迨开兰、拍敦等，则谓一国之所有产业，若矿业、农业等，无不当加以保护，而一国之保护政策，又非俟全世界合成一国，或各国之政治上、经济上、社会上之程度共立于同等之地位，不能废止。故一世纪以前之一时的而一部分的之保护政策，至今则为永久的而全般的者矣。今将各家之论旨，述其大要。

哈弥儿顿氏一七九一年在美国议会中发表之《制造业报告书》，是后世保护主义之源泉也，自后各家持论殆无不以是为基础。其报告共分二段，第一段述奖励工业必要之理由及其方法，第二段述美国制造业之现状，并指摘当保护产业之种类。今将第一段摘要述之，其论工业不可不保护之理由有七：

（一）一国国防上之必要品及日用上之消费品，不可以不独立。盖不然者，一旦有事，他国之供给断绝，则国家之危殆实不可胜言。

（二）工业之分工多与机械应用之范围广，则无用之儿童、妇女亦可与以职业。故得以增进社会之生产力及国民之收入。

（三）工业盛，则可招致外国熟练工人之来往，促本国工业之进步。

（四）一国产业之种类多，则可应各人之所长，使劳动者易得职业，而全国产业亦易于进步。

（五）企业繁盛，则各地隐藏之富源可以开发。

（六）工业盛，则一国之农产物得售于内国，不必远求不确定之市场于海外，且农业品之需要愈增，土地之余剩生产力愈可启发，而一年所费于输出原料品、输入制造品之运费，亦可减约。

（七）单独农业之国，不能如农工并立之繁盛。盖工业不进，则以上之利益既不能得，而一国人文上之发展，亦必迟缓故也。

其所述之方法则如下：

（一）保护税即对于与内国竞争之外国品所加之税。

（二）禁止竞争产物之输入，或课以严重之输入税，以禁止之。

（三）禁止制造业原料品之输出。

（四）事业补助金。

（五）输出奖励金。

（六）原料品输入免税。

（七）制造业原料品课以还税。即一时征收后，俟变为制造品输出时，再还之税。

（八）奖励发明。

以上八者中，哈氏以事业补助金为最优。盖直接补助收效较多，而不至来物价之腾贵与夫货物供给之缺乏，且得以农工并施故也。惟哈氏以为手段，不过一时之方便，俟工业既成，已达目的之后，自可废止。又哈氏云世人往以为加税于输入品，则税额仍转嫁于消费者，使消费者蒙其不利。然此乃不过一时之现象，使工业渐趋繁盛，同业者间自起竞争，物价即能下落，不足患也。

哈氏之主张，大略如上所述，其要点不外新兴国而起，制造业不可不加以保护。次之主张保护贸易者，为德之李斯德（1798—1846）。李氏之说，大半本自哈氏，唯其立论，更证以历史的事实，加以学理的说明。故二者之差异，不过一为实际的主张，一为学说的主张而已。其先后之顺序，则犹亚氏之与开涅也。呜呼！亚丹斯密立自由贸易派，世称旧经济学派之鼻祖；李斯德创保护贸易派，为历史经济学派（Historial School）之先驱。是二氏者，真经济学史上二大人杰哉！

今以李氏于一八四〇年出版之《国民经济学》（*The National System of Political Economy*）中之保护说，述其概要。李氏经济论之根本观念，适与亚氏相反，亚氏以个人与世界为本位，以有价值之物品为国家之富；李氏则以国民为本位，以一国之生产力为国家之富。是二者，实李氏立论之根据。

国民经济说。李氏慨当时各国惑于英国学派世界个人主义之说不问国家情势之如何，妄行自由放任之政策，使国力日益为强者所朘削，因是奋起，大声疾呼以告德之人民曰，自由贸易者，非所以利天下，适为强者之武器耳。故其于《国民经济学》一书中驳世界主义、个人主义说，曰事之利害，虽曰自知最明，然个人之私利未必为国家之公利。盖私经济与公经济，二者决非常相调和者也。夫既成一国，则其政策自不可不以永久为目的，而个人所计之利害，近之则限于一身，远亦不过其子孙而已。若凡事一任个人之自由，则势必以区目前之小利而误国家百年之大计，是则个人行动之所以不可不制限，而时或宁牺牲个人之利益而不顾者也。至若谋世界之公益而倡自由贸易，则更不足以言，何也？四海一家，共持正义，此惟于政治、经济能力相等之大国间能行之。以今日各国之情势，有巨人，有矮人，有强健者，有厄弱者，有开明者，有半开者，有未开者，而欲以行自由贸易，则非特不能望世界大共和之美绩，且举万国以蹂躏于一强国之足下耳！故凡欲入世界经济圈内，不可不先尽一国经济之发展，而欲助成经济之发展，舍保护末由。要之，个人主义固不必言，即世界主义亦尚在国家发达之后。居今世而谈经济政策，终不可不以国民为本位，而牺牲世界与个人之利益所弗计也。

生产力说。李氏既主张国民经济，则国富之本质，自亦不得不与亚氏异。亚氏以个人为本位，故称个人所蓄积之有价物品为国家之富。然各个人有价之物品虽富，而一国之生产力薄弱，则仍不足以致富强。是则李氏之所以倡生产力为国富之说也。其论生产力之一节曰，有价之物品虽富，而生产力薄弱，则不能免于贫弱；有价之物品虽寡，而生产力饶厚，则仍足以致富强。故生富之力，实贵于富。譬之私济经，亦莫不然。今设有二家共为地主，各有子五，年入千圆。甲家以余财存于他人以生利，子五子使服习家业，乙家则以余财费于教育，二子使习适于为地主之学业，三子使学商业。是则二人，一为从价值之说，一为从生产力之说，以立家计者也。及二家家长濒死时，以富言之，必甲胜于乙；反之，以生富之力计之，反是。盖乙土分为二区，各以所学耕耘之新法治其田土，所得可倍往昔，其他三子亦各尽其长，以营生计，积富之力日益增进。而甲土则分为五区，墨守旧法以理田土，收入日益减少，富力日趋贫困。是实浅显之一例。观此，则二者之孰得孰失与夫欲谋将来生产力之丰饶，不可不牺牲今日之利益之道，断可知矣。彼等以自由贸易为可以得廉价之物品，以保护贸易为损害个人之利益，固不为非，然不知个人所积之价值虽多，而一国之生产力将日趋薄弱，亦乌得谓国之富哉！故欲谋国之富强，不可不先求生产力之繁盛，而欲催进生产力之成长，则不可不牺牲个人目前之利益，抵制外国之廉价输入品，以振兴内国之商工业。

李氏既推本于国民经济及生产力之理，以论保护之必要，更进说明国家历史发达之顺序，示当行保护政策国之标准。

曰凡温带之国，其发达上经过之阶级有四，牧蓄时代、农业时代、农工业时代、农工商业并立时代是也。凡为政者，无不有使国民经过此等阶级之责任，而使单独农业者速进于农工业国，则又政治家最大之目的。故一国之政策，亦当应乎时而异其用。若农业时代以前之人民与夫达于最高级之人民，可以行自由贸易，由农业时代进于农工业时代之人民，则不可不行保护贸易。盖农业时代以前之国民，尽可开放门户，输入外国品，以谋产业之进步，脱陋鄙之旧习。至达于最高级之人民，则已无外国竞争之足虑；即有之，更可自警其怠慢，故可无须乎政府之防范。惟介于农业与农工业时代间之人民则不然，工业始见萌芽，而资力薄弱，材艺幼稚，不保护决不能免于先进国之摧折者也。

总之李氏之论贸易政策，谓当应于时势为转移，惟由农业进于工业时代之人民，不可不行保护贸易。至若保护之方法，则亦主张保护税。继李斯德而起，在保护史上占第三位置者为美之开兰。开氏初固信自由贸易者，至后乃倡极端之保护贸易，谓无国无时代不可以行保护政策，并全国产业无不当加以保护。后起之拍敦、掰敦等，无不继承其说。拍氏之《保护论之经济的根据》(*The Economic Basis of Protection*) 书中之一节曰，保护者，实增进一国之生产力，增长国民之智识，调和一国经济利害之不可缺之政策也。故昔为一时特别方便之门之保护政策，至今乃变为催进社会进步之永久的良方针矣。观此，则近世保护政策之趋势，亦可以见一斑。此外，英国学派亦有认保护贸易为比较的有效者，即弥勒一派，虽不认保护政策为可以实际的收效，然以论理上言之，亦确信其为发达产业之一方便也。其他历史学派、社会学派，祖述之者甚多。

鸣呼！保护论出，世界之形势又一变矣。德法战争之后，法以负五十亿法之偿金，大增关税，一改从来之自由主义。德相俾士麦于一八七九年断然改正“关税之国定税率”，立保护政策之旗帜。奥国于一八七三年恐慌以后，亦倾于保护主义之精神。至是，保护主义遂代自由主义而活动于欧洲之舞台矣。当此风潮之中，坚持不变者，厥惟英国。然试观今日之英国则何如，裴尔福、张伯伦等大政治家惨淡经营，极力鼓吹保护主义。昔日提出自由贸易请愿书之伦敦商会，今亦以大多数而赞成保护关税今年三月二十二日间事，全国舆论之形势一变。或曰自由党内阁颠覆之时，当即保护政策实行之期，殆其然乎？噫！五十年前，李斯德及开兰惧英国产业之竞争而倡保护贸易，不期五十年后之今日，裴尔福、张伯伦以惧美、德之竞争而鼓吹保护主义，不亦大可研究之事乎！故于次节将保护、自由二者之主张及其得失，并将英、德、美贸易政策之现状详论之。

关税救国论

张东荪

廿年以降，国民之贫日益见，工商凋弊，百货飞腾。曾闻父老言，廿年以前，鸡卵三文一枚，至今则非二枚铜蚨不售，其比例为何如。既此一端，亦可概见近日之物价腾贵，生计困难也。江南为产米之区，数年以前，每石四五元，近则非八九元无沽处，于是生计大艰，小民相率流为盗匪。此其祸之显著者，而物价腾贵之害尚不止此也，请列述之。

一、百货有一定之分配比例，往往食物价昂，则百货皆贵。以此之故，安于旧有之职业者不足以维持生活，或变而为盗贼，或思转事他业。然群趣于甲项，则甲项职业有拥挤之患，群趣于乙项，则乙项职业又有拥挤之患。职业之分配不得自然的平均，而社会秩序遂受莫大之损害也。

二、食物价昂，则维持生活之计难，而道德必因之堕落。语云衣食足，然后知礼义。断无衣食不足而能明廉耻、蹈仁义者。中流社会尚不能免，又何责于小民哉！则物价腾贵，实为道德衰颓之重要原因也。

三、物价腾贵，则经济状态之全部关系为之变化。往日农业立国之根本，既为所破坏，而工商犹未发达，青黄不接，必有大恐怖生焉。

四、物价腾贵，则国民对于国家财政之担负力减少，国家之财源受极大之打击也。

今夫物价腾贵之害既如此矣，其原因何在乎？其由来又何自始乎？常人所知者必以为输出过多，货物缺少，求逾于供，而始生此结果。实则反是。乃输入过多，内国货物为之压倒。食之者众，生之者寡，固有之职业为之破坏也。而产此结果者，曰惟关税之故。夫关税之为物，一方供国家之财政，一方保护内国之产业，实则保护产业尤为关税之目的。我国出口有税，亦觉违反保商奖工之旨，又况入口税率之低减。于是全国之中除一二不交通之处外，无在而非洋货充塞之场。其交通灵捷之地，则一人之衣食住用品，盖十之六七属于洋货焉。谓之举国仰于外人产业之下，固未尝不可也。夫人心有所同也，外货既美丽而价复不昂，则群趣若惊，亦自然之理矣。于是内国之产业全行压倒，土货为之淘汰，乃消费者日多，生产者日少，民贫国弱，即其渐也。顾其害不亦大哉！欲除此害，则唯有实行关税政策，以保护贸易主义为宗旨，庶几中国国民经济有来苏之望耳。今请先自其纯理之点一申述之。

国人对于保护贸易之说，多不知其底蕴。前清工商部以批准专卖为保护商务、奖励工业。殊不知大谬不然也。工商卒无以发达，不过为一二人之私利而已，国民经济之全部不蒙其影响焉。保护贸易之举全在关税者，用以拒外货之骤入，留内货以发生之余地，使国民用本国之货物，则本国之产业者不致有无顾客之忧也；反之，苟不拒外货，则外货必席卷而来，国人皆用外货，而内国之产业者失其销路矣。此则常人所可知者也。

与保护贸易说相反者，有自由贸易说。其说之论据，适成一反比例。兹列表以明之[①]：

(自由贸易主义)	(保护贸易主义)
一、自由竞争主义	国家干涉主义
二、国际分业说	幼稚产业保护说
三、世界主义	国家主义
四、消费者本位说	生产者本位说
五、保护有害说	资本劳力增加说
六、独占排斥说	独占维持说
七、达冰攻击说	达冰防御说
八、报复关税反对说	防御关税说
九、保护累进说	恐慌预防说
十、保护政弊说	劳动保护说

一、夫自由贸易论之出发点，不外乎十八世纪之自然法说，以个人为主体，视国家为单纯之个人集合；个人之利当为国家之和。实则个人之利往往与公益相反，且人人殊，难得统一。极端以论，必致公益等于渺茫不可得之物。甚者弱肉强食，无财产制度，无社会秩序，一如太古时代而已！是故近世对于自然法说，已极端排斥，以其为妄想而不切事实故也。自然法说既倒，则个人主义亦失其根据。于是知国家者非单纯个人之集合，乃公众之保护者；人民所受自国家者，实莫大焉。此所谓保育政策（通常名为干涉主义）者是也。其在幼稚之国，尤为易见明效。当夫国民之智力、德力、财力不充足之时，端赖国家之权力以助长之，指导之，培植之，纠

① 此对照表，系取于津村氏《商业政策》第一册第三百四十六页以下。

正之。人皆知英吉利为世界上至强至富之国也，而不知其当克兰维耳之时，大倡重商主义[①]，争殖民地，扩海运线，以兵力为后盾，以图本国商业之发达。其能有今日者，其由来久矣！可知以国权扶助国民，在幼稚国尤为切要也。于此国家保育之可能，可得而证明矣。

二、生产之要素，以资本劳力为最。资本之增加，劳力之养成，非有所保障不能自然发达，苟使外国得自由竞争，必咸为外力所排。是故于自由贸易制度之下，产业幼稚之国决不能希望有发展之一日者，以其为外国产业所压倒故也。弥儿者，汲阿丹斯密自由贸易说之主张者也，顾于幼稚产业之国，亦认保护制度为不可少。[②]是则所谓 Protection to Infant Industries 者，殆为颠扑不破之真理矣。犹之初生之婴儿，心身均未发达，乌可使之受阴阳外物之摧折。彼之不主张保护者，亦犹使婴儿远离父母，其不通正亦易见耳。

三、现世界为不统一之世界，以世界万国为一统一之经济团体，其期尚远。彼以国际分业说为言者，正陷于此弊。不以世界为本位，既以个人为本位故也。以此立脚地而言，不堕于太古之野蛮状态，既驰于空想，而忽视国民经济焉。夫国民经济者，以国家为本位，以国富为目的。自理性上言之，国与国应同等发达，犹之人与人应平等增进其福利也。顾由国际分业说，甲国之产业兴盛，而

① 重商主义，原语为 Mercantilism。此盖从俗译，实则译语殊不甚切。此主义并不专注重于商业为纯粹贸易政策之一手段，乃带有政治臭味。其主张之要点有七：一、废内国关税，而置一统一之国境关税；二、争得殖民地，以独占交通，吸收利权；三、以武力扩张海运，而制服他国；四、以战争扑灭他国之商业；五、置特许制度，以受国家之督察；六、立贸易禁止制度，以保护内国之幼稚工业；七、以求商品输出超过之故，设法使金钱多数输入。

② J. S. Miller, Principles of Political Economy Bk. V. ch. X. P. 31.

间接直接乃使乙国之产业为之衰颓焉。于是为农业国者永为农业国，为工业国者复永为工业国，无稍变异也，则人类向上之进化为之停止矣。苟以各国现状为衡，则工业国如英吉利者永为世界之工场，而农业国如德、意等者将永供给其原料而已。此岂德、意等国所以自谋其福利者哉！且无论何国，必经五种时代，以为经济发展之顺序：

第一期，渔猎时代

第二期，牧畜时代

第三期，农业时代

第四期，农工时代

第五期，农工商时代①

盖经济发展，必经此五种时代，而视乎其人口之增加，生产力之增加有足以促文明之进步也；唯经过之迟早，而生国家文野之差异。夫英吉利，人皆知其为商工业国也。当其十八世纪，固尚为农业国耳，端赖历代之明君贤相实行保护干涉，特许奖励等政策，而卒有今日。其殖民地之扩张，《航海条约》之跋扈，皆保护之手段，可知其民有今日之富强者，非天赐神锡，乃历代保护之结果也。

四、生产之原料及生产力有别。前者可以听其自然，后者端藉人力之保护始能助长，所以农业得保护之益少，而工业得保护之益多。由国际分业之说，各国各展其所长，以最高之交换价值各得其利，顾于产业幼稚之国与其得交换之利，毋宁培养其生产力也。生

① 此乃保护贸易说之开祖德人李斯特 Friedrich List 之分类。李氏著书 *Das Nationale System der Politischen Oekonomie*，其中所语 National System 者，即表明其注重国民经济为历来所未见者也。

产力不发达，则无物与人交换，不过徒为消费而已。消费甚于生产，则国民经济未有不凋敝者也。故自由贸易说，重在消费与交换，而保护贸易说，则重在生产，于幼稚之国则惟有培养其生产耳。语云养成富力，较养成财富为优。正此义也。

夫保护幼稚产业，必恃保护税之关税。自由贸易论者以为此税收入于国库者甚少，而国民所负担者实多，乃为一种恶税也。殊不知关税原有财政关税与保护关税之别，此税既以保护为目的，则只宜问产业宜保护与否，不应以收入寡少为责难。盖此二者，本不相谋，若并为一谈，是背于论理法则也。自由贸易论者复以为有此税，则物价腾贵，殊不知产业为外物压倒，国民皆仰食于人，其使物价腾贵乃更较甚焉。即使如论者所言，亦当为一时之事，产业经保护而发达，不久必可舒此困也。

保护政策之利益，其实例甚多，最著者莫如德国之制糖业。当十八世纪之初，尚不知以甜菜榨取糖汁，唯以甘蔗为之，甘蔗乃热带地方输入，故糖价奇昂，等于药品。迨后发明此法，政府极力保护，未满百年，德国乃成世界第一之砂糖供给国，其产额达千二百六万四千吨，诚巨观也。兹列其历年之增加表如下：

年　度	产　额
一八三六—三七年	一、四〇八吨
一八四〇—四一	一四、二〇五
一八五〇—五一	五三、三四九
一八六〇—六一	一二六、五二六

续表

年度	产额
一八七〇—七一	一八六、四一八
一八八〇—八一	五七三、〇三〇
一八九〇—九一	一、三三六、二二一
一九〇〇—〇一	一九七九、一一八
一九〇五—〇六	二、四〇〇、七一

五、一国之资本、劳力与文明之进步相伴，时日增长，非有一定不变之恒量。故赁银基金说，非绝对之真理也。盖富未必皆为资本，人未必皆能劳动。是以人口增加而劳力未必即增加，财货增加而资本未必即增加。盖使资本、劳力为之增加，乃别有途也，或培养已绝之事业，或转化既存之事业，或吸入外资，或收容外国之劳力。俄国近年以来厉行保护政策，国内工业之资本及技师大半取自外国，其国工业卒以振兴。此实行保护外资外力输入之例也。反是，行自由贸易制度之国，多驱本国之劳动者而之他国，工之赴美，正其好例，且往往放资于异国。是故行保护政策，则外资外力之吸收易；行自由政策，则内资内力之丧失易也。

六、自由贸易论者动辄谓国际间互相分业，殊不知一国之经济，于或范围内，宜保持有自给自立之地位，不必倚赖于他人，方为国家百年之大计。且国际间不能免战争，若一旦有事，交通断绝，民之仰于人者归诸无何有之乡，又岂国家所以图独立自存之道者哉！

七、保护税之积极的功效，为保护幼稚产业，其消极的功效，则为防御达冰。达冰（此译音原字为Dumping者）以内国市场独占所得之利益，而投卖于外国市场之一奇妙手段也。甲国投卖于乙国，乙国之消费者以廉价得甲国货品，而乙国之生产者遂失其销路，为甲国货所压倒矣。是故往往自由贸易国立于保护贸易国之间，遂为其达冰场（Dumping Field），若行保护政策，则对于他国入口之达冰货品，课以相当之税以防御之，则自不致为他国所利用矣。

吾书至此，乃有无限感慨焉。夫中国为各国之达冰场也久矣，试问各国专销于中国之货物有若干，二辰丸事件，日本一国损失若干。是故永久之计，对于达冰货品以关税防之，暂时之计；对于达冰货品，唯有实行抵制，以所谓薄哀克特（Buycott）制其死命也。

八、自由贸易论者往往以为保护关税设立，他国必亦效法，于是互相排斥，而成关税战争。殊不知税率之高低，未尝不可互相斟酌以协定之；虽为保护，而仍含自由之意。盖天下无极端者也。英吉利不设关税，至近时人渐悟其非，前首相巴尔福氏曾曰，英国不设关税而求竞争于国际贸易之场，殆有如赤手空拳以临战地，得非无谋之甚耶？观乎此，则素以自由贸易立国之英吉利犹倾向于保护，况较英为后进者哉！

九、经济界之恐慌至近时而益着，盖由于分业过甚之故，而国际分业尤足使国家时时陷于恐慌之境。苟实行保护，万事自给独立维持，则恐慌自然免矣。

十、由自由贸易，则幼稚产业之国必为他国之产业所压倒，于是物价腾贵，生计困难，职业丧失。苟采用保护制度，以拒外货之骤入，而内国留有发展之余地，一切企业可兴，而劳动者得安然于其职业矣。此保护政策所以有益于劳动者也。

以上所言保护政策之利既如此矣，而尤以其采用国之程度若何为标准。若其国为先进国焉，则保护之程度可轻减，或不必保护焉。若其国为幼稚国，则舍保护不为功。中国之程度若何，固不待赘言，然则中国现在之关税何如，言之能不使人泪下涔涔耶！

保护之手段，即在关税，吾请于此一言关税。夫关税有二种，曰财政关税，曰保护关税。前者以国库之收入为目的，后者以保护内国产业为目的，其所课输入税之种类大约如下：

一、本国不生产之加工品

二、外国之达冰品

三、在内国不课消费税者

此外尚有保护的输出税者，以本国所产之原料品，如铁、炭、米等输出，则他国得益，本国受损，故为之关税以禁止之。至于税率，复有三类：

一、国定税率

二、协定税率

三、国定协定税率

前者乃由国家之意思自由裁定者，后者则由互惠之各国彼此协商而定。近世国家受外交之阻力，鲜能采取第一类，则多折中之而用第三法焉。至于中国，则全由外人作主，已失关税主权（Tarifautonomie），动则牵及外交。吾明知关税改正之不易，然政府果能卧薪尝胆，或终有达目的之一日。否则，空具共和之美名，而永为他人之达冰场。自国民经济上观之，亡国在即，又何事纷纷扰扰为耶！

马克斯（Marx）学说与李士特（List）学说二者孰宜于中国？

马寅初

今日所讲者，为马克斯学说与李士特学说二者，孰宜于中国？然在未讲之前，尚有所说明者，即余对于此二学说，并非抱极端之反对与主张，乃以中国之情形，而为比较之论耳。评中国今日之讲社会主义者，余在朝大已讲之矣。想诸君早经阅及，沪汉各报，均有登载。夫马氏学说，固有良善之处，惟在中国现在，非其时耳！中国所最切要解决之问题，乃在军阀，而非资本家与劳动问题也。盖现时贫富，皆受军阀之害，非劳动者受资本家之害，证之事实，昭然可数。如上海、汉口、天津等处，均为吾国之大商埠，而工厂极少；余如甘肃、新疆、陕西等处，一如古时闭关时代相同，谓之无资本可也。故现时与其谈马氏之学说，无宁研究李氏学说之为愈也！

马氏与李氏，均为德人，马氏之学说，乃根据于先哲亚当斯密斯。亚氏所倡之价值论有二：（一）以效用为准者，即所谓 Value in Use。物有效用，然后有价值；否则无之。但亚氏对此未加详细研究，于是遂倡第二说，即（二）谓 Value in Exchange。以交换而得价值者也。如此商品与彼商品，能以交换，盖以其所费劳动量相同，劳力愈多，价值愈大，是劳力为价值之原因。后又觉此说之不足深信，乃倡生产费说，即谓价值之原因，不在劳力，乃在生产费（Cost of Production）。但生产费所包名者，不只劳力；劳力之外，又有资本与地租之二者。故亚氏之学说，颇多混杂，茫无系统；然后世经济学者，即主生产费说，而马氏即主劳力说也。两派何者为是，此在吾人之研究如何而定；若仅以劳力为决定价值，实不敢赞同者也。谓予不信，以例明之：（下列各例，先哲已举之矣）如酿出之新酒，其价本不甚贵，若陈至十年，则其价高倍，二十年，更倍之，时期愈长，其价愈大，岂有劳动加于其间哉？又如树木愈长大，即可得愈大之价值，此又有何等劳动之关系耶？再如古今名画，并非加何等之劳力，而其价甚高，此乃供求之关系耳。故以劳力为价值之说，因理由之不足，而研究之者，亦愈少矣！

迨欧战后，其说重兴，其所以与之原因，吾人亦不能不为之研究。马氏曾有资本主义自杀政策之说，夫资本主义自杀政策者何？即谓现在实业发达，一切产业，集营于公司，而公司换以股票，是昔日有形之产业，一变而为一张纸片，一切权利，皆可以过度之方法转移之。以此之故，主张共产者，谓若欲实行共产，惟在公司账户上划之而已，手续异常简便，如张某之户，可以划入共产之户是也。并无如昔时有物质上之产业，移转困难。此说一出，兼之欧战后，俄国实行其共产主义，世变日亟，而马氏社会主义之说，亦因此而大勃兴也。

中国现时，人人高倡马克斯之学说，以平日研究经济学者而论，尚有可说，而不识经济学者亦如之。以余所知：学教育学者，亦作高谈阔论，即研究化学者，亦作此谈，岂非可笑之甚乎？殆化学中，亦有马克斯在者耶？故此种研究，不但无益，反为有害，盖其所讨论者乃皮肤之见耳！安能知其究竟耶。读报上几篇社会主义之文，遂即高谈社会主义，比比是也！即向之研究经济学者，亦安可言之不慎乎？以其与货币、财政、国际贸易、公司、理财种种问题均有密切之关系也。故欲眼光之远大，必先多读经济书籍；若仅求之于一书，必为一书所束缚。如读一《资本论》，而不阅他书，则吾之脑髓，必为此《资本论》所束缚矣。而欲将此学说，用行于社会，宜乎其难也！故欲免此弊害，惟在多阅经济书籍；否则仅为一书之奴隶，而不能应用施行也。

余非有所反对马氏，亦非主张李氏，况自知学问不足，岂敢妄谈？故今日讲演之目的，无非欲使吾国学子，知有李氏之学说而已！以余之所知，马氏良处固有，无奈中国非其时耳！盖现时无论贫富，皆受军阀之害，何能与美国资本家，虐待劳工，同一而语哉？且中国之有资本者，皆系括地皮而来，并无虐待劳工而得之情事。故最宜注意研究者，尚在目前切实之问题耳。无如一般学者，于社会主义，连篇累牍，不按国内之情形，空谈妄揣，徒增社会之纷扰耳！故余谓李氏学说，与中国现时情形，实为相近，马氏之说，较为远耳！李氏主张保护政策，欲提高关税以施行之。兹将李氏之学说，与中国现时之情形详为述之如下（李氏所著之书，已为英人 S. Lloyd 在一八八五年译出，名为 *The National System of Political Economy*）：

（一）内地税之遍设。德国在一八〇〇年至一八四〇年之间，呈表四分五裂之际，悉如中国现时之各省然。国内遍设厘卡，竟达三十八种之多；即普鲁士一邦，有八十七处之多。且各邦之间，不相规定，我国现时，何莫不然。全国厘卡之数，凡七百余处，其弊害之大，不待言矣。兹不惮屑，述其分布如下：

江　苏　五八

江	西	四七
福	建	四五
甘	肃	四三
山	西	四二
安	徽	四二
浙	江	四二
奉	天	三四
河	南	三三
湖	南	三二
黑龙江		三一
陕	西	三十
广	东	二九
吉	林	二七
湖	北	二五
四	川	二〇
直	隶	一五
新	疆	一三
山	东	十

共计七百余处，较之德国，尤为甚矣。

（二）国境关税之废滞。德国当时，对于国境关税，不甚注意，如禁口税之类，均无规定；且极微薄，而内地厘卡，遍地皆设，故制造品输入以后，国内商业，因之不振。现时中国亦然，名为值百抽五，实则值百抽三五耳，且日用品、奢侈品与违禁品，其征税，毫无区别。更可奇者，国内商人，各地征收厘金，而外商因有子口半税之设，加正税之半，内地即可通行无阻，此无异于作茧自缚也。况陆路之运税，竟以值百抽三征之，故其弊害之大，较德国为尤甚者也。

（三）企业家之要求。德国当时一般企业家，均请政府实行保护政策，盖以英国商业发达，输入之货甚多，国内实业，因之不振，故明此理者，无不力请政府施行；中国现时亦然，且德国当时要求者，以纱厂最有力，我国亦如是。可于民国八年进口之洋纱观之，其数竟达五八〇万包之多，假定每包以一六〇元计算，则有九二〇兆元之谱；若中国能实行保护，则此数不致于流出矣。此其一。

世界现时之纱厂，共有一六〇，〇〇〇，〇〇〇之数。而英占五七，〇〇〇，〇〇〇，美占三七，〇〇〇，〇〇〇，德俄占三〇，〇〇〇，〇〇〇，印占六，〇〇〇，〇〇〇，日占四，〇〇〇，〇〇〇，中国则只二，〇〇〇，〇〇〇耳。而此二百万之中，日、英又占六十万，故中国仅有一百四十万耳，为数甚微！故欲振兴，非保护不可！此其二。是则我国企业家之要求保护，正与德国相同者也。

（四）商务上之统一。德国商务统一，较政治统一为先，故先实行废除内地税。我国政治，现虽不统一，而商务上则统一也，如全国银行商会……等等公会之设立，可以见之矣。不统一者，乃少数之政客，而人民精神，无二致也。然德如何而统一内地税耶？此亦所宜知也。考当时以各邦自行联盟为始，如一八三二年 Bavaria and Würtemberg Prussia+Hesse-Darmstadt 之联盟是——定有一定之税率。现时我国苏省，亦已行之矣。无论路途之远近，水陆之利便，皆于入境、出境时，加二成统捐，余外概不征税，外货之进口、出口，亦然，斯制甚为便利，若中国各省，能如苏省之规定，则商务上之统一，不难立见矣。

由以上种情形观之，似与德国昔时，甚为相同。故予谓与其谈马氏之学说，何如研究李氏学说之为愈也。李氏之讲保护政策，盖以当时英国商业大形发达，机器多而生产力大，组织极为完备，德乃一弱小国耳，欲借以防御压迫也。若与其为并力之竞争，尤非国内实力充足不可！故李氏倡保护政策，直欲以抵制英国耳。然于此有宜注意者，即李氏之倡保护政策，乃其手段耳，非其目的也。一旦国内实业发达，能与各国竞争，即许其自由耳！现在中国之情形，何异于是，用之乃为一时手段，非永久实行保护政策，惟视生产之竞争力如何而已。故于此方面观之，与德相同，似有实行之必要；然自他方面观之，其需要，实更为大。兹详述之：

（一）以德国当时而论，世界实业发达者，惟英国耳！现时如英，如美，如日，如德，皆甚强大。故欲实行保护政策，其需要自形宏大。

（二）德国之关税，不受外人束缚，现中国之受束缚已无论矣，如名为值百抽五，实则只值百抽二三耳。现虽已订定实行值百抽五，将来撤销厘卡，只可抽一二.五，以此为度，不得多抽。然德国均无此种规定，故吾国保护政策之需要更为明甚。

（三）德国并无门户开放，而中国却有自请门户开放者，使外人得以利便之竞争。昔日之开放，仅限于商业，今则工业亦开放矣；昔之开放，限于一定之商埠，今则内地均开放矣，其危险实甚！故欲实行保护政策，较之德国，尤为难也。

由以上三点观之，我国实行保护政策，殊为必要。惟以受种之束缚，故实行较德为难；亦惟其难，吾人研究李氏之学说，尤不可缓，虽不能得效于今日，然苟有人为之提倡，其影响亦大。盖今日商人，于国际上、时势上，均甚注意，非如昔时之不问不闻者可比。如关税离值百抽五，将来撤销厘金，则可值百抽一二.五，并允有自主权，使有人为之提倡，国人得以觉悟，则收回关税，亦何难哉？

故余之赞成李氏学说，以其与中国情形相近；若研究马氏学说者，能以全力关明李氏之至理，则得益之多，无待赘言。况今日之讲社会主义者，皆系空谈高论，并无确实之证据，如某工厂时间过多，某工厂生产力如何，某工厂虐待劳工，某工厂卫生如何，某工厂男女合工多少种种，悉未调查明悉，又何从而知其有弊害耶？关于此类之文以予所见者，惟陈独秀先生之一篇耳，内中历述湖南女工，至沪工作，种种苦情，甚为详尽；然未见有此第二文也。故与其空言妄论，何如不言之为愈。

且现在中国之情形，譬之正如富者居中，贫者环于四面，而其外又有兵匪也。富者给衣食于贫人，而盗匪之来，尤赖贫人为之保护，大有富人出资，贫人出力之势，甚为满意者。研究社会主义之人不察，必以贫富为分隔，以致两相攻击，吾不知彼等究属何心也。中国现今贫富，皆受军阀之害，非劳动者受累于资本家，余已屡言之矣。兹不惮烦，再述中国之有资本者。

中国之资本家，约言之，可分三种：

（一）第一，搜括地皮而富者，此无容余述矣。中国人向以做官为发财之器具，故现今之资本者，即昔时之大官；昔时之大官，即现时各种公司之股东也。

（二）第二，欧战时，中国营颜料者、棉纱者，均骤发大财。

（三）第三，现在交易所，甚为发达，破产者固有，然发财者亦为不少。

中国有资本者之由来，既如上述；实则中国现时，尚无实业也。因政府之不良实业多归失败。故余再三言之，非有所责难于马氏，实中国现非其时耳！若以人人竭全力而鼓吹之，危险实甚。况中国所宜解之事甚多，如货币改良问题、公债、交易、国际贸易等更为重要，又何暇空谈马氏之说乎？

夫学术以研究为主，如与余之论旨为不合者，尽可批评；即他人之立论为不当者，余亦得而批评之。盖能如是，真理明，而利害切，若无理由以相批评，或以人之学说不相合，而不加以批评，则已失其学者之天职矣，尚何言之有。

今余所欲论列者，已如上述。惟希望诸君注意之点，乃余非反对马氏，亦非主张李氏，实以中国现时之情形，似李氏之学说，较为切近。深望学者，研究而为之提倡。盖中国今日之问题，尤在如何发达实业，如何驱除军阀，而非资本家与劳动之问题也。

释国家主义·国家主义的真趋向

李　璜

我们抱着前面所说的那种明了意识，本着前面所说的那种根本精神，则国家主义的真趋向已不难引伸而出：就原则上言之，凡足以恢复或表现国家的人格，凡足以振起或团结国民的精神，凡足以发展或丰富国民的生计，则国家主义的政策当期不遗余力以趋赴之。就事实方面言之，国家主义的政策亦不过在安内攘外而已。

非安内不足以攘外，非攘外不足以安内，现在中国谈政治者已十分留意及之。但是内将如何去安，外将如何去攘，则说法多端，极不一致。在这异说纷纭中间，国家主义者愿明白地宣布他的意见：要以国为出发点，则安内攘外，都才有个明白的根据，明白的对象。对人对己都才有个始终一致的态度，前后贯澈的精神。请在事实上略为说明之。

兹先言攘外：

攘之义，即屏之于门外之谓。齐桓公尊周室必攘夷狄。因夷狄侵入周室，非攘之则周室且不能安然存在，何能言尊。自尊者当不欺人，更当不受人欺。凡入我门来，我以礼遇之，处处让步，而客乃目无主人，得寸进尺，大逞其野心，未勉欺人太甚。我如系自尊之主人，则必立屏之于门外。因此门内我有主权故也。本此自尊之心与此主权之效，则凡侵我者、欺我者皆在所必攘，毫无疑义。中国人尽力与欧美、日本人周旋已几十年了。始而讥我闭关，我则开关以纳之。纳入之后，客便不断的侵略主人。既以鸦片毒药害及我身体，又以天主、耶稣害及我精神。以兵凌，以利诱，其恶不胜枚举。我虽欲亲之，其奈此客实在不可亲！因为此客自来便认此主人为奴隶，身份与他不相等。我们虽想打亲家，“齐大非偶”，这个亲家实在打不成。还是照着子曰诗云：“自求多福，在我而已。”我们要想免于侵略，只有求之在我：自坚其壁垒，自求其解决。国家主义的对外政策是不愿依人为活的。亲日、亲英既所深恶，亲美、亲俄亦所不取。不但这种摇尾乞怜的态度有损国家的人格，并且乞怜一会，毫无结果，中国人也曾经上过当儿来！总之，外交之义，是彼来我往，受施相报。善遇我者我亦善遇之，利我者我亦利之，仇我者我亦仇之：此人与人间之通义，何独于民族国家间而不如是。

有人要说："弱国无外交。"——中国许多媚洋人畏洋人的外交官失败了便以此话卸责。——我们要请他翻一翻十九世纪自法兰西大革命以来，欧洲的历史。一八一五年，战败了的法兰西还能有操纵维也纳会议的达列朗（Talleyrand）。一八五六年得统一的意大利全靠着有气魄有手腕的加富尔（Cavour）。大战失败之德人至死抵抗，而有今日法人之让步。四面被困的俄人拼命干去，而有今日列强的承认。谁言"弱国无外交"，其所以无外交，实在是无有手腕有气魄的外交人才，无富理想能牺牲的勇敢国民以与强者相抗而已。强者既有意凌我，安心害人，则除拼命抵抗以外，还有何种办法，始终舍不得拼命抵抗，故始终无外交之可言。受气让步已成习惯，则东交民巷一声呵斥便吓杀了政府中人。

别人又说：列强凌我，我固当抵抗之。但又有外人愿助我去其患者，则我们的态度又将如何？助我者我自然欢迎之。但是世未有徒赖人帮助而能终去其所患者。墙壁不修，主人疲病，夜有贼来，邻人为赶去之。这种邻人之助固可贵，但是如果主人终久疲病，墙壁终久不修，则盗贼将又来不已。邻人之助又焉能终久依靠！姑不问此种邻人之助中间有无野心，而一个大国岂有能依人而活之理。故所以国家主义的外交政策在在排斥含依赖性的亲善主义，而主张自强不息，要首先靠自家的能力，全国拼命，在帝国主义中间，杀出一条活路来。

不过欧美人近来侵略人国，已不同于从前，专以兵力从事了。

他们已发明了经济政策、殖民政策，来特别吸取弱国的骨髓，使弱国精华尽竭，只余形骸，以免费兵力去占领。而只要握了关税权、财政权以后，再派几个资本家去经营，几个传教士去欺弄，便好了。这种计画真是省事，不烦一兵，不遣一将，遂能将如像中国这么大一块领土的经济生活把持在手里。弄得中国人实业无法提倡，生计无法发展，穷饿不堪，争夺不已。十余年来内乱之源大半在此：经济权不能独立操纵，对外不能保护商业而与人竞争，对内不能发达国货而力求自给。因此国家主义的经济政策不能不主张李斯特的国家经济。

李斯特是国家经济（économie nationale）的提倡者。德意志一八三四年的统一关税，实行保护政策，便是实现他二十余年所坚持的主张。他所主张的根本的意思是："一国经济权不能独立操纵，便算不得独立的国家。"所以他为德意志所要求的两条是：（一）国家要得着他自己所应有的经济自治权（autonomie économique）；（二）国家要保护着他自己国内生产者的国内市场。前一条便是收回关税，后一条便是保护贸易。中国今日的经济政策尚有更重要于此者的吗？我们不首先向外国收回关税权，以调剂生产，奖励生产；不行保护政策，那能与外人言商业的竞争？洋货税轻价贱，自然把力弱本小的国内土货冲灭了。我们自家的实业品一天不能在国内占势力，便一天要被人剥夺。像今日这样门户大开，外货充满，简直可以使膏血尽竭坐而待亡！因此国家主义的经济政策在首先向外人争回关税权，而实行保护贸易。以理争不行，则以力争。以力争不胜，亡也亡得痛快一点，免得暗受损害，至死不悟，而一班自命学者的中国所谓名流先生尚在那里说："中国既成了欧美人的好商场，欧美人便不会侵略中国了。”他不知好商场便已经是侵略地了。

对外尚有多端，如收回领事裁判权，收回国家教育权等，一时难于尽述。但其重要莫过于上面的两件事，即自主权与经济权之收回。中国人一日不争回此两种权利，便一日不有来苏复兴之望。虽然，像今日这样藩篱尽撤，内争不已，焉能骤然得志于此。必先除我内患后修我内政，所谓十年生聚，十年教养之后，欧美、日本人当有所畏忌，而能向我让步。于是我们又说到安内上来。

内国之不安宁，而且自相残杀，在这二十世纪的国家中，要算是中国所独有的特殊现象了。中国何以独有此怪现象？偏于经济的解释者曰：生计问题使然而已。但是中国现在之乱，并非阶级战争，纯为的是饭碗问题。一班好乱的伟人，奔走的政客，且皆是面团团的富家翁。偏于地理的解释者曰：幅员太广，难于统治故耳。要知中国幅员虽广，而乃在一大块土上。如谓地广便难统治，则大不列颠帝国殖民地遍全球，又将何法以统治之？并且中国这块土地在历史上曾经受统治过数千年，何以至今乃不可收拾？于是我们不能不去用历史哲学的比较方法，以求解答。我们先用内比，以本国历史的前后相比较一下：何以从前安而今日不安？何以从前易于统一而今日不易？然后我们再用外比，以他国历史比较我国历史，去看出彼此的经历或有程度之相差，或有早迟之不同。比较而观，不难见他国亦曾经过中国这种现状，而他国用何法以出此现状，则大可注意矣。

在历史上，今日的强大国家皆有所谓他们个人的民意建国时代。如英吉利之法典运动，法兰西的大革命，德意志的联邦政府，皆是为脱离内国的专制暴力，抵抗外国的侵略行动，而一致的团结起来，稳固他们的国基。当其在未能团结以前，还不是有宗教之争（如法之望代战争 Guerre de vendée）、藩王之战（如十五世纪之日耳曼帝国），其间也曾经过多少年。但他们怎样的去团结，而终能聚散沙于一盘呢？他们利用两种共同之点：即共同利益与共同志愿。我们前面曾经述过，德意志之建国，全靠统一关税，法兰西的大革命也是由于要统一法律。关税、法律一经不受外界威权的任意支配，则全国人的利害便日趋于共同。既然能共同其利害，则长相保守而勿失坠的共同志愿，也就格外坚固起来。请看德意志人本其民族、民权之共同志愿以攻拿破仑。及外力既去，关税、法律统一而德意志人民便相结不解，以至于今，在患难之中而联邦尚毫不有分裂的现象。再请读法兰西大革命时全国各省区代表在巴黎（Champs de Mars）的誓言！历史家都说自有此誓言后，法国方才建立真正统一的国家。从前的统一皆帝王兵威征服之力，非全国民意的统一。威力一衰，势将瓦解。有此誓言，便表示出全民真正共同志愿的集合，而能始终相守不衰（大意见米失勒 Michelet 法国史）。

中国全国国民今日已有这种志愿否？曰没有。其所以能偶然共同起一些反对列强的呼声，皆受一时的激刺使然，而且只限于少数人。甚则尚有政客、武人，利用外力以倾异党，反能号召为乱于国中。因此我们不能不说中国国民尚没有共同利害的十分感觉，所以没有很热烈的共同相保的志愿。国家主义的对内政策便是针对这两点下手做去：一方面固然要在国外、国内的暴力之下收回经济权、法律权而统一之，而一方面更要极力训练团结全国国民，滋长这个共同的志愿。国家主义便要全靠这个全民共同志愿，把中国建设起来，使各行省区域本自由意志，重兴联合一过，成为一个不但形式上统一，而且精神上统一的国家。因此国家主义者，所主张的统一乃是民意的统一，所主张的联治乃是民意的联治，而最反对少数武力的统一与多数军阀的联治。更明白些说，便是国家主义者主张全民政治，而反对独夫或一阶级的专制。

且在今日这种强邻思逞，国贼专横的时代，国家主义者更要极力团结全民之力以共抗恶魔。因此他主张“阶级合作”，而反对“阶级战争”。阶级战争之是非，我们在此姑不具论，而在处境如斯的中国内，国家主义者认为主张阶级战争者，算是药不对症，于国事有损无益。因此国家主义者不但在此日驱除国内外暴力的时候，要主张各阶级合力同心去从事于革命运动，并且来日全民革命之后，也要一样主张各阶级合力同心去从事于建设工夫，因为国家主义者既以国为唯一的对象，则国家者全国人之国家，不是几个人或一阶级的人所能私有的。既不应私有，则国家的利益即是全国人的利益。不但当与全国人谋之，且当听全国人谋之。因此国家主义者的立国政体必须是全民共和，而不是独夫或一阶级专政的。

说到这里，留心社会问题的人必定要问国家主义便不问平民生活，便与社会主义无关了吗？国家主义既处处留意到全民幸福，岂有不愿虑到平民生活之理。并且一国内如果平民失业，社会不安，又那能说得上与强邻相抗呢？不过国家主义自有其对于平民生活的社会政策，而不同于一班的社会主义罢了。求之经济学史上面，则有德国学者讲师所主张的国家社会主义（Socialisme d'Etat），求之历史事实，则有俾斯麦克（Bismarck）的社会政策。请略述之。

最早提倡国家主义的德国哲学家非斯特（Fichte，1762—1814）

便主张以国家这个机体来实现社会的正谊。他所谓两种社会上的正谊，即是经济上的平等与精神上的平等。经济上的平等便是一国之内，人人都得着相当的生活，精神上的平等便是一国之内，人人都受着相当的教育。他说国家的第一个责任是在尽社会分功的能事，而使全国国民都各尽所能，各取所需。国家的第二个责任是在尽化育全国的使命（Mission civilisatrice）而使全国国民都能增其知识，展其个性。他做了《告德国国民书》（*Discours à la nation allemande*）这本书，对于德意志国的统一影响狠大。而且他是国家社会主义的导师。国家社会主义便是主张以国家的能力来调济生产消费，保护工人、农人。关于分配方面，他虽然仍赞成私产制度的重要，但特别注意劳力报酬当否，利益取得的公否，务使工资足以支持工人适当的生活，而同时并主张抽财产税以为设置救护工人的机关。华格楼尔（Wagner）所谓国家社会主义的两件事：即以国家能力去用资产者的钱来抬高工人物质与精神的生活，去用抽税的方法以免财富集于少数之手。至于在生产方面，则由国家专以公利为标准，而来经营林、水、路、矿诸大实业，而以其他小实业俾国民自由经营，以便尽分功合作能力。这种主张在德国立刻得着俾斯麦克的赞成，而实现之于其社会政策上面，由国家提倡企业，为工人设保险机关，使德国工业发展有一日千里之势，而德国工人生活亦较他国为抬高数倍。不独俾斯麦克行之。今日法内阁爱里友（Herriot）之社会政策，英首相马克都拉（Mac Donard）之工党政策，也是一面特别保护生产者，而一面抽财产税于资本家，且励行保护贸易而提倡国内实业。那一点不是根着国家社会主义的主张，而以国家的权力来实现社会的正谊的。故所以国家主义的政治，是或在学说上，或在事实上，从来没有忘却平民生活的。

综上所言，国家主义所有对外政策是仗赖全民自家的力量，以期完全独立的自决，而不赞成依人为活的国际主义的解决。国家主义所有的对内政策为团结全民共有的志愿，以求真正民主的自治，而不赞成任何阶级的专制。至于普及全国国民教育，增进全国国民生活，国家主义者既欲强国而必须其国的份子各各健全，当然不能忽略了的。现在更简单的归纳国家主义的政治在两个形容辞之下，便是这种政治是“止国的”与“民主的”（National et republicaine）。

述国家主义的经济学

李　璜

国家主义的经济学或简称为国家经济学（Nationalökonomie），为德人李斯特（Fr. List，1789—1846）所倡。李斯特著《政治经济学的国家统系》（*Système national d'économie politique*，1841）一书，陈述彼所主张之国家主义的经济学，其中要点有二，即以国民性的意思（idée de nationalité）对抗国际主义，以生产力的意思（idée de force productive）对抗交换价值的论调。因为自十八世纪以来，重农派与亚丹斯密一派，所谓自由学派（libéralisme）的经济学大半注重百物交换的价值，提倡自由交换；所谓“听其作为，听其经过（laisser-faire，laisser-passer）”，乃有超国界的意思。而李斯特立论批评之，提出国家独立保障与国民生活保障二义以为根本思想；保护工商与奖励实业两事以为实行办法。并且李斯特不只限于立论，而极力在议会与社会各方面鼓吹宣传其说。外与侵略德国之奥大利政府，内与蹂躏民权之日耳曼诸王公相抗，自一八一九年以后，两次被捕入狱而不稍灰心。卒于一八四一年大行其说。不但德国之经济的统一与独立大有赖于李斯特的学说与活动，即对于德国之政治的统一与独立，他的贡献也狠不少。

不过一种主义与学说本不是绝对的真理，也可以反过来说真理从来不是绝对的，都是因时制宜，因地制宜。为想解决当前的大问题，于是仁人学者不惮竭其心力，针对时弊而为之说法。因此一种救国救世的道理，固是大大有造于一时的环境，而一时的环境也大大有造于一种救国救世的道理。我们要求正确的了解李斯特的国家经济学，我们自然该当去先看一看足以使这个学说发生而且生效的德国的环境。并且一个学者的说法并不是所谓“妙想天开”，毫无渊源。述学而欲深细的明了一种说法的究竟，不可不略一追溯一个学者思想的渊源。因之我这篇文字应当是首及与李斯特思想有关系——所以发生及所以成功的关系——的德国当时（1800—1840）现状，次及李斯特以前有国家主义的经济学思想的学者，然后才述及李斯特本人的说法。至于我这篇文字所根据的书为：（一）季特与尔里斯特合著之《经济学说史》（Ch，Gide ei ch Rist-*Histoire des doctrines économiques*）；（二）德格来夫著《经济社会学》（Gu，de Greef-*La Sociologie économique*）；（三）加斯同里沙著《社会问题与十九世纪哲学思潮》（Gaston Richard-*La question sociale et le mouvement philosophique du 19 siècle*）。

我们知道在十九世纪开场的期间，拿破仑横行全欧，把中欧的土地尤其是任意分合。各自分立毫无团集的德意志诸小邦，实在是无奈此强邻霸君何！幸得英、奥、普、俄合力将拿翁打败了，德意志人民以为从此可以渐遂其内求统一，外求独立的要求。而殊不知去虎来狼，野心的梅特涅又把德意志联邦轻轻的放在奥国政府支配之下。虽然在佛郎克埠有个联邦议会，而议会的正会长便是奥皇。并且议员也是出于各联邦王公的钦派，而不是出于民选，好像一种外交团会议一样。以外交团会议来支配全德国的人民，当然令多年思脱异国羁绊，一心要求统一的德国人民非常痛心。于是所谓“统一运动”进行日益猛烈。德国大学生联合会（Burschenschaft）以大哲学家斐希特（Fichte）为之倡首，于一八一七年十月举行大示威，高揭外抗侵略的强邻，内求民意的统一之旗。此举惊动了梅特涅，特别在加斯巴德（Carlsbad）开了一个列强大会议（1820），决议把德国大学生联合会解散了，从此监督言论出版及授课。这种无理的压迫，又焉令志向坚强的德国民众畏服。勉强安静了十年，到一八三〇年，所谓“一与全体”的国性要求——一是整个之义，全体乃全民政治之意，这个国性要求的口号在十九世纪前半期内有暴君外有强寇的意大利、西班牙、德意志人民都是一样具着的——又盛了起来。从一八三〇年到一八四八年，自由运动日有进步。一八四八年三月居然举出代表，筹备民意的团会，而诸王公没敢反对。更喜梅特涅倒了运，也在这年三月被人赶跑了，自由的德意志联邦帝国便在次年三月正式成立了。在这四十年中，德意志人民因为要打破两重压迫的环境而达到一意独立的心愿，国家主义的空气可谓浓厚极了！

更看德意志在这四十年中间的经济状况为何如？在十九世纪之初，德国还完全是一个农业国家，经济组织亦如政治组织，是没有一个总的统系，而是分裂异致的：工业留着手艺结团制度（Régime corporatif)，农业留着封建农奴遗规。在这个时候，爱尔兰联合运动成功（1800），英国的经济统一完全成立，亚丹斯密所谓大不列颠强盛的总基础便奠定了。法国也早在一七九一年废去国内税关，而一直的达到经济统一。但是德国境内在内一八一五年还是诸小邦分立，互相雄长，关卡林立。李斯特在他的一八一九年为德国工商总会做的请愿书上，曾经计算全德境内有三十八路税关。据他说还没有算每个小邦之内的呢！每个小邦内税则也不一，如普鲁士一邦便有六十七种不同的税则。他说："当其别国在专用心思研究科学艺术以为发展工商业的时候，而德国的工商业家完全耗费他们的时间来研究税则厘规去了。"这是对内的害处已经不小了，而对外的害处更大。因为德意志许多小邦在他们的各邦疆界上各自为政，互相渔利，而对外反而缺乏了一个中央机关，以征查外货。于是对外关禁大开，以当英法有组织的经济发展，自然便成了他人的尾闾了。并且在大陆封锁失败之后，英人为补偿从前损失起见，无限的推销其制造品于大陆。法国还有保护政策相当的可以禁止一些英货入口，而德国简直无法抵抗。于是德国的商人便警惧起来了。经济统一和税关统一的志愿在当时几乎遍于全德的工商界，舆论也趋向以国家为单位的经济政策。便在这种空气中间，李斯特起来活动了。李斯特本是敦本格（Tubingen）大学教授。数年以来，便有这样的主张，在报纸上发表的意见狠多。因此在一八一九年成立的全德工商总会便以他的一些主张为活动的中心思想。同时他也为工商总会四处活动。但是当时的联邦会议毫不以这类要求为然。李斯特反遭政府当局之忌，未几因事下狱（1820）。十月监禁满后，逃往英法。不久归，复被捕。再出狱，遂走美洲（1825）。后七年自美归，而彼十三年来所鼓吹奋斗之关税统一事，乃大有成功希望。各联邦以普鲁士为中心，自一八二八年便已成立两个关税同盟。在这两个关税同盟之下，商货可以自由通行，而在疆界上只有一个税关。随后两个同盟并为一个，遂成功所谓 Zolleverein。这是一八三三年的事。一八三四年实行起来，在经济上便算实行统一了。而在政治上也因此算是开始脱离外国羁绊，而趋于统一。因为 Zolleverein 聚集全德各邦，而独无奥大利。全德商货在境内通行无阻，实业便有日益发展之势。但这只是对内统一的问题，还有对外保护的问题呢？李斯特的第二步工夫便是批评普鲁士的自由政策，而要使德国联邦政府采用他的保护政策。在一八四一年 Zolleverein 重订的时候，便由两派提出辩论。李斯特的《政治经济学的国家统系》也趁着此时出版，大引起众人的注意。他的国家主义的经济学便在此书可完全见其梗概。

李斯特此书主张保护政策最力。因其笔墨长于雄辩，且所举从前历史上与自身经验上的实例最多，便于公众的注意。平实说理，毫无学派气味，而且阅之者但觉深合国情，恰中时病。故此书一出，大生效果，而李斯特之名也随之大显了。书中所再三致意者便是新生的实业国家，像当时德国那样，希望甚大，狠要保护者，才能向前发展。因为德国自十八世纪便早成为英国消货之场；英国实业既大发展，新生之德国实业绝不足与之在国内自由竞争。以英人机械之利，出产之多，招牌之劳，听其自由输入德国，必使新生之德国实业破坏无余。法国与美国均有感于此，而行相当的保护政策，以限制英货之输入。而德之实业还不及法、美，岂能听英货之无限输入。此李斯特对于政策上之具体主张。至其学说，则与提倡国家主义之德国大哲斐希特有甚深之渊源。

斐希特在一千八百年刊行其《封锁的商业国家》（*Et-at commercial fermé*）。书名甚奇特，但很足以表示出来他书中的主张：用政府的权力以防止对外的商业。不过斐希特的意思又不是十八世纪经济学者贵农贱商的意思。他比柏那图的主张还要激烈一些。柏那图虽然在他的理想国里禁止市民买外商的货，但是他还没有完全防止，而听外国人与外国人可以在内地交易（见柏那图著 *Les Lois* 卷五）。而斐希特简直主张每个国家如果要保障彼此国内与国际的公道，该当完全各人闭关，不通商业。而所有各国国币该当是不能彼此交兑的。斐希特是康德的弟子，斐希特这本书又出在康德《永久和平》（1795）一书之后，康德主张世界各国成一大共和国，而斐希特乃有如此与其师相反的论调，有些人很觉得奇异。其实如果一细考察斐希特所处的时代与他的根本思想，便了然斐希特这个主张是应该有的。在十九世纪以前，德国学者一向主张世界大同，岂特康德，就是文豪哥特也不是歌颂世界和平的吗！但到了十八世纪末年，时代变了。十九世纪开场，一方面法、奥的武力侵略，一方面英人的经济侵略都开始了。所以德国学术界从康德的思想一直变到黑格尔的思想，也是时势如斯，有不得不然之故。斐希特便算是这两种思想——和平与武力，正义与强权——中间交替的一个哲家。并且就从斐希特的根本思想去看，他也有主张闭关自保政策的可能。

我们知道斐希特以前的一些哲家如霍布士，如斯比罗莎，如陆克，如卢梭，如康德，对于财产权以至政治权，均有个人主义的倾向。无论主张占有说、劳作说或契约说，其理论大半是分子独立说

(Atomisme)，而把国家社会的独立人格与保护责任看得很轻。（卢梭比较要重视国家责任一些）斐希特的论理学既是先社会后个人的，故一起头便与十八世纪的个人主义的说法分野了。他既以社会、国家为单位，所以他便注重到一国的生存权与乎一国内的分功原则。《封锁的商业国家》便是要取消抽象的个人主义的经济学说，而代以具体的国家主义的经济学说；取消人自为战的混乱的经济政策，而代以国家安排的统系的经济政策。原书分三部：第一部最重要，详述关于百业分工及财富分配上国家的特别使命；第二部详述当时各国内外之利益冲突，经济混乱，而不利于生产业之发展；第三部陈述作者自家之主张。兹略叙其大意。

斐希特首先反对一些自由学派的经济学家，未尝见到国家社会对于经济的生产及分配上，有超乎个人的能力和精神。重农派、自由派只知个人因自私心而努力，故专注重私产之保障、商业之自由，而不知自私心亦有弊害。罗马与封建时之法律，只知注重财产，已失社会分功之义，而昧乎农业以外，工商百业亦在在须加以十分的保障。凡一国内无论操何职业，皆于同国人有益。因此一国政府的法律与设施应注意及各种职业的人。在理想的国家的公正经济状态之下，该当一方面人人能有益于人人，而他方面人人皆能得着国家相当的保护，相当的权利。譬如国家已经对于私产再三加以保障，而对于工商业如何办法呢？最好的保护莫过于得使他们专利，换言之，即行保护政策，以抵抗外来的竞争。国家而欲使社会分功得其平衡，经济关系得其公允，莫过于闭关自足，不与外人通商。办法则令国币无国际交换之可能，那么自然不会有国际贸易了。

斐希特的主张如何这样的坚决咧？因为：（一）他觉得国际贸易是彼此两无利，或只利一面；（二）他觉得自由学派所主张国际自由竞争，适足酿成国际纷争，弱肉强食，质言之即经济侵略是也。在这两点上我们却不能不承认斐希特有相对的充分理由。他说："国际贸易可以呈现三种状况：或是一国在进出口上利益与损失两相抵偿，或是一国因实业发展，大获别国之利，或是一国实业不发展，大受他人的掠取。在这三种状况中，第一种可算幸而免，第二种简直是吸别国人的膏血，夺别国人的生路，而第三种受其害者其命运惟有穷苦到作别国的牛马而已。"但是能有第二种魄力的终占少数，斐希特书中明白的指出英国，而第三种被掠夺者乃占多数。故斐希特认为大不平。当然斐之主张是根本伦理思想的，并且此少数之经济侵略者只每每因利益冲突而争，战争之源往往在此。故作者谓如欲世界永久和平，非取消国际贸易不可。作者又批评自由学派之国际分功之利益说，略谓："以其所有，易其所无，以其所余，易其所需，固有利益。但近代国家不同古代，只要自家努力于实业，便能自给有余。"作者在原书第二部中历历取证于今异于古的经济状态。今日文明地方皆形成大国；大国之中分功已密，万无不足自给之理。反过来看，如果习惯使用外货，使一国实业不能发展，那便终有不足自给之一日了。此所以斐希特主张用国家的权力来在国内严密的调度分功合作，以求自给；而对于国外不准商货任意流入，以防害国家经济。

果然斐希特书出十余年，英国实业日益发展，极力推销，有以邻国为壑之势。法国警戒最早，于王朝再建后（1817）立行保护政策，对于英货，或苛重税，或加取缔。美国经济学家如哈米尔敦

（Hamilton），如马休加来（Mathieu Carey），如英吉尔梭（Ingersoll），或主张统一美国国内关税，以便新生实业之发展，或主张保护政策，以抵抗英国制造品之无限输入。有所谓非拉得尔非会社（Société de Philadelphie）即所以为实行前项主张。李斯特在德既已习闻斐斯特之说，而赴美又与美国有这种主张的首领——如英吉尔梭，当时为非拉得尔非会社副会长——同游。且亲见美国因提倡实业，防止外货，而国民生计之发达有一日千里之势。因愈信斐希特之说，而主张保护政策之志愈坚。在《政治经济学的国家统系》序中，李斯特曾道："我的命运引我到了美国，我所读之书尽在此一地了。在此土最可读的经济学书莫过于此新大陆的生活的写真了。我们在这里看见荒凉之土变成富强之国……在欧洲，这种进步需要几百年，而这里转眼便成功了。我们看见这个社会由野蛮状态变成牧畜生活，由牧畜到农业，由农业到工业、商业。不值一文的土地怎样的成为寸土寸金，我们都可以在此观察到了。在这里，农人的见解与计画远甚于欧洲大陆的科学家。他知道如何的利用农稼，增加富源。他知道极力拉拢工业制造的人在他的田庄左右。在这里，我们明白看见农业地方与工商地方两两不同，两两竞争的现象。没有别的地方像这里的铁路交通之影响于人民的物质与精神的生活了。这本书我读之至熟而且不厌。我在这里面得的教训与我平生所学、所思、所经验相印证，真是受益不浅了。"（见《政治经济学的国家统系》法译本第五四页）

如何才能使一国富强，民生畅遂，则非由国家来调护生产力量，使新生的实业可以尽量发展不可。如何才能尽调护的能事，则非采取保护政策，使外货不能来与国内制造争利始成：此即李斯特本前哲教训，集自身经验而有的国家主义经济学的结论。

以上将李斯特思想的渊源以及他的主张所以发生和所以生效的环境略述了一些。现在我们可以述到他的说法了。我在一起头曾说过，李斯特系针对自由主义、个人主义的经济学说，而一面提出“国性”一义以批评无国界的经济政策，一面又提出“生产力”一义以批评交换价值。因此他的国家经济学就建立在“国性”和“生产力”两点上。

照李斯特的意思，亚丹斯密与其自由学派所以有超国界的假设(Hypothése cosmopolite)，因为他们以为人类自今以后便会集合成一个大团体，而战争便要会不存在了。当然在这个假设之下，以人类为一大团体，以个人为这个大团体的份子，这个大团体既然是个人组成功的，所依能顾到各个人的利益，便算顾到全人类了。这是没有不公平的意思。但是，历史事实乃不如是之简单。在个人与人类之间，还有个国家：这个历史造成功的东西简直为自由学派所忘怀了！每一个人都有一个国家。他的荣枯幸福并不是系在全人类上，而是系在他的国家的政治能力上面的。自然是全人类和衷共济，利害与共，是一个最美满的目的，为我们所祈求，而或者有一日能够达到的。但是在今日，国家林立，利害不同，强弱不等，又怎么样能够在平等原则之下，彼此真正永久联合起来呢？如果这种势力不一，利害不同的联合会成立，则其势必致其中一二强者得大利，而其他弱者尽成鱼肉。因此在今日的情势之下，经济学当顾到各个国家的特别情形，应使各国家能达到相当的经济程度，然后去与别的文明国家交通联合，才能有平等之可言，而所谓自由交换也才有真正自由之可能，有彼此两利之可言。

李斯特将国家向前发展的经济程度分成了五个历史的阶级：野蛮状态、牧畜状态、农业状态、工农状态和工农商状态。照他的意思，一个国家要达到这第五个状态时，才算适度的发展了。要怎样才能达到这个工农商的状态呢？该当是要有海上能力，去建设殖民地，去保护对外的商业，然后才能够供养一国内那样多的人口。能够衣食不乏，然后才能完全发展一国的科学与艺术，然后才能永久保守一国的自由与独立；换句话说，经济力的进步与发展和国民性的保守与光大有直接的因果关系在。更反过来说，则国家的人格既靠经济力而定其高低，于是经济学便当以国家荣枯为理想，而不应只见及个人利益。因为今日的个人既都是一国国民，个人利益随时包在国家利益之中。且亚丹斯密之著《原富》，亦未尝忘及国家利益；不过他只注重到积极一面，求所以富国之道，而不知在消极方面，一国经济力不发达，便要失掉国家的人格，要被他国侵夺、奴隶、牛马，所以李斯特的国家经济学既以国性为中心，便不能不十分注意到一国的生产力（国性、国民性，都是从 Nationalite 一字译来的，意即国家的人格之义，详释见本刊创刊号《国家主义的真意义》文中）。

亚丹斯密和自由学派主张自由交换，其意在买贱卖贵，可以增加国富。而李斯特则以为国家不在一时之富，而在永久保持富的状态；换言之，即须有创造富的能力。李斯特曾谓："富的创造力其重要十百倍于富的本身。"此种创造富的力量，他便叫他作"生产力"，而认为国家所当唯一注意的。一切在国际上的交换价值皆系于生产能力，因此宁肯牺牲一时之交换价值，而为去保守永久的生产力量。但是生产力在李斯特眼中，其内容如何呢？李斯特再三致意于国家丰富的根源、国家进步的条件，谓宁牺牲一时物质利益以求之。而此生产力，其富源，其条件，李斯特则以为在政治的组织和道德的建设上面：思想自由，言论自由，信仰自由，审判公平，法制平等，有监督的行政机关，有议会的民主政治。这种种都齐备了，都弄好了，然后国民才有安全的日子，才能尽力于工作；而他的工作的利益也才有保障，不会被苛税外患及种种不公道、不道德的行为损害了去。政治与道德的这种生产力，在李斯特眼中比工厂实业还更重要，而且更有生发得多。不过李斯特又相信工厂实业的发展便可以养成这种道德的力量。他说："求时时增进精神和物质幸福的志愿，与人竞能和力争自由的志愿，便是工业商业社会的特色。至于幼稚的农业社会充满了精神的懒惰，体格的迟重，老守着旧思想，旧习惯，旧方法，旧设施，缺乏教育幸福与自由的要求。"（见《政治经济学的国家统系》法译本第三〇七页）李斯特在原书中第七至第十五章细细说明工业胜于农业的地方，如特别能运用各种自然力以增进生产，特别能随着需要择人与择地为适当的分功。因此生产力与人力都能经济的使用出来，而使精神和物质的进步同时提高程度。因此李斯特不但如亚丹斯密认实业为工作和节俭的自然产物，而且认为促进个人工作的和资本的社会创造力。所以值得为他受些暂时牺牲，务必将他引用到国里来极力提倡，如同自由政治一样，足以为后来国家财富的总源泉。他把这在国内提倡实业的好处，比如种树一样：播种必生，十年成林。其利不可胜言。他说："自然是在经验上我们都知道风能播种，渐渐的会由这个地方吹到那个地方，慢慢布满林谷荒山，蔓草之区可成茂林。但是如果有了农人樵子，还是去待风慢慢的吹种四布，等个几百年好吗？抑或是自家栽种，加意保护，十年成林好呢？历史告诉我们，有许多的国家，全国人如同农夫樵子的栽种办法，而已得着狠好的效果了。”但是怎样的去尽提倡和保护实业的能事呢？已成功的这些国家曾用过的方法便是税关的一种办法，换言之，便是保护政策。

但是保护政策既为保护一国的工业发展而设，如果一国工业还无发展之可能性——如地土不是温带，文化还狠幼稚，人口少而阻碍多等——则工业尚无法发展，也就无保护政策的必要了。反之，如果地处温带，人民众多，文化已进步，交通已发达，则工业必时时有发展的可能，也就非立刻行保护政策不可。所以李斯特并不是主张世界上所有国家都要行使保护政策，他是特别注意温带、人多、已有文化、新生实业如德国当时那样的国家。因此他明定了几个必须施行保护政策的条件：（一）为一国工业方始萌芽，有去提倡并鼓励之必要；反之如工业已大发达——如英国，或工商尚无法提倡——如南非洲，皆无实行保护政策的必要；（二）为一国工业，尚极幼稚，不能与大工业国相竞争，让大工业国的货品随意输入，必致立斩本国新生实业的生机，所以有实行保护政策的必要。就在这些条件的规定上——还有两个消极的条件就是工业已发达到某种程度及农业社会便不必行保护政策——便明白的看出李斯特主张保护政策的用意了。

总之李斯特主张以关税办法防止外货无限量的输入，提倡国货尽能力的发达，无非是为一个国家的人格，为国民全体的利益设想。他曾指明保护政策的用处是：（一）为一国取得经济上的独立自由。因为他曾说：“在现今世界上无经济上的独立自由，便算不得一个独立的国家。”（二）为一国保守本国生产者的国家市场。因为他曾说："一国要能自活，非使生产发达而又能畅销其国货于一定的市场不行。"在李斯特以后主张保护政策的，都无非为的这两点。李斯特的国家主义经济学诞生以来，到今天已八十四年(1841—1923)，保护政策日益发达，自由主义发源地的英国也渐渐实行保护政策以防复起的大工业国。而独我中国门户大开，任人掠夺，一看到李斯特在在以国家人格、国民生产为忧的说法，真正令人感慨系之！我们中国不是李斯特所谓地处温带，人口众多，文化已发达，工业已萌芽的国家吗？我们如何不应实行保护政策？我们之所以未能，实因我们的税关在外国人的手里。这样看来，我们不收回关税，而实行保护政策藉以提倡发展新生工业，我们实无自救的第二个办法。日日让外货无限量的侵入，将国家财力被外人掠夺殆尽，看看举国穷困，衣食都不够了，还高谈什么文化与艺术啊！反面正面的话已被李斯特说明白了，我不再多说话，我也实不忍再说下去了！

李士特经济学说与传记·自序

刘秉麟

读书者多不喜读其序，此或由于一书之中，序之数太多，而且此种序者，多倩一二负时望者为之，除照例恭维数句，或敷衍数句而外，于其著作之本身上，不发生密切之关系，故此种序本在可读可不读之列。予向不求人作序，而本书之序，实与其书之本身，与著者著此书之本旨，有连带之关系，要非于全书告成后，加以一言不可。不然，则可以不言而言，吾又何必蹈此画蛇添足者之所为，而多此一番笔墨乎。

关于经济学理上之著作虽多，而名著究竟无几。名著者，代表一说或一派之宗匠，穷其一生研究之力，以成此轰动一时之大著作者也。顾不知其著者所处之境遇，与其环境上之种种关系，则其说之所以受人推崇者，无从而明。且一说之成，非一人之力也，苟对于当时及以前之思想，所影响于此宗匠者而不明，则其学说之势力，所以能如此之伟大，经久而不衰者，亦无从而晓。故不读名著不可，读名著而不先明白作者之背景与当时之思潮更不可。

以经济学而言，派别虽多，而其间最重要之本，能代表一派者，为初学计，不可不择几本读之。但不知英国工业革命时之情形，则《原富》一书之重要，读者不得而知也。舍思想而专言事实，则听者只觉其干燥，舍事实而专谈思想，每多苦其言之空泛者。使能使先明了英国工业革命之情形，与《原富》一书之所由成，则好如读医方者之先读病况也，病之是否宜于此药，与药之何以能对症，读者了然于胸，虽谈一医方，亦不觉其干燥而索然无味矣。仆不自揣，窃本此义，欲以经济学上之少数名著，与其著者所处之背景，先择其最重要，为一派之壁垒者，撮其精粹，以贡于世，为初学者之助。去岁暑假中，曾著有《亚丹斯密》与《李嘉图》二部（尚在印刷中），本年暑假中，原拟从事于《李士特》与《马克思》，不自振作，穷二月之力，仅完一部。马克思之著作，既较亚丹斯密与李士特为繁，欲撮其精要，诚非容易，且即以《资本论》一书而言，仆往日虽穷三月之功，读完一道，而其中深意之难明，实不能与《原富》一书之文字清晰，与李士特著作之流畅者，所可比拟。再以背景而言，马克思之所处者，亦非一七六〇年时之英伦，与一八四八年之德国，彰彰在人耳目者，所可同日而语。因此迟滞，未能脱稿，假以时日，或有以贡献于世。

先述亚丹斯密者，自以为经济思想，在今日最占势力者，一为个人主义，其著作能代表此主义，而为此派之所宗仰者，亚丹斯密也。其次，则为国家主义，能发扬此主义，而为人所宗仰者，李士特也。又其次则为社会主义，其说之能震动一时，而为万流所归者，马克思也。三人之著作，既有声于时，而欲明一派之渊源者，更不可不读。读名著者，非读教科书只求其新出者可比，不可以其旧而忽略之也。苟由此能审查今日世界之情形，与吾国特殊之地位，与何种学说之可以采用，并思想变化与不同之处，则盲从与瞎吹之弊，或可一日免也。仆以学者研究之态度，于三种不同之学说，尽情以绍介于公众，非为某一种而鼓吹也，盖指导社会之责，虽由我负，而抉择之权，则深望人之各用其知识，以从事于判断，而毋为一时意气所蔽也。至仆个人对于三说研究之结果，虽亦有自信者存，但不欲于此书中附言之，亦不敢为初学者言之也。

以本书而言，李士特之学说，有三点可以指醒吾人者，愿读者留意焉。一，吾国今日大多数人之思想，每有政治不良，而专从事于社会事业者，且以经济事业，为社会事业之一。此理适于李士特之所见相反，自李士特而观，国家者，不仅一政治上之结合，与历史上之结合，同时亦经济上之结合。欲谋一国社会事业之进步，必先从一国之国家组织研究起。即以社会主义而言，岂有乱法横行之政府，而能实行经济上之国有事业者乎？即以个人主义言，岂有兵匪蔽地之国家，而能使私人经营之事业，尽量以发展乎？由此而观，是则李士特之见，不为不平允，李士特之主张，非以国家为归宿者也，不过以今日各人之背后，皆有一国家观念，存乎其间，此念一日不打破，则经济上之事业，又焉能自外。以最后之目的言，李士特固以人类全体之幸福为归宿者也。二，国内统一，实为经济事业发达之先决条件，李士特夙持此说，其详已于本书中申言之。此点虽持个人主义与放任主义之亚丹斯密，亦与李士特有同一之论调，并谓英国经济事业发达之原因，其最重要中之一，为一七〇七年之英伦与苏格兰之联合。据亚丹斯密观之，此种联合，在英国经济史上，关系极重要。可见李士特之主张，在事实上，虽反对派亦有与之暗相同者，故李士特以为德国经济事业，不谋发达则已，否则非先谋国内统一不可。自吾人观之，吾国今日经济事业不能发达之原因，其故亦可由此而推求之。三，吾国人士之稍识经济学理者，常受英人著作之毒，谓经济事业无国界。试问各国之政治家，对于世界之经济事业，是否毫无一国界观念，存于其间乎？以募债而言，债票之由英国政府招募者，是否与各国政府发行之公债，在伦敦市场招募者，无分别乎？经济事业者，实受政治上之支配，而不能不低首以惟命是听者。斯密自由交易之抽象说，实非可语于今日之普通政治家者。此语在今日，无论何人，难加以否认，而言之最精者，为意大利学者帕累托（Pareto）。

最后尚有一言，希望于读此书者，即今日全世界中，凡经济学上之名人与名著，各国之后起者，无不为之珍重介绍于世，并对于各派，分别加以尽量之研究。虽斯密之说，其在德国也，驳者纷纭，而德国今日之经济学子中，仍有属于李士特一派者。虽李士特之学说，为英国大多数学者所反对，而今日英国学子中，仍有属于李士特一派者。盖拒之而不加以研究，则感情用事之徒，非可列于学者之林者也。若置之而不理，似乎无关紧要者，则不悦学者之言，一国学术界之当引为最痛心者也。吾国今日研究经济学之人不少矣，顾未闻有分为各派，尽力研究，以发挥前人之说者。苟此小著，能引起读者之兴味，再进而研究其深者，或对于其中之不详不妥之处，加以指驳，而发表其详者、妥者，要皆斯学前途一线之光明，著者之所深望者也。亚丹斯密之《原富》初出版也，全国欢迎之，李士特之《国家经济学》初出版也，全国反对之，顾二者之学说，终不以反对与欢迎之不同，而其效力有益。盖一说之能行，不关乎初出时之欢迎与反对，而在人之理与不理。若社会置之不理，则著者之气自馁。自《原富》译本出版而后，其他经济上名著之译本，恍若绝迹，其原因所在，或即由于社会之不理欤，是诚吾国今日学者间之常引为憾事者也。

民国十四年八月二十四日病后作

国家经济学·译者原序

王开化

李士特《国家经济学》（*Das Nationale System der Politischen Oekonomie*）一书，根据当时各国历史上之事实，说明工商业幼稚国家实行保护关税制之利益。欧美二大陆各国工业之兴，今日能与英人相颉颃者，李氏之说，实与有力焉。

当十九世纪中叶，欧美多数国家，仅受一工业霸权者（英国）之压迫，已觉大有不可终结之势；今日中国一国，备受全世界强暴工业国家之剥夺，以致农业衰落，工商凋零，航业与凡百交通机关，均落于外人之手，财政经济——海关、盐税、银行业等——全为外人所把持，外人之陆军兵舰，可以随意往来中国沿海，出入腹地各埠，外人犯罪，不受中国法庭之裁判，是名为一独立国，实尚不及列强一殖民地。国人于此，所受之痛苦，所怀之感想，果何如乎？

近二十年来，国人咸受外人经济之压迫，力谋振兴工商业，然而工商业之凋零如故；所以然者，盖以我国海关为外人所把持，不能实行保护关税制，以高税或禁止其足以妨害国内工业发达之外货故也。是以我国欲谋富强，非振兴工商业不可，欲振兴工商业，非驱除外货在内国市场之竞争，而使国货稳占内国市场莫由。保护关税制者，即驱除外货之良策，保护工商之利器也。望国人努力谋取消我国与外人所订关税协定之亡国条约，实行保护关税制，则工商业可兴，国家前途，庶有豸乎？

李氏之书，已经国人多次介绍，唯往往摘录一斑，未呈全豹。开化近数月来，读李氏之书，极服膺其言，且以为针灸我国现下病症之良药，故译而出之，以供爱国君子与治经济学者之研究焉。

又译此书，为日极短，但求无背于原意，未遑修饰词句。译稿既竟，复经吾友杨奎廷君校阅一次，无任铭感。国内贤达苟进而教之，则又开化所夙夕翘盼者也。

民国十四年五月郧县王开化序于德国杜平根大学

图书在版编目(CIP)数据

李斯特经济学说在近代中国的传播 : 1900—1949 / 耿勇著. -- 上海 : 上海社会科学院出版社, 2025.
ISBN 978-7-5520-4808-7

Ⅰ. F091.342; F129.5

中国国家版本馆 CIP 数据核字第 2025K7W938 号

李斯特经济学说在近代中国的传播(1900—1949)

著　　者: 耿　勇
责任编辑: 包纯睿
封面设计: 周清华
出版发行: 上海社会科学院出版社
上海顺昌路 622 号　邮编 200025
电话总机 021 - 63315947　销售热线 021 - 53063735
https://cbs. sass. org. cn　E-mail:sassp@ sassp. cn
排　　版: 南京展望文化发展有限公司
印　　刷: 上海盛通时代印刷有限公司
开　　本: 890 毫米×1240 毫米　1/32
印　　张: 9. 75
插　　页: 1
字　　数: 224 千
版　　次: 2025 年 9 月第 1 版　2025 年 9 月第 1 次印刷

ISBN 978 - 7 - 5520 - 4808 - 7/F · 828　定价: 59. 00 元